U0330106

大夏书系·教师专业发展

手把手教你成为
教育科研高手

崔　佳　信靖芝　著

华东师范大学出版社

·上海·

图书在版编目（CIP）数据

手把手教你成为教育科研高手 / 崔佳，信靖芝著.

上海：华东师范大学出版社，2025. — ISBN 978-7-5760-5891-8

I. G40-03

中国国家版本馆 CIP 数据核字第 20252W3T58 号

大夏书系 | 教师专业发展

手把手教你成为教育科研高手

著　　者	崔　佳　信靖芝
责任编辑	任红瑚
责任校对	杨　坤
封面设计	淡晓库

出版发行	华东师范大学出版社
社　　址	上海市中山北路 3663 号　邮编 200062
网　　址	www.ecnupress.com.cn
电　　话	021-60821666　行政传真 021-62572105
客服电话	021-62865537
邮购电话	021-62869887
地　　址	上海市中山北路 3663 号华东师范大学校内先锋路口
网　　店	http://hdsdcbs.tmall.com/

印 刷 者	北京密兴印刷有限公司
开　　本	787×1092　16 开
印　　张	16.5
字　　数	310 千字
版　　次	2025 年 3 月第一版
印　　次	2025 年 3 月第二次
印　　数	5 101-8 100
书　　号	ISBN 978-7-5760-5891-8
定　　价	69.80 元

出 版 人　　王　焰

（如发现本版图书有印订质量问题，请寄回本社市场部调换或电话 021-62865537 联系）

目 录
CONTENTS

序 言
—————— PREFACE ——————

　　入职河北大学的第一年，我就开始给研究生上"教育研究方法"这门课。起初，我是拒绝的，不想上这门课。因为我觉得自己对教育研究方法一知半解，甚至我自己所写论文的研究方法都不规范，更别谈科学。我觉得我没有能力教这门课。

　　当时有一个朋友鼓励我说："这门课对你指导研究生有好处，而且做教育科研不懂教育研究方法，怎么行？"我是个听劝的人。对这门课的意义感知超越了我对这门课的恐惧，在那个暑假，我开始备课。

　　备课时，我搜集了大量的教育研究方法相关书籍、论文、MOOC（慕课），我努力地学习着，直到觉得自己已经装满了一桶水，打算一瓢一瓢地舀给学生。

　　可是，现实是我的学生并不满足。尤其是有一次上课时，我看到一个男生频频皱着眉头摇头，课间我好奇地问他："发生了什么，让你一直在皱眉、摇头？"

　　我没想到他很生气地说："老师，我一分钟都不想待在你的课堂里了！"

　　我有一瞬间的慌乱，但是我假装镇定地追问："那是我做了什么让你有这么痛苦的感觉？"

　　他仍然皱着眉头说："我根本不知道你在讲什么！"

　　那一瞬，我知道，我这一瓢一瓢的水终究是弄昏了学生的头。感恩我当时的镇定，我继续追问让他困惑的点在哪里，也最终明白：我所讲的那些关于教育科研方法的枯燥术语，从教育目的到调查目的，从教育问题到研究问题，从调查维度到调查问题……都是抽象的；我所描述的任何一种研究方法的设计与实施流程对他来讲也都是天方夜谭，他很想跟上每一个步骤，但是很容易就迷航了……归根结底，太抽象了。

　　为了解决这个抽象的问题，我开始进行具象化的改革，我开始结合不同的已有研究去谈问卷的维度到底如何确定，我开始结合学生的生活去谈实验法的设计与实施，我开始让学生先阅读文献再开始讨论……直到有一天这个学生对我说："老师，你知道我现在的感觉吗？我感觉好像得了鼻炎的鼻子透气了一样。"

现在你看到的这本书，就是我在遇到这位学生、做了教学改革之后的成果。我努力把每一个方法、每一个步骤都具象化，所以，书里提供了大量的案例而非空谈理论，提供了大量的图表让枯燥的文字可视化，提供了大量的类比让学生更容易理解。

其实，在后续的教学中，我还发现学生在"掌握教育研究方法"与"运用研究方法"之间存在着很大的鸿沟。他们习惯了静听，而不习惯思考。为了推动他们思考，我在每个知识点学完之后都会抛出来一些应用性的问题，也就是在书本里找不到答案的问题，是必须经由他们的思考和验证才能回答的问题。这些问题遍布在这本书的每一个章节里，我也希望能推动你的思考，因为思考过后的知识才能"强壮"你的教育研究能力。

在教学中我还有一个困难，每学期我都陷入"课时不足"的困境之中，想教给学生的研究方法那么多，细节也那么多，而我不能变成三头六臂，他们也不能。终于有一天，我想明白了，我的教学目标需要变革，真正的目标不是"任选研究方法进行研究设计与实施"，而是"通过研究'研究方法'的方法来研究任意一种新研究方法"。如果教学目标发生如此的变革，那我的主要教学内容就不是各种研究方法，而是在教一些具体研究方法的过程中，让学生学会"研究'研究方法'的方法"。所以，我的课程开始做减法。在这本书里，我并没有提供全部的教育研究方法，而是以问卷调查法、观察法、访谈法、实验法和行动研究法等几个基础的方法为载体，帮助你搞定研究"任意新研究方法"的方法。

所以，这本书的每一个方法都在尝试回答几个研究"任意新研究方法"的基本问题：

1.××研究方法的适用情境是什么？

2.××研究方法的类型有哪些？

3.××研究方法的设计流程是什么？

4.××研究方法的实施策略是什么？

5.××研究方法的数据收集和处理方法是什么？

6.××研究方法的解析方法是什么？

我相信，虽然这本书只基于这些基本问题讲解了问卷调查法、观察法、访谈法、实验法和行动研究法，但是，对这些基本问题的回答会引发你结合相关资料和论文去探索其他"任意新研究方法"。事实上，我的学生的确在他们的毕业论文里使用的不是我教的那几种研究方法，而是他们自行研究透彻的研究方法。

我相信，我的读者，你们也可以。

这本书里其实还有很多彩蛋。

比如，为了让你放心做教育科研，我分享了科研选题的方法。

比如，为了让你搭上人工智能的顺风车，我分享了一些有效的 AI 提示词。

比如，为了让你理解每一个科研案例，我提供了每个科研案例的参考文献。

比如，为了让你能顺利解析论文，我在每个章节的最后都提供了论文解析范例。

比如，为了提高你的审辨式思维，我根据研究设计与实施的细节辩证性地解读了一些科研案例。我们一起学习做得好的方面，也一起规避可能的研究风险。

比如，为了养成你的科研意识，我提供了帮助你创建资源库如政策库、理论库的方法。

读到这里，你已经迫不及待地想读了吧？

期待这是让你怦然心动的教育科研书籍。

最后，是感谢。

谢谢我"一见钟情"的合作者信靖芝，她是从我的课上走出来的佼佼者，她帮助查找、筛选本书所有的案例，还做了大量参考文献的整理工作。

谢谢我"邂逅相遇"的论文作者们，阅读、学习、讨论他们的文章是这本书最大的滋养。没有他们，没有他们的研究，这本书就缺少了灵魂。

谢谢我"和言软语"的编辑任红瑚，她总是耐心地倾听我天马行空的想法，然后鼓励我把这些想法写成文字，如我一样珍惜这些文字的存在，帮助我完善、修改，最终形成这本书。

最后，谢谢你打开这本书。

河北大学

第一章

选　题

第一节　认识选题

一、选题概况

选题是教师做教育科学研究的第一步，也是核心环节，它决定了研究的方向、价值和品质。我们通过一个案例来了解选题包含哪些要素，如表 1-1 所示，一个完整的选题主要包含研究视角、研究对象和研究方法三个要素。

表 1-1　选题及其要素分析

社会支持理论视角下新入职教师角色适应研究——基于问卷调查法		
研究视角	研究对象	研究方法
社会支持理论	新入职教师角色适应	问卷调查法

细心的教师可能会发现，表 1-1 中的研究对象跟我们平时理解的不太一样，我们常会把"人"作为研究对象，但实际上做科学研究时研究对象的内涵非常丰富，可以被细分为限定词、研究单位和研究维度三个子要素，如表 1-2 所示。

表 1-2　研究对象子要素分析

新入职教师角色适应		
限定词	研究单位	研究维度
新入职	教师	角色适应

二、研究对象

当我们把选题视作教育科研的核心环节时，那确定研究对象则是选题的核心环节，因此我们先来详细解析研究对象的构成结构。

1. 研究单位

研究单位是研究对象中的核心要素，是指研究的来源和核心的论述对象。研究单位是选题的起点，其他研究要素都围绕着研究单位展开。研究单位可以是"人"（比如教师、学生、教研员），也可以是"机构"（比如名师工作室、家校合作平台），也可以是"事物"（比如游戏化学习、古诗词教学、校长文化领导力），还可以是"理论"（比如对分课堂、学生中心理念、多元智能理论）。

2. 限定词

限定词一般位于研究单位之前，是聚焦研究对象的一种方法。常见的限定词类型包括：

（1）类型限制，比如"新入职教师角色适应"中"新入职"限定了研究单位"教师"的类型；"乡村小学校长文化领导力提升策略"中"乡村小学"限定了研究单位"校长文化领导力"的类型。

（2）地点限制，比如"上海市初中数学教师的专业发展"中"上海市"限定了研究单位"初中数学教师"的地点；"中国一线城市中多元智能理论在教育实践中的应用和效果"中"中国一线城市"限定了研究单位"多元智能理论"的地点。

（3）时间限制，比如"近十年布鲁姆认知目标分类法在课程开发中的演变"中"近十年"限定了研究单位"布鲁姆认知目标分类法"的应用时间范围；"疫情期间小学生的心理健康状态"中"疫情期间"限定了研究单位"小学生"的调查时间范围。

（4）环境限制，比如"远程教学环境中自我调节学习对学习策略和学业成就的影响"中"远程教学环境"限定了研究单位"自我调节学习"的发生环境；"新高考背景下高一数学教学策略"中"新高考"限定了研究单位"高一数学"的文化背景环境。

3. 研究维度

研究维度是对研究单位的具体研究视角和研究问题的表述，确定了研究对象具体的探索方向。有学者设计了研究维度思维罗盘模型[①]，将研究单位所面向的研究维度划分为六种解释维度，分别是内部维度、外部维度、理解维度、行动维度、理论维度和方法维度。理论维度常隶属于选题中的研究视角部分，方法维度隶属于选题中的研究方法部分，因此我们都暂且不谈，表 1-3 改编自该罗盘模型，详细介绍了四种研究维度及案例。

我们以"对分课堂"这个理论作为研究单位，结合不同的研究维度探索可能的研究方向，具体如下。

（1）内部维度：英语对分课堂研究的现状调研 / "对分课堂"概念的演变由来及思考。

（2）外部维度：对分课堂对缓解英语课堂口语焦虑的影响 / 对分课堂教学模式在教学过程实施中的影响因素研究 / 对分课堂与翻转课堂教学模式对比研究。

（3）理解维度：对分课堂模式下学生认知发展的理论阐释 / 对分课堂为何不主张预习：对讲授为起点的 PAD 三环节再认识。

（4）行动维度：有效搭建在线隔堂对分课堂的研究与策略 / 化学学科核心素养下

---

① 学君. 写好论文：思维模型与 AI 辅助应用［M］. 北京：人民邮电出版社，2024：109.

"对分课堂"的优化策略。

以上都是单一维度的研究，但是在实际研究中，一篇文章可能使用两三种研究维度，比如：

（5）内部维度（地点）+外部维度（对比）：城市与农村学校实施"对分课堂"的内部差异研究。

在了解了研究对象的结构之后，我们就可以根据自己所感兴趣的内容，按照限定词+研究单位+研究维度的方式确定自己待研究的研究对象。

表 1-3　研究维度分类及案例

		过去	历史、起源、演变	杜威心理学思想演变研究
内部维度	时间向度	现在	现状、近况	乡村小学校长文化领导力现状探究
		未来	趋势、预测、愿景	人口变动背景下北京市普及高中教育发展预测研究
		变化	转向、变革、转折	从离身到具身：在线学习环境的身体转向
	空间向度	结构	特征、特点、功能、类型	后疫情时代大学生在线学习情绪状态和特征分析
		模式	模式、模型、机制、范式、路径	生物化学双链式教学模式的构建与应用
		抑制	问题、限度、困境、冲突、矛盾	青年教师教学动力的限制因素与提升对策
外部维度	变量		A与B的关系、A对B的影响	研究型大学本科生社会情感能力对学习参与度的影响
	影响		影响因素、影响路径、影响机制	学习者建构与环境赋能：本科生课程参与度影响因素探究
	比较		对比研究、比较研究	国内外医学教育混合式教学研究对比分析
理解维度	打破		解构、批判、反思	欧盟职业教育高质量发展的政策逻辑解构
	建立		重构、重塑、审视、再认识、新解释、新发现	混合式教学中的过程性评价再认识
	发现		意涵、想象、启示、价值	小学语文经典文本重读的教学价值
行动维度	优化		优化、保障、调适、促进、提升、选择	基于政策视角的青少年体质健康促进研究
	管理		管控、控制、治理	教育数字化转型的信息生态治理机制研究

1.1 练一练

1. 请阅读以下几个论文选题，找到其中的研究视角、研究对象和研究方法，并写出研究对象的三个子要素。

（1）认知负荷理论视角下高中生学业负担对学习效率的影响——基于实验研究。

（2）动机理论视角下高中生学习动机与学业成就关系研究——基于访谈法。

（3）职前英语教师教学能动性发展个案研究——基于复杂动态系统理论视角。

（4）社会文化理论视角下初中生英语批判性阅读能力提升的行动研究。

（5）权衡理论多维视角下高校海归教师发展现状研究——基于问卷调查法。

（6）小学语文阅读教学学习任务单设计与实施的行动研究——基于支架式教学理论视角。

2. 请为以下研究单位添加限定词，以缩小研究范围。

（1）教师。

（2）学生。

（3）课程设计。

（4）教育政策。

3. 请以"名师工作室"为研究单位，从不同维度出发或结合多种研究维度，探索可能的研究方向。

（答案见本章最后）

三、研究视角

对于一线教师而言，独立地发现"新模型""新策略""新解释""新路径"等很难，一般都需要通过梳理现有文献来发现有关研究对象的新理解或新阐释，因此，基于既有的学科、学派或理论来进行研究就是为自己的研究对象匹配了研究视角。表1-4列举了教育科学研究中常见的三种研究视角及案例。

表1-4 常见的研究视角及案例

研究视角	学科	社会学、经济学、心理学、神经科学等	社会经济地位对学生教育机会和学业成就的影响
	学派	教育经济学、教育哲学、比较教育学、实验教育学等	人工智能的教育哲学思考
	理论	交互决定论、元认知、技术接受论、建构主义等	基于三元交互决定论的同伴互评研究

我们以"高中生政治认同素养培育"作为研究对象，结合不同类型研究视角可进行的研究有：

（1）学科类研究视角：心理学视角下高中生政治认同素养培育路径探究。

（2）学派类研究视角：高中生政治认同素养培育的哲学辩证思考。

（3）理论类研究视角：基于建构主义学习理论的高中生政治认同素养培育研究。

推荐一线教师在一开始做教育科学研究时，选择基于某个成熟的教育理论作为研究视角。成熟的教育理论通常经过了长时间的实践检验和学术论证，它们提供了一套相对完整的概念或理论框架，可以帮助教师在进行研究时避免走弯路，更高效地聚焦于研究对象的核心。比如《基于支架式教学法的线上初级汉语口语教学设计与实践》《基于有声思维法的留学生汉语写作借鉴与监控个案研究》均是基于理论视角所做的研究。

在实际操作中，教师可以先通过文献综述来了解当前教育领域内的主要理论，然后根据自己的研究兴趣和实际教学经验，选择一个或几个理论作为研究的出发点，在研究过程中，教师应该不断地反思和评估理论的适用性和局限性，适时地调整研究视角，以确保研究的质量和创新性。

> **1.2 练一练**
>
> 要研究"小学生阅读习惯的培养"，可匹配哪些理论研究视角？尝试基于你选定的理论研究视角给出具体的选题。
>
> （答案见本章最后）

四、研究方法

研究方法是教师做教育科学研究的方式和手段，既是决定研究是否科学的一个重要依据，也是确保研究结果有效性和可靠性的关键因素。以下将简单介绍不同研究方法所适用的选题类型，在第二到第六章中将会详细介绍。

（1）问卷调查法：适用于收集大量数据的研究，可以快速、高效地评估群体的特征或态度。如在评估虚拟仿真实验对学生地理读图能力的影响时，问卷调查法可以用来量化学生的读图能力水平，从而为实验法提供量化数据。为了了解大学生对网络教学的认同度，问卷调查法是最佳选择。

（2）访谈法：适用于探索性研究，旨在深入了解个体的观点、感受和经验。如在"小学生学业负担过重的原因及对策"的研究中，访谈法可以帮助研究者直接从学生、家长和教师那里获取他们对学业负担的看法和感受。这种方法允许研究者提出开放式问题，从而获得更深入、更个性化的数据。

（3）观察法：适用于研究自然行为和环境，可以提供对行为模式和互动的直接观察。如在"教师形成性评价的实践程度如何？"的研究中，观察法可以用来记录教师在课堂上如何实施形成性评价，从而提供教师实践的直接证据。

（4）实验法：适用于因果关系研究，通过控制变量来测试特定干预的效果。如在"'地理'虚拟仿真实验设计与应用"的研究中，实验法可以用来比较使用虚拟仿真实验的学生与不使用的学生在地理读图能力上的差异。这种方法允许研究者通过随机分配和对照组的设置来确定因果关系。

（5）行动研究法：适用于实践导向的研究，旨在解决实际问题并改进实践。如在"小学中段语文跨学科作业设计"的研究中，行动研究法允许教师在实际教学中设计、实施和评估作业，然后根据反馈进行调整。这种方法强调了研究与实践的结合，使研究者能够不断改进教学策略。

每种研究方法都有其优势和局限性，教师需要根据研究问题的具体需求和研究环境的特点来选择最合适的方法。通过选择合理的方法，教师可以更有效地探索教育现象，提出有说服力的结论，并为教育实践提供指导。

第二节　选题来源

一、从个人经历中发掘选题

个人经历主要包括学术经历、学术兴趣和工作经历三方面。以笔者为例，笔者本科是心理学专业，硕士是教育技术学专业，博士是教育史专业，这些跨专业的学术经历为笔者的学术研究提供了跨学科的选题，比如《杜威心理学思想演变研究》[①]是心理学与教育史专业的融合选题，《心理学发展与教学设计的演变》[②]以及《具身认知与具身学习设计》[③]是心理学与教育技术学专业的融合选题。

在学术兴趣方面，笔者本身对人与人之间的关系很敏感，因而对"交互"非常感兴趣，并围绕其进行了系列研究，出版了聚焦校园人际关系的专著《校园里的有效沟通》[④]，发表了聚焦"教学交互"的论文《协作式在线教学交互模型及动力研究》。[⑤]

在工作经历方面，因为笔者连续四年给本科生和研究生开设"教育研究方法"课程，因此整合了在课程建设和实施中的经验，撰写了本书。

二、从教育教学中遇到的问题中发掘选题

一线教师往往缺乏从教育问题出发开展研究的勇气，认为课堂中遇到的问题不值得通过研究来探索，但实际上，这些问题可能具有很大的研究潜力。即使是一个小问题，如果经过多次或多年努力仍然无法解决，说明它并不简单。因此，教育过程中的

---

① 崔佳.杜威心理学思想演变研究［D］.保定：河北大学，2019.
② 宋耀武，崔佳.心理学发展与教学设计的演变［J］.教育研究，2018，39（07）：95-101.
③ 宋耀武，崔佳.具身认知与具身学习设计［J］.教育发展研究，2021，41（24）：74-81.
④ 崔佳.校园里的有效沟通［M］.上海：华东师范大学出版社，2022.
⑤ 崔佳，刘冲.协作式在线教学交互模型及动力研究［J］.重庆高教研究，2021，9（02）：59-70.

所谓"小事"完全可以成为研究的起点，基于这些实际问题提出研究问题，并设计相应的研究。

比如有教师发现初中生的读图能力普遍较弱，这直接影响了他们的地理学科成绩。为解决这个小问题，他基于思维引导开发了"5W"读图认知策略，重在以"5W"为逻辑起点，挖掘地理分布图中的地理思维因素，将"图""思""记"整合起来，使学生能够结合地理分布图分析地理规律，作出地理评价并提出相应的地理策略。[①]

比如有教师在开发教学视频资源时对是否添加字幕、添加何种类型字幕存有疑虑。为此，他搜索了相关资料后发现不同学者对字幕的学习价值并未有一致的研究结论，于是他将其作为待解决的问题来探究。[②]最终发现，只有在特定的条件下，呈现特定类型的字幕才能有效地促进视频学习。该研究还基于此，针对视频类型、知识类型、视频时长和视频语言的不同提供了相应的字幕设计建议。

笔者也曾经由于经历大学生学习参与度低的困扰，因而探究了学习参与度的影响因素，并进一步探究了相应的提升策略。[③]

三、从教育教学经验中发掘选题

很多教师长期在教育教学一线，积累了丰富、宝贵的教育教学经验。如教学资源的开发与利用、教学方式方法的创新、数字教育在课堂教学中的应用、学生管理技巧等。这些经验虽然是成功的，但往往又是零碎的、未总结提炼的，也未经科学检验。若不总结提炼，往往难以推广。因此，教师在选题中要关注自己在教学过程中的成功案例，分析这些案例背后的原因和策略，对其进行理论的抽象与概括，进而提炼出可验证、可重复的经验，在此基础之上才可以进行推广。

总体来说，如果是先有朴素的教育教学经验后将其作为科研选题，就需要为其逆向寻找理论基础，将其理论化，同时以科学的方法验证其效果，比如用实验法验证该教学经验的有效性。

除了可以从自己的教育教学经验中发掘选题，也有研究者将他人的成功经验作为选题，比如有研究者解析了高中化学深度学习优质实施案例，探究为促进深度学习的发生，教师在教学情境的创设和使用上做了哪些努力。[④]

① 沈汝丑.初中地理分布图的"5W"读图认知策略［J］.地理教学，2024（14）：42-45.
② 杨九民，陈辉，杨文蝶，等.教学视频中的字幕应该如何设计？——基于2000—2021年44篇实验和准实验研究文献的元分析［J］.电化教育研究，2022，43（08）：59-67.
③ 崔佳.学习者建构与环境赋能：本科生课程参与度影响因素探究［J］.河北大学学报（哲学社会科学版），2022，47（04）：126-136.
④ 崔雪芹.深度学习观照下的教学情境创设与使用——高中化学深度学习优质实施案例研究启示［J］.化学教学，2024（08）：19-24.

四、从对某种教育理论或教学策略的质疑中发掘选题

随着对教育理论及相应的教学策略的了解，教师常常会发现某一教育理论与策略与自己的教学体验有冲突或差异，基于此，可以探索对该教育理论或策略的质疑。这需要教师多查阅教育理论等相关资料，同时对自身教育实践中所遇到的冲突事件保持敏感。

比如，有教师发现，"学生中心"并未真正带来教学质量的提升，反而让大学生们感到"什么也没有学到"。基于这种发现，他提出需要重新审视教师对"学生中心"的理解以及重新评估"学生中心"的价值。① 笔者也因对"学生中心"的质疑，探究了超越"学生中心"和"教师中心"二者对立的"学习中心"理论，出版了专著《以学习为中心：教学设计新思维》。②

比如，有教师发现众多教育专家所倡导的合作学习常常会出现有学生"搭便车"的现象，进而对这种教学策略产生了质疑，基于此，他通过对合作学习中"搭便车"现象的成因进行调查分析，进一步探讨了防范"搭便车"现象、提高学生学习参与度的教学策略。③

五、从教育理论或学科概念中发掘选题

出于对某一教育理论的兴趣，教师可基于该理论进行教育实践并验证其效果。比如，有教师对"具身理论"感兴趣，基于此理论设计了面向地理空间思维培养的教学模型和教学策略；④ 有教师则基于"5E"理论探索了"集成电路设计"实验教学模式。

如果教师对教育学科知识图谱中的某个要素或概念感兴趣，那就可以围绕它进行选题研究，比如，有教师对"学习动机"感兴趣，探究了教师交际行为与学生英语学习动机的关系。⑤ 但这样做的前提是教师对教育学科知识图谱有足够的了解，因此，建议一线教师至少阅读一本专业的教育学理论著作。

六、参考选题指南发掘选题

各级部门在组织课题申报时都会提供课题指南，各大期刊也常会发布重点选题指南。选题指南通常提供的是一份教育教学专家们关注的学科焦点和热点话题的清单。

① 周序，张春莉，王玉梅."学生中心"：一种被给予的观念——基于高校师生的诉说 [J]．现代大学教育，2021，37（04）：32-39+111.
② 崔佳．以学习为中心：教学设计新思维 [M]．上海：华东师范大学出版社，2023.
③ 田群艳．合作学习中的"搭便车"现象及其防范 [J]．教学与管理，2015（24）：29-31.
④ 郭迎霞，景思衡，赵彩霞．基于具身理论的地理空间思维教学研究探索 [J]．地理教学，2024（16）：15-19.
⑤ 张焕梅．大学英语教学中教师交际行为与学生英语学习动机的关系研究 [J]．教育与职业，2013（15）：180-181.

也就是说，选题指南是风向标，是指南针。我们在确定研究选题时，虽然并不需要一字不落地照搬照抄其中的某一个选题，但选题精神和选题思想要紧紧围绕着选题指南展开，这是确保研究工作具有针对性和实用性的关键。我们可以在选题指南给定的框架下，从小处着手，继而将其细化、深化和具体化，把学科热点和焦点跟自己的研究兴趣、研究专长和研究成果结合起来，找到一个既前沿、又能驾驭且具备可行性的选题。

比如《黑龙江教育（理论与实践）》2024年7月发布的重点选题指南中有一条是"劳动教育全过程培育研究"，根据这条信息，有教师结合自己的教育实践选择了将"劳动教育"聚焦到"生态劳动教育"的范畴，开展了"生态劳动教育校本课程开发与实践"的研究，有教师则将劳动教育与自己所任教的学科融合起来，开展了"新课标背景下劳动教育融入小学数学教学的策略"的研究。

七、使用人工智能（AI）推荐选题

随着生成式人工智能的不断发展，AI已然能够成为教师的科研伙伴，为教师推荐科研选题。以下分享几个让AI[①]推荐选题的提示词。案例提示词中，将AI的角色设置为博士生导师，"我"的角色设置为北京师范大学教育学专业的在读博士。教师可依据自己的真实需求为自己和AI分别设置对应的角色。

1. 模糊推荐

– 角色：你是我的博士生导师。

– 背景：我是一名二年级在读博士，来自北京师范大学，我的专业是教育学。我目前正在准备撰写一篇学术论文，现在正在准备论文选题，需要你的指导。

– 任务：请参照样例，帮助我推荐10个高质量的参考选题，选题表述结构为：（研究理论）视角下（研究单位）的（研究维度）的研究——基于（研究方法）。

– 样例：社会支持理论视角下新入职教师角色适应研究——基于问卷调查法。

2. 基于教育教学困惑进行推荐

– 角色：你是一个博士生导师。

– 背景：我是你的博士研究生，来自北京师范大学，我的专业是教育学。我目前正在准备撰写一篇学术论文，现在正在准备论文选题，需要你的指导。

– 任务：我发现我上课时总有学生不好好听课，请问，基于这个教学现象，我可以进行哪些科研研究？请给我10个高质量的参考选题。

– 任务要求：请参照样例，呈现的选题表述结构为：（研究理论）视角下（研

---

① 可供使用的AI有Kimi、文心一言、秘塔等。

究单位）的（研究维度）的研究——基于（研究方法）。

－样例：社会支持理论视角下新入职教师角色适应研究——基于问卷调查法。

3. 基于学科概念进行推荐

－角色：你是我的博士生导师。

－背景：我是一名二年级在读博士，来自北京师范大学，我的专业是教育学。我目前正在准备撰写一篇学术论文，现在正在准备论文选题，需要你的指导。

－任务：请帮助我提取10个关键的"教育学"学术概念，并拓展为10个可参考的选题，并解释为什么你认为这些概念值得深入研究。

－任务要求：请参照样例，呈现的选题表述结构为：（研究理论）视角下（研究单位）的（研究维度）的研究——基于（研究方法）。

－样例：社会支持理论视角下新入职教师角色适应研究——基于问卷调查法。

4. 基于期刊风格进行推荐

－角色：你是我的博士生导师，也是教育类期刊的资深编辑。

－背景：根据我所提供给你的《电化教育研究》目录，请从研究标题、研究对象、研究角度、研究理论、研究方法、研究背景等方面进行解析，并根据期刊风格，给我推荐10个符合期刊风格的选题。

－任务要求：请参照样例，呈现的选题表述结构为：（研究理论）视角下（研究单位）的（研究维度）的研究——基于（研究方法）。

－样例：社会支持理论视角下新入职教师角色适应研究——基于问卷调查法。

－《电化教育研究》目录：略。

值得注意的是，AI根据提示词所生成的结果不可以被百分百的信任，教师要结合自己的教育教学经验和理论认识进行判断、选择，或者与AI继续对话以对AI生成的结果进行优化。

2.1 想－想

回顾你在教学过程中遇到的问题，思考一下哪些教学问题可能转化为有价值的研究选题？

2.2 练－练

模仿本节介绍的AI推荐选题的用法，依据自己的真实需求为自己和AI分别设置对应角色，编写一段提示词，并利用AI工具推荐一个研究选题。

（答案见本章最后）

第三节　验证选题有效性

一、验证选题有效性的四个维度

教师拟定选题之后，在进行研究之前，需要验证选题的有效性。一个好的选题，需要重点把握四个方面：好奇心、信息缺口、可执行和可重复。

缺乏足够的好奇心会使得教师难以坚持进行探究。缺乏兴趣时，遇到挫折容易放弃，所以需要有足够的好奇心。这需要教师向内觉察，此研究选题是否是自己有兴趣想去探究的内容。很多教师不知道自己是否有好奇心，其实这多跟自己的情绪感受有关系，如果自己愿意读相关文献，愿意进行相关的调查，那大多就有足够的好奇心。比如有一位小学数学教师受同事推荐开始研究"游戏化学习在提高学生数学兴趣和成绩中的作用"，但是当初步文献搜索后她感到无聊，甚至对游戏化学习效果的信任度也开始降低，那么这可能意味着她对这个选题的好奇心不足。在这种情况下，即使研究开始得不错，也难以持续下去，因为缺乏持续的好奇心和兴趣会导致研究动力的丧失。

信息缺口指的是该研究领域还有很多的研究空间。当对某个选题感到好奇时，但发现已有的文献已经回答了这个问题，那么该选题就不具备信息缺口。比如，有教师做"高中英语翻转课堂教学流程研究"，该研究目前已经有大量经证实的研究结论，信息缺口很小，但他没有经过充分的了解，就盲目开始做重复研究，研究价值不大。因此教师在初步确定选题之后，需要先了解目前的研究进展，具体方法可参考《好懂好用的教育研究方法：教师科研指南》一书中有关文献综述的内容。[①]

一个选题必须具备可执行性，意味着研究者需要确保研究设计是切实可行的，资源是可获得的，并且研究过程能够在预定的时间内完成。比如一位农村小学教师想探究学生在线协作学习流程，但学校在设备、网络和教学模式上都不支持在线协作学习，导致这个选题的可执行性就很差。因此，教师作为研究者必须考虑自己所处的研究环境和所拥有的研究资源是否能够为拟开展的科学研究提供足够的支持。

是否可重复对于大多数研究来说是一个较少被涉及的方面。一般来说，一个选题是否有价值，很大程度上取决于其结果是否能够被其他研究者在相同或类似的条件下重复出来。选题的可重复性与研究方法的标准化有关。如果一个研究采用了标准化的实验程序和评估工具，那么其他研究者就可以使用相同的方法来重复实验，从而验证研究结果的一致性。例如，一位中学物理教师对"使用项目式学习提高学生科学探究

---

① 赵希斌. 好懂好用的教育研究方法：教师科研指南［M］. 上海：华东师范大学出版社，2021.

能力"的效果感兴趣，她设计了一个详细的项目式学习课程，并在班级中实施。她详细记录了课程设计、教学方法和评估标准，并在研究报告中提供了这些信息。其他教师和研究者可以根据她的报告，采用相同的课程设计和评估工具，在他们自己的班级中重复这项研究。如果他们得到了相似的结果，那么这项研究的可重复性就得到了验证，其结果的可信度也会随之提高。然而，如果这位教师的研究设计过于依赖她个人的经验和教学风格，而没有提供足够的细节，那么其他教师可能难以复制她的研究。在这种情况下，即使研究结果看起来很有意义，但由于缺乏可重复性，其价值也会受到质疑。

二、用 AI 辅助验证选题的有效性

AI 作为教师的科研助手，也可辅助教师验证选题的有效性。教师可以初步确定选题，并发送给 AI，要求 AI 辅助测评。在下面案例中，将 AI 的角色设置为期刊主编，因为一般期刊主编更擅长判断选题的质量及其发表的可能性，"我"的角色依然设置为北京师范大学教育学专业的在读博士，需要 AI 期刊主编帮助验证的选题是"技术接受模型视角下高校学生的教学资源使用行为研究"。教师可依据自己的真实需求为自己和 AI 分别设置对应的角色。

1. 直接测评

－角色：你是一位期刊主编。

－技能：对论文选题极其敏感，能从选题判断论文可能的质量及发表的可能性。

－背景：我是一名二年级在读博士，来自北京师范大学，我的专业是教育学。我目前正在准备撰写一篇学术论文，我目前确定的选题是"技术接受模型视角下高校学生的教学资源使用行为研究"。

－任务：请从创新性、可执行性、价值性和科学性等 4 个维度分析选题，并综合分析选题的优点、缺点，最后给出建议分数、修改建议和修正后的选题。

2. 基于目标期刊测评

－角色：你是一位期刊主编。

－技能：对论文选题极其敏感，能从选题判断论文可能的质量及发表的可能性。

－背景：我是一名二年级在读博士，来自北京师范大学，我的专业是教育学。我目前正在准备撰写一篇学术论文，我目前确定的选题是"技术接受模型视角下高校学生的教学资源使用行为研究"。

－任务：

1. 总结"意向期刊论文题目"的特征。

2. 请从创新性、可执行性、价值性和科学性等 4 个维度分析选题，并综合分析选题的优点、缺点，最后给出建议分数、修改建议和修正后的选题。

工作流程：

1. 学习"意向期刊论文题目"，解析其特征。

2. 根据"意向期刊论文题目"特征，从创新性、可执行性、价值性和科学性等 4 个维度分析选题，综合分析优缺点，计算投此期刊发表的概率，并提出修改建议和修正后的选题。

– 意向期刊论文题目：略（需上传给 AI）。

3.1 练－练

经过前几节的学习，大家应当已经尝试拟定了几个选题。请依据自己的真实需求为自己和 AI 分别设置对应角色，编写一段提示词，用 AI 辅助验证选题的有效性。

（答案略）

参考答案

1.1 练一练

1.（1）

认知负荷理论视角下高中生学业负担对学习效率的影响——基于实验研究				
研究视角	研究方法	研究对象		
认知负荷理论	实验法	高中生学业负担对学习效率的影响		
		限定词	研究单位	研究维度
		高中生	学业负担	学业负担对学习效率的影响（A 对 B 的影响）

（2）

动机理论视角下高中生学习动机与学业成就关系研究——基于访谈法				
研究视角	研究方法	研究对象		
动机理论	访谈法	高中生学习动机与学业成就关系		
		限定词	研究单位	研究维度
		高中生	学习动机	学习动机与学业成就的关系（A 与 B 的关系）

（3）

职前英语教师教学能动性发展个案研究——基于复杂动态系统理论视角				
研究视角	研究方法	研究对象		
复杂动态系统理论	个案研究	职前英语教师教学能动性发展		
		限定词	研究单位	研究维度
		职前英语教师	教学能动性	发展（行动维度）

（4）

社会文化理论视角下初中生英语批判性阅读能力提升的行动研究				
研究视角	研究方法	研究对象		
社会文化理论	行动研究	初中生英语批判性阅读能力提升		
		限定词	研究单位	研究维度
		初中生	英语批判性阅读能力	提升（行动维度）

（5）

权衡理论多维视角下高校海归教师发展现状研究——基于问卷调查法				
研究视角	研究方法	研究对象		
权衡理论	问卷调查法	高校海归教师发展现状		
		限定词	研究单位	研究维度
		高校、海归	教师发展	现状（内部维度）

（6）

小学语文阅读教学学习任务单设计与实施的行动研究——基于支架式教学理论视角				
研究视角	研究方法	研究对象		
支架式教学理论	行动研究	小学语文阅读教学学习任务单设计与实施		
		限定词	研究单位	研究维度
		小学语文阅读教学	学习任务单	设计与实施（行动维度）

2.（1）教师 - 特殊教育教师（类型限制）

（2）学生 - 河北省普通高中一年级学生（地点限制、类型限制）

（3）课程设计 - 远程教学课程设计（环境限制）

（4）教育政策 -21 世纪技能导向的职业教育政策（时间限制、类型限制）

3.（1）内部维度：名师工作室的运作机制与效能评估

（2）外部维度：名师工作室对区域内教师专业发展的影响

（3）理解维度：名师工作室在促进教育创新中的价值与启示

（4）行动维度：名师工作室推动校本教研的实践模式探究

（5）结合维度（内部维度 + 行动维度）：名师工作室在教师继续教育项目中的效能及实施路径研究

1.2 练一练

1. 要研究"小学生阅读习惯的培养"，可匹配的理论研究视角包括但不限于：

（1）认知发展理论：探讨小学生在不同认知发展阶段如何培养阅读习惯

（2）社会文化理论：研究社会和文化因素如何影响小学生阅读习惯的形成

（3）动机理论：分析内在和外在动机在小学生阅读习惯培养中的作用

基于以上理论视角，可以提出的具体选题示例：

（1）认知发展理论视角下小学生阅读习惯培养的策略研究

（2）社会文化理论视角下家校合作促进小学生阅读习惯养成的案例研究

（3）基于动机理论提升小学生阅读内在动机的干预研究

2.1 想一想

可能转化为研究选题的教学问题包括：

（1）学生参与度低：可以研究提高学生课堂参与度的策略。

（2）学生学习动力不足：可以探讨影响学生学习动力的因素及其提升方法。

（3）教学资源无法有效利用：可以研究如何优化教学资源配置以提高教学效果。

具体应当结合自己的教学经历寻找合适的研究选题。

2.2 练一练

略。

第二章

问卷调查法

第一节　为什么要用问卷调查

问卷调查法是研究者通过统一设计的问卷向选定的被试提出一系列问题，从而了解情况或征求意见的一种调查方法，是定量研究中常用的数据收集方式之一。问卷调查通常以书面形式进行，研究者将要调查的内容转化为问题或表格，请有关人员按要求填答。

作为研究中常见的一种数据收集和分析的方法，问卷调查法的优势体现在标准化、间接性、广泛性、高效性四个方面。

所谓的标准化就是研究者严格按照统一设计的有一定结构的问卷来进行调查，所有被试所面对的问题和选项都一致。标准化确保了问卷调查法的科学性和客观性，方便研究者更好地整合和分析收集到的信息，从而得出结论。当想通过一些客观的数据来描述某种现象或者情况，比如了解某年级的学生对数学课程的满意度，并不想深究其背后深层次的原因，那么用标准化的问卷就再合适不过了。

问卷调查法的间接性体现在研究者与被试之间通过问卷来收集信息，而非直接地面对面交流。这种间接性的调查方式扩大了调查范围，提高了匿名性，减少了被试的社交压力，给予了被试更多的自主性，他们可以在自己方便的时间和地点回答问题，不受研究者的影响，这有助于获得更真实、坦诚的回答。尤其是像心理健康等涉及隐私的研究，就更适合用具备间接属性的问卷调查。

问卷调查法的广泛性体现在不受人数、地域的限制。问卷调查可以轻松适应不同规模的人群，无论是小规模的本地调查还是大规模的全球性研究均可使用问卷调查法。问卷可以通过在线平台、电子邮件等方式，跨越地域障碍，覆盖更广泛的范围。这使得研究人员可以同时获得不同地区、文化和社会背景下的参与者的观点和反馈。例如，想要调查我国初中教师数字素养现状，由于该调查涉及全国各个省市，范围很广，就非常适合用问卷调查法。

问卷调查的高效性体现在它能够在短时间内收集大量数据、简单易操作、成本效益高。问卷调查不需要调查人员对被试挨个调查搜集资料，可以在同一时间集体填写。随着现今信息网络化，在线问卷工具使得研究人员能够迅速向大量的参与者传递调查，并在较短时间内收集到大量的数据，从而实现高效的数据收集。此外，问卷调查收集到的数据还可以使用软件和 AI 工具进行快速处理。

1.1 想一想

　　1.为什么标准化的问卷适用于获取客观数据而不适合探究深层次原因？

　　2.很多人都做过"大学生心理健康状况调查问卷"，想一想，为什么采用问卷而不是其他的形式呢？请给出你的理由。

（答案见本章最后）

第二节　什么情况适用问卷调查

大家读读下面这个小故事，想一想为什么故事里的这位同学失败了呢？

　　有位同学在做关于老人生活质量的调查。她联系了一家疗养院，请疗养院的老人填写一份她精心设计的问卷。结果这家疗养院里一共只住了十几个老人，最后给她填问卷的只有五个，且这五位老人给出的答案五花八门：有的老人说自己过得挺开心，有的说自己很抑郁；有的老人身体健康，有的重病缠身；有的老人富有，也有的穷得叮当响。比来比去，好像他们唯一的共同特点就是老。这位同学对着五份问卷琢磨了好几天，也没发现什么值得研究的现象，最后只好放弃了这个研究。

想必大家读完之后对该同学为什么失败已经有了一些自己的想法，先不揭晓答案，我们先来一起看看问卷调查到底适用于哪些情况。

一、大规模现状调查

现状调查的目的是了解和分析某个对象在某一时间点所表现出的情况和特征。通常通过收集大量的定量数据，依据数据分析的结果对所研究的对象进行全面客观的描述。因此，现状调查一般都是大规模的抽样调查，而问卷调查的广泛性和高效性则为这种大规模的调查提供了方便。例如，可用问卷调查收集职业学校学生心理健康的相关信息，如是否焦虑、沮丧，对心理健康是否重视，是否压力过大等。[①]

二、被试成分单一的调查

被试成分单一是指被试的特征相似。在一个群体中，如果每个人的社会背景、教

---

① 刘金桥.职业学校学生心理健康教育现状调查与策略分析——基于对苏州市27所职业学校的调研 [J] . 职业技术教育，2023，44（29）：53-57.

育程度、年龄等特征都相对接近，那么他们在面对同一份问卷时，会有更多的共识和理解。举个简单的例子，如果调查某学校高三年级学生对数学课程的满意度，被试只是该年级的学生。对于研究课程的满意度来说，学生的社会背景影响比较小，成分比较单一，就适合做问卷调查。反之，如果调查学生家长对学校某项规章制度的满意度，成分就不单一了。因为家长的社会背景会影响他们对学校规章制度的判断。比如，从事教育相关行业的家长大概率能够看到学校制度的疏漏并提出不满和质疑，而非相关行业或文化程度不高的家长可能会无条件相信学校，对任何制度都表示满意。在这种情况下，就不再适合用问卷调查了。

因此，由于问卷的标准化和唯一性，在进行问卷调查时，选择成分单一的被试是很有必要的，这样可以有效地避免因为群体多样性带来的干扰因素，使调查结果更加准确和可靠。

三、定量研究

定量研究就是对事物的数量关系的研究。问卷调查中的问题通常是直观、明确且固定的，被试只需从给定的选项中选择或提供特定的数字，因此问卷调查产生的数据通常也是数字化的，更容易进行统计分析。问卷调查的结果可以告诉你，在某个群体里，符合某些条件的个体有多少个，占总数的百分比是多少，还可以进一步研究各个变量之间的关系。如果研究的目的是了解、描述和量化特定变量之间的关系，那么问卷调查是一种合适的方法。如学生学业压力和心理健康之间的关系[1]，教师领导力与专业发展的相关性研究[2]，在线教学中教师关怀与大学生学习满意度的关系[3]等。

四、验证性调查

验证性调查通常是在研究者已经有了一定的理论基础后进行的，目的是检验这一理论是否能够得到数据的支持或证实。问卷调查法在验证性调查中具备独特优势，其标准化、广泛性、高效性以及数据分析多样性等特点使其成为验证性研究的理想选择。通过提供有效的、大规模的数据收集手段，为研究者提供了一种可靠、可行的方法来检验和确认科学理论或研究模型。例如某研究在已有研究的基础上提出了"我国中学生品格五因素结构模型"[4]，需要对该模型进行验证，就可以基于该模型设计一个中学生品格问卷，通过问卷数据分析来验证该模型是否成立。

---

[1] 郭建鹏，王仕超，刘公园.学业压力如何影响大学生心理健康问题——学业自我效能感和压力应对方式的联合调节作用［J］.中国高教研究，2023（05）：25-31.

[2] 孙蔷蔷.幼儿园教师领导力与专业发展的现状及相关性研究［J］.当代教育论坛，2024（02）：76-86.

[3] 郭丽君，胡何琼.在线教学中教师关怀与大学生学习满意度的关系：学习投入的中介作用［J］.当代教育论坛，2022（02）：42-50.

[4] 王振宏，刘倩文.中学生品格结构及其测评［J］.中国考试，2022（04）：26-33.

此外，态度调查、需求评估、有匿名性需求的调查等情况也通常会采用问卷的方式。当然，问卷调查并不适用于所有研究，比如想要了解大学生考研的影响因素，由于影响因素的不确定性及每个人的个体差异，我们不能预设全部的因素。而问卷调查需要提前设置问题和选项，存在一定的预设性，所以就不适合用问卷调查而通常使用访谈来调查此类问题。还有一点需要注意的是，由于问卷多是书面的形式，因此在采用问卷调查法时，要考虑被试的年龄和文化程度，调查对象年龄不宜过大，文化程度在初中及以上的较为适宜。

了解完问卷调查的适用情况后，我们一起来分析一下疗养院调查故事中存在的问题。

首先，该研究并非大规模调查。这个故事中被试只有十几位老人，样本量并不多，问卷调查法在大规模调查中的广泛性和高效性等优势并没有用武之地，完全没必要单独做一个问卷，直接和老人们聊聊天就能获得相应的信息。

其次，被试成分不单一。虽然该同学调查的都是年龄较大的老人，都住在疗养院中，看似是一类群体，但是如果去研究他们的生活质量，成分就不是单一的了，因为生活质量不仅与年龄有关，还与很多其他的因素有关，比如家庭情况，有无子女，社会背景，等等。

再次，非定量研究。仔细琢磨一下，这位同学感兴趣的、想要调查的是老人生活质量的客观数据吗？并不是，他感兴趣的是老人的主观意见，比如是否喜欢这个疗养院，在这里居住感受如何等，那问卷调查就不如访谈来得更直接方便。

最后，未考虑被试的年龄和文化程度。不知道大家有没有发现这个细节，十几位老人最终填问卷的只有五位，这说明很有可能很多老人不识字、眼神不好或者已经无法提笔写字，对他们进行问卷调查并不合适。

2.1 练一练

1. 请判断下列情况是否适合用问卷调查法，并尝试解释原因。

（1）大学生信息素养现状调查。

（2）调查学生学习动机的影响因素。

（3）调查教师非语言行为对学生课堂状态的影响。

（4）了解教师焦虑的原因。

（5）收集学生对特定课程的满意度。

（6）通过研究建立了一个教师在线教学胜任力模型，想验证该模型是否合理。

2. 尝试自拟一个适合用问卷调查法的选题。

（答案见本章最后）

第三节　问卷的设计与调查流程是什么

脱离实践的理论往往让人难以理解。为提高理解的有效性，本节基于已有实践研究"大规模在线学习是否影响小学生家长对子女信息化学习的态度？"[①]，系统梳理问卷调查的应用流程（如图2-1所示），以期为进行问卷调查研究提供尽可能详细的实践指导。

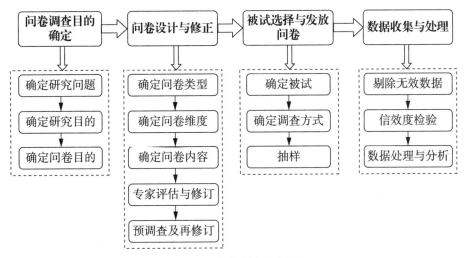

图 2-1　问卷调查流程图

一、确定问卷调查目的

在问卷调查开始之前，我们首先要做的是确定问卷调查的目的。调查问卷的设计以及后续调查的实施也都需要根据问卷调查目的来确定。

确定问卷调查目的的过程是：先明确研究目的，然后确定利用问卷调查法能解决哪些问题，实现哪部分研究目的。

本案例的研究问题是：大规模在线学习经历是否会导致家长对子女信息化学习的态度产生变化？家长态度变化受哪些因素影响？

本案例的研究目的是：调查和分析疫情背景下，小学生家长对子女信息化学习的态度的变化情况以及影响因素，基于此为教育实践提供策略建议，以改善信息化教学的质量和效果。

---

① 徐健，张文兰．大规模在线学习是否影响小学生家长对子女信息化学习的态度？——基于对3793位家长的调查［J］．电化教育研究，2021，42（06）．

问卷调查法作为一种量化研究的方法，能够实现对家长态度变化情况的调查，而影响因素等质性数据则需要通过访谈得出。因此本案例问卷调查的目的是：调查大规模在线学习经历导致家长对子女信息化学习的态度的变化情况。

二、问卷设计与修正

设计问卷是整个问卷调查过程中的重中之重，一个好的问卷是调查成功的前提。问卷的设计与修正包括以下几个步骤。

1. 确定问卷类型

问卷可分为结构化问卷、非结构化问卷以及混合型问卷。研究者需根据研究内容来确定合适的问卷类型。本案例中采用的是结构化问卷进行数据的收集，原因为以下几点：一是研究涉及几千名被试，样本量较大，结构化问卷适合大量数据收集；二是研究后期会进行访谈作为补充，因此只需要结构化问卷快速收集量化数据，不需要深入调查；三是研究后期需要使用统计方法（如方差分析、T检验等）探究家长前后态度的变化，结构化问卷便于数据的统计处理。

2. 确定问卷维度

问卷维度是指从多角度、多层次来评估或测量某个主题或概念，反映了研究问题的不同方面或属性。问卷维度一般都是基于理论、政策、已有研究等来确定。本案例中，作者先对社会心理学中的态度理论做了概念阐述，认为态度是"在信念、情感和行为倾向中表现出来的、对某人或某物的一种喜欢或不喜欢的评价性反应"，并将态度划分为认知、情感和行为意向三个成分，基于此，将认知、情感、行为作为问卷维度。

3. 确定问卷内容

问卷的具体内容包含指导语、问题、结束语等部分。本案例的初测问卷共有36道题，分为基本情况调查和态度调查两部分。基本情况调查包括12道题，用以了解家长的性别、年龄、学历、自身信息化学习频率、经历大规模在线学习期间的工作状态，以及其子女的性别、是否为独生子女、就读年级、学业水平和以往的信息化学习频率。态度调查共有24道题，从认知、情感、行为三个维度，分别对家长的态度进行了调查。其中，12道题调查家长在大规模在线学习前对子女信息化学习的态度，12道题调查大规模在线学习之后家长的态度。

光设计好问题内容还不够，还要注意问题的表述方式。要充分考虑被试的特点。不同的被试，问题表述的方式也不同，但其主旨是保障他们能正确理解并据实回答问题。本案例要调查的是家长的态度，那么就要充分考虑家长的文化水平，尽量用家长能够理解的语言去设计问卷。

需要注意的是，在期刊论文中，很少会提及指导语、结束语等，一般都是对于问题的设计做一个简单的描述，但在本硕博论文中，需要写明每一部分并确保问卷结构合理，问题简洁清晰。

4. 评估与修订

在实际使用之前，可请专家对问卷进行评估，以发现潜在的问题并进行修订。也就是德尔菲法（详见本章第四节）。本案例没有描述专家评估这一环节，这是一个疏漏之处，在问卷设计和论文写作中应当注意。

5. 预调查及再修订

预调查是指从总样本中抽取一小部分进行试测，以检查问卷的有效性并为修订问卷做好数据准备。本案例中的预调查是基于问卷星系统，取样 510 人进行数据采集，用于问卷修订。根据预调查的测试结果，以及信效度检验的参数，筛选和剔除不重要或鉴别度不高的题项，得出最终的问卷。

三、被试选择与发放问卷

1. 确定被试

问卷设计完成后就进入实施调查的环节。首先要确定被试，被试的选择由调查对象而定。本案例中的被试为小学生家长。

2. 确定调查方式

确定被试后要根据其特点和研究目的选择最合适的调查方式，如送发式问卷、在线问卷等。由于不同学生的家长的工作地点、空闲时间、居住地均不同，很难采用送发式问卷，但每位家长都在班级群中，因此本案例中的两次调查都是基于问卷星系统，由小学教师将二维码或链接发送至家长进行数据采集。

3. 抽样

抽样是指从目标总体中选择一部分代表性的个体或单元进行研究的过程。抽样步骤分为两步，首先确定调查范围，其次选择抽样方式。

调查范围与研究目的相关。研究目的决定了问卷需要覆盖的内容和调查对象的范围。一般情况下，调查范围需要足够大足够广，大范围的调查可以涵盖不同地区、不同社会经济背景、文化差异等因素，使得研究样本更具多样性，从而确保研究的全面性、代表性和可推广性。本案例的研究目的是改善信息化教学的质量和效果，因此调查范围应当尽可能广泛。本案例从全国五个省份进行抽样，涉及我国东北、西南、北部、南部等地区，调查范围比较合理。

抽样方式与被试特点相关。如果被试容易获得且没有明显差异，一般采用随机抽样。如被试有影响研究的某些特征，则根据实际情况选择对应的抽样方式。抽样要保证样本的代表性。样本的确定需要满足两个条件，一是样本的选择要有代表性，也就是你所选择的样本应该具有所调查整体的普遍特征；二是样本量要足够多，以保证结果的可推广性，一般样本数量至少应为题目数量的 5~10 倍。本案例抽取了 4113 位家长，代表性和可推广性较强。但本案例对于抽样的方式没有介绍，是写作时的疏漏之处，应当注意避免。

四、数据收集与处理

1. 剔除无效数据

问卷回收后需要剔除无效数据以确定问卷的有效回收率。本案例中共收回 4113 份问卷，以所有题目选择同一答案、累积答题时间少于 2 分钟为评判标准剔除无效问卷，最终获得有效问卷 3793 份，有效回收率为 92.22%。当问卷的有效回收率在 70% 以上，其结果可作为研究结论的依据。因此，本案例的有效回收率符合研究要求。

2. 信效度检验与数据处理分析

对于有效问卷中的数据还要再次进行信效度检验，以确保问卷结果的可靠性和有效性。信度检验帮助我们了解问卷在不同时间或不同情境下对同一变量测量结果的一致性，而效度检验则确保问卷能够准确测量其想要测量的变量。这两者的结合，可以提高研究的科学性和严谨性，确保研究结果的准确性和可推广性。本案例通过 SPSS 20.0 对问卷进行信效度检验，结果显示信效度良好。在此基础上进行了探索性因子分析、方差分析等数据统计分析，并提出了研究结论和相应的建议。

> **3.1 练一练**
> 请大家自行找几篇问卷调查法的论文，仔细阅读并尝试划分每篇论文中问卷调查法应用流程的各个环节，解析哪些环节描述得不够精准或者是否有哪个环节被遗漏？
>
> （答案略）

第四节　如何设计一个好问卷

一、问卷由哪些部分构成

问卷可以分为四大部分，标题、指导语、问题与答案、结束语，有的问卷中还包含对专业术语的解释说明，如图 2-2 所示。

问卷标题 → **关于中小学生"社会与情感能力培养"的现状调查**

指导语 →
尊敬的老师：
　　您好！为了解我国中小学生在校接受社会与情感能力培养的现实状况与困难瓶颈，课题组特向中小学老师们开展问卷调查，我们将会把调查结果反馈给您，以便为您优化教学提供一定支撑。本问卷不涉及个人隐私，答案没有正确与错误之分，所有结果仅为研究所用，绝不外传。答题需要10分钟，请您认真阅读每一道题目（均为单选题）找到并勾选最符合实际情况的选项。如有任何需要，请随时与我们联系。感谢您的热情参与！

背景性问题 → **第一部分：基本信息**

1.您的性别：○男 ○女
2.您任教的学段是：○小学 ○初中 ○普通高中 ○职业高中
……

第二部分：教师对社会与情感能力培养的现状认知

对专业术语的解释说明 →
　　注：社会与情感能力也称"非认知能力"，是指学生在实现目标、与他人交往和管理情绪中所涉及的能力，包括成就动机、责任感、毅力、乐观、抗压、情绪控制、合作、信任、活动、包容、同理心、好奇心、创造力等具体能力。社会与情感能力所代表的"非认知能力"，与"认知能力"（即学业成绩）一起构成学生综合能力的两大方面。生活中，人们也经常把"社会与情感能力"称为"情商"。

客观性问题 →

请就以下相关情况，在最接近您自己认同程度的选项下打钩。

	非常认同	认同	一般	不认同	非常不认同
1我认为良好的社会与情感能力可以促进学生的学业成绩提高。					
2.我认为良好的社会与情感能力是学生身心健康发展的保障。					
……					

请根据以下情况，结合本校实际情况，在"有"或"没有"下打钩。

	有	没有	
1.您所在的学校对培养学生的社会与情感能力是否有明确目标？			
2.您所在的学校是否专门开设培养学生社会与情感能力的课程？			
……			

在措施上，请就以下陈述，在最接近您自己认同程度的选项下打钩。

	非常认同	认同	一般	不认同	非常不认同
1.我认为促进学生社会与情感能力培养的关键在于区域教育行政部门的重视程度。					
2.我认为学校和地方教育部门应该为教师提供社会与情感能力培养的专门培训。					
……					

主观性问题 →

1.您对促进学生社会与情感能力培养具体的政策建议有哪些？（非必答）

_____
……
……

结束语 → **衷心感谢您的填写！祝您生活愉快！**

调查内容相关问题

图 2-2　问卷结构示意图

1. 标题

调查问卷的标题一般包括被试、调查内容两方面。问卷标题应该简洁明了，避免用一些模棱两可的词语，要准确传达调查的主题或内容。如表 2-1 所示，如果标题写成"新媒体的社会化影响"，填写问卷的人不知道自己就是被试，可能认为该问卷与自己无关从而选择不填或乱填；如果写成"大学生调查问卷"，被试拿到这个问卷都不知道是调查什么的，也会在一定程度上削弱他们的填写动机。而"新媒体对大学生社会化影响的调查问卷"这个标题，直接传达了被试（大学生）以及调查内容（新媒体对大学生社会化的影响），这种一目了然的标题有助于受访者对问卷主题有清晰的认识，并且更愿意参与调查。

表 2-1 标题表述正反例

案例列举	具体表述
错误案例	1. 新媒体的社会化影响调查问卷
	2. 大学生调查问卷
正确案例	新媒体对大学生社会化影响的调查问卷

2. 指导语

指导语部分通常包括问卷调查的目的、意义、内容的简要介绍，填写方式及注意事项的说明，以及匿名性、自愿性和保密性的说明。一般是要求回答者如实回答问题，最后要对回答者的配合予以感谢。

小贴士

怎样写指导语别人才愿意配合？

首先阅读下方指导语，找一找这份指导语都做到了哪些关键点。

尊敬的各位老师：

您好！感谢您抽出宝贵的时间参与这项关于乡村中小学教师数字素养现状的调查。我们希望通过本次调查收集到真实、准确的数据，以便为您提供更适合的数字技术服务。问卷采取不记名方式，您的回答将被严格保密并仅用于研究目的。完成此问卷大约需要 10 分钟，问题不复杂，请您按实际情况勾选。如果您有任何疑问或需要帮助，请随时联系我们。

再次诚挚感谢您的合作！

指导语要点分析：

（1）指导语清晰简洁，长度适宜。使用易于理解的语言，避免使用过于专业或复杂的术语，字数在 100~200 之间为宜。提前说明填写问卷所需的时间，以便被试有一个心理预期，避免出现做着做着发现题目太多，时间太长而放弃的现象。案例中所提到的 10 分钟左右是比较合适的。此外，如问卷涉及专业术语的表述，需要在指导语的下方进行解释说明。

（2）与被试的相关性和交互性。对于与自己无关的事件大多数人是不愿意花费时间和精力去参与的。因此，我们要表明本次调查与被试之间有什么直接的联系或者能给被试带来什么好处，如本案例中提到的"以便为您提供更适合的数字技术服务"，就表明了该调查对被试的好处。有了"利益相关"，被试认真填写的概率将会大大增加。

（3）给被试提供联系方式，并说明如果有进一步问题或需要帮助，可以与研究人员联系。这对于提高问卷回收率与可信度也非常重要。

（4）说明匿名性和保密性。确保指导语中提及问卷的匿名性和保密性，如本案例中表达的"问卷采取不记名方式，您的回答将被严格保密并仅用于研究目的"，让被试消除戒心和顾虑，才能表达自己更真实的想法。

（5）注意礼貌。语言亲切礼貌，拉近与被试的关系，如"尊敬的老师"或"亲爱的同学"，同时对被试抽出时间填写问卷表达诚挚的感谢，让被试获得一定的情绪价值。

（6）提高趣味性。指导语尽量活泼有趣，以引起被试的好奇心，让填写问卷成为一种有趣的体验。例如："问卷里隐藏着一个小小的秘密！填写完它，将揭开一个神秘面纱，发现一些意想不到的惊喜！准备好开始探索了吗？""多一份诚挚的问卷，少一根掉落的头发，感谢您的帮助！"（注：需根据被试的特点及问卷主题决定是否增加趣味性，一般情况下，年轻群体和学生对于幽默和趣味表达较为接受；专家或年长者可能更偏好传统、正式、严谨的表达方式。比较轻松愉快的主题如满意度调查也适合采用趣味的指导语表达；比较严肃或沉重的主题如抑郁症、校园暴力等则不适合趣味表达）

3. 问题与答案

问卷主体一般包括两部分，如图 2-2 所示：一是关于被试的背景性问题，即关于个人的性别、年龄、职业等基本信息的问题及选项设置。另一部分就是有关调查内容的基本问题及选项设置，这部分是问卷最重要的内容，也是问卷设计的重点所在，一般分为客观性问题（也称封闭式问题）、主观性问题（也称开放性问题）两类。如表 2-2 所示，客观性问题不仅要提供问题，还要提供全面准确的备选答案。主观性问题只需提供问题不提供答案，被试根据实际情况自由作答。

表 2-2　客观性问题与主观性问题示例

题目类型	具体问题	选项设置
客观性问题	1. 你是否参加过公开课?	A 是　B 否
	2. 你认为公开课和常态课有区别吗?	A 有　B 没有
主观性问题	1. 你参加公开课的感受是什么?	_____
	2. 你认为公开课与常态课的区别是什么?	_____

4. 结束语

在结束所有数据收集之后,在问卷的最后要向被试表示感谢。例如"谢谢您的积极参与! 祝您学习和生活愉快"。

4.1 练一练

1. 随着信息技术的发展,在线学习已经成为教学的重要形式,尤其是在大学,学生经常会在学习通、慕课等平台学习课程。为了更好地了解学生需求、合理安排课程,学校决定开展一项关于大一学生在线学习满意度的问卷调查。请你尝试为该问卷起一个合适的标题,并写一段指导语。

2. 自主搜集几个问卷,仿照所给例子,尝试拆解一下问卷的各个部分。

（答案略）

二、问卷的类型有哪些

根据问题的结构化程度的不同,可将问卷分为结构化问卷、非结构化问卷和混合型问卷。

结构化问卷也称封闭式问卷,是把问题的答案事先加以限制,只允许在问卷所限制的答案范围内进行挑选。结构化问卷包括:是否式、选择式、评判式、划记式,具体示例如表 2-3 所示。

表 2-3　结构化问题示例

题目类型	具体问题	选项设置			
是否式	你是否参加过线上学习?	A 是　B 否			
选择式	你更喜欢怎样的学习方式?	A 面对面授课　B 在线课程　C 混合式学习			
评判式	你认为线上学习更有效率吗?	A 非常赞同　B 赞同　C 中立　D 不赞同　E 非常不赞同			
划记式	请根据你日常的习惯,在适当的选项下打"√"	行为	经常做	偶尔做	从不做
		使用手机搜题			

结构化问卷的优点是数据整理比较方便，由于问题和答案都是预先设定的，被试填写问卷也相对更迅速，可以高效地收集和分析大规模数据，节省研究者与被试的时间。其缺点在于其限定了回答选择，可能无法完全涵盖受访者复杂的观点，导致数据的局限性。结构化问卷适用于有清晰研究目的、需要快速收集分析量化数据的研究。

非结构化问卷也称开放式问卷，问卷由自由作答的问题组成，答案不固定，如表2-4所示。在非结构化问卷中，被试可以自由表达意见和想法。因此，这种问卷能够捕捉到被试更多的真实想法和细节，为相关研究提供更丰富、更深入的信息。然而，非结构化问卷的数据收集和分析可能更具挑战性，因为答案不是预先设定的，需要更多的时间和精力来处理和解释这些信息。非结构化问卷适用于较深层次的研究。

表2-4 非结构化问题示例

题目类型	具体问题	在横线上自由作答
非结构化问题	你认为线上课堂与线下课堂的区别是什么？	＿＿＿＿＿＿＿
	你认为在线学习给学生带来了什么好处？	＿＿＿＿＿＿＿
	你认为在线学习有什么弊端？	＿＿＿＿＿＿＿

结构化问卷和非结构化问卷的组合也是常见的（也称混合型问卷）。在一个问卷中，对于问题清楚、答案数量确定的问题可作为封闭性问题提出，而答案不明确或无法列举的题目则作为开放性问题提出。此外，也可以先使用结构问卷获取大量的整体数据，然后针对特定问题或关键部分，使用非结构化问卷来深入了解被试的观点和经验。

总体而言，选择何种类型的问卷取决于研究目的、被试、资源可用性和想要收集的信息的类型。合理运用不同类型的问卷可以帮助研究者更全面、深入地了解特定话题或群体。

三、问卷的维度如何确定

维度的确定是问卷主体设计的核心和依据，需要考虑独立性、全面性、易测性等方面，确定问卷维度可以通过以下几种方式。

1. 基于政策确定问卷维度

政策是确定问卷维度的重要依据之一。政策文件通常明确了特定领域或特定问题的关注点，指示哪些方面或议题是重要的、需要被调查的。因此，基于政策确定维度可以使问卷设计更具针对性，确保问卷内容与政府政策、社会需求和现实问题密切相关。这有助于确保研究的实用性和对政策制定或改进的意义。

例如《民族地区教师数字素养的发展现状与提升路径》[①]一文中提到"本研究以我国颁布的《教师数字素养》教育行业标准（以下简称《标准》）为基础，其教师数字素养

---

① 袁磊，刘沃奇.民族地区教师数字素养的发展现状与提升路径——基于广西9市教师样本的实证分析［J］.民族教育研究，2024，35（01）：117-124.

框架包括 5 个一级维度发展指标（数字化意识、数字技术知识与技能、数字化应用、数字社会责任以及专业发展），结合广西地区教师整体发展现实对其进行了相应的简化修改"。

在日常的文献阅读过程中，可注意政策的积累，建构一个"政策资源库"（如图 2-3），方便日后查阅使用。政策资源库，包括政策目录，与个人研究相关的政策内容及原文地址。

可根据目录迅速查找所需政策

目录

与自己专业或所做研究相关的政策内容

一、《教育信息化十年发展规划（2011—2020）》

"在支撑环境上重点是超前部署教育信息网络，解决教育信息网络普及率低、发展不均衡、农村和偏远地区学校接入困难……帮助教师应用信息技术提高教学质量，重在缩小地区、城乡和学校之间的数字化差距，促进教育均衡发展……以优质数字教育资源建设与共享和学校信息化能力建设与提升为行动计划。"

可附政策链接
点击查看原文

二、《义务教育质量评价指南》

"注重线上评价与线下评价相结合。建立县域、学校、学生常态化评价网络信息平台及数据库"

图 2-3　教育技术学相关政策资源库

2. 基于理论确定问卷维度

确定问卷维度时，相关理论也是一个重要的指导因素。理论为研究提供了一个框架结构，其中已经包含了相关领域的重要概念和关系。这些概念和关系可以作为确定问卷维度的基础。

例如，在《大规模在线学习是否影响小学生家长对子女信息化学习的态度？》[①]一文中提到"本次调查将社会心理学中的态度理论作为问卷设计的理论基础。社会心理学认为……并将态度划分为认知、情感和行为意向三个成分"，研究继而将问卷维度确定为认知、情感、行为三个维度。

---

① 徐健，张文兰.大规模在线学习是否影响小学生家长对子女信息化学习的态度？——基于对 3793 位家长的调查 [J].电化教育研究，2021，42（06）.

小贴士

在文献阅读过程中，遇到基于理论确定问卷维度的情况，也可以把相应的理论积累下来，建立"理论资源库"（如图2-4）。理论资源库包括理论目录、理论简介及参考文献。

目录

论文对理论的阐述

一、具身认知理论

　　具身认知理论强调人的学习活动不是独立存在的，而是依托于具体情境。环境为人提供感知经验，而虚拟现实的具身环境又进一步影响人的各种身体感官，提供更加丰富的感知经验，人类认知发展以感觉、知觉经验的积累为基础，"环境""人的身体""认知"三要素形成了自组织的统一整体。①

二、人本主义理论

......

脚注
标注来源，方便再次查阅

1华子荀，黄慕雄，吴鹏泽，等.数字化转型背景下教育元宇宙数字技术进阶模型研究[J].现代教育技术，2023，33（01）：29-39.

图2-4　教育技术学相关理论资源库

3. 基于已有研究确定问卷维度

通过对已有研究进行文献综述，研究者可以了解先前研究中使用的常见维度和变量，确保问卷设计与领域内已有知识和实践经验相契合。这有助于确定当前领域内已经被广泛接受的维度，研究者可以借鉴这些维度来构建自己的问卷。

例如，在《目标群体视角下高校教师科研评价政策认同研究》①一文中，作者要设计"高校教师科研评价政策认同程度"问卷。为确定问卷维度，作者先梳理了已有研究，发现"有研究认为评价活动的要素包括评价主体、评价客体和评价中介三个方面。也有研究认为评价的基本要素包括评价目的、评价对象、评价内容、评价方法、评价时期、评价结果的表达与应用六个方面。有学者认为合理的学术评价体系至少包含学术评价组织者、评价主体、评价客体、评价目的、评价标准、评价方式和评价制度七大要素。还有学者从评价标准和准则、评价过程、评价结果等方面分析了教师科研评价政策。"作者进一步综合学界既有的观点，确定了问卷的8个维度：评价目的、评价主体、评价方法、评价标准、评价指标、评价程序、评价周期、评价结果。

---

① 刘莉，朱莉，刘念才.目标群体视角下高校教师科研评价政策认同研究——基于20所"双一流"建设高校的问卷调查［J］.清华大学教育研究，2020，41（02）.

4. 基于词云图确定问卷维度

词云图是一种数据可视化技术，能够直观展示文本中关键词的频率和关联程度。它通过以视觉上吸引人的方式展示文本中的关键词，使得常出现的或重要的词语更大、更突出地显示。制作词云图的常见方法是使用特定的软件或在线工具，用户输入文本数据，然后根据词语出现的频率生成词云，帮助人们更快地了解文本中的重要内容和趋势。尽管词云图不能展示研究对象的全貌，但它们可以作为一个启发性工具，在初级阶段帮助研究者从文本数据中迅速识别可能的关键维度和概念，为问卷设计提供线索和灵感。

例如，在《人本服务理念下区域中小学教师信息化教学能力精准培训策略研究》[①]中提到"本研究以 2014 年教育部印发的《中小学教师信息技术应用能力标准（试行）》为导向，在中国知网数据库中对相关文献进行检索，仅保留教育技术学核心期刊的文章，筛选后得到 9 篇权威性文献，对相关研究成果进行关键词整理，生成的词云图如图 2-5 所示。通过分析现有的中小学教师信息化教学能力框架，意识与道德、知识与能力设计的技术相关内容是大多数研究均认可的两个方面。此外，主流信息素养模型对能力要素的表述基本一致，均涉及知识、技能、态度三个维度。根据词云图和已有研究的分析描述，以价值性和实用性为原则进行筛选和组合，最终确定 7 个关键词进行一级指标（即一级维度）和二级指标（即二级维度）的划分与描述，其中一级维度分别为态度与意识、知识与技能、应用与创新，二级维度从教师教学工作的四个阶段来确定，即计划与准备、组织与管理、评估与诊断、学习与发展"。

图 2-5 信息化教学词云图

5. 基于扎根理论确定问卷维度

扎根理论是一种质性研究方法，它一般先通过访谈、观察、政策文本、文献分析等方式来获得信息，然后对收集到的数据进行三级编码，从而逐步构建起关于研究主题的理论框架。三级编码包括开发编码、主轴编码以及选择编码，整个编码过程就是

---

① 唐烨伟，范佳荣，庞敬文，等. 人本服务理念下区域中小学教师信息化教学能力精准培训策略研究 [J]. 中国电化教育，2019（11）.

一个不断筛选、比较、分类、归纳和整合的过程（详见第四章访谈法第六节）。与传统研究方法不同，扎根理论强调从数据中生成理论，而不是基于先前的理论进行研究。为了验证通过扎根生成的理论是否正确，通常都会以扎根所得到的核心概念为维度进行问卷的设计，然后将收集到的数据进行统计分析，以验证或修正扎根理论的发现，这有助于进一步完善研究的理论框架。

下面我们以《基于扎根理论的我国中学体育教师核心素养结构模型构建》[①]一文为例进行简要的分析。该论文的调查对象是中学体育教师，因此将一线中学体育教师作为访谈样本。采用年龄分层加滚雪球式抽样选取访谈对象进行深度访谈，并利用NVivo11软件对访谈文本资料进行三级编码，也就是我们所说的扎根。最终根据扎根得出的理论构建了"我国中学体育教师核心素养结构模型"。但此时所构建的模型是需要验证的，因此，该论文又以编码得到的5个核心范畴为维度设计问卷，目的就是依据问卷结果来分析和检验扎根法所得出的核心素养结构是否合理，并进一步确定这些核心素养的测量指标。

6. 基于访谈法确定问卷维度

访谈法是通过与参与者直接交流，收集详细的、深层次的信息，包括其观点、经验、态度等（详见第四章访谈法）。访谈法除了单独进行研究之外，也可以用来确定问卷的维度。可以先对小部分调查对象进行访谈，选取访谈材料中具有代表性的内容，以此为依据设计问卷再进行大范围的投放。例如《大学英语教师隐性课程与教学策略的特征及关系》[②]一文中提到："对教师访谈的材料进行归类、整理，选取其中具有代表性、普遍性的内容，初步确定《大学英语教师隐性课程量表》和《大学英语教师教学策略量表》的维度和具体题项。"

7. 基于德尔菲法确定问卷维度

德尔菲法，也称专家调查法，是一种通过多轮匿名专家调查来达成一致性或取得共识的研究方法。这种方法常常是确保维度有效性时采用的"加密"方法。一般研究者已经通过政策、理论等方式设计了问卷维度，为了进一步确定问卷维度的有效性，研究者会再征集多名专家的意见，以确保问卷维度得到广泛认可。

研究者首先需要编写初始指标（即问卷维度），将其以一种清晰而简明的方式呈现给专家，专家给出意见之后研究者进行整理、归纳、统计，再匿名反馈给各专家，再次征求意见，再集中，再反馈，反复进行多轮，整体流程如图2-6所示。通常德尔菲法的结束标志是经过多轮调查后各专家的意见趋于一致，不再发生显著变化。

---

① 李承伟，姚蕾.基于扎根理论的我国中学体育教师核心素养结构模型构建［J］.北京体育大学学报，2019，42（10）.

② 石进芳.大学英语教师隐性课程与教学策略的特征及关系——来自横断面问卷调查的证据［J］.山东外语教学，2022，43（03）：60-69.

维度与指标的关系

表 2-5　维度与指标举例

维度	生理健康	心理健康
指标	平均寿命 慢性病发病率	抑郁发生率 焦虑发生率

维度是评估或分析问题时考虑的不同方面或特征。它们是问题分解后的各个主要方面，有助于从不同角度审视问题。指标是用于量化维度的具体标准或量度。通常通过计算得到数值或比例，来衡量问题的发展程度。

二者的区别与联系：

（1）维度可以看作一种框架，用于分类。

（2）指标是维度的具体化，用于量化。

（3）维度是指标的上位概念，一个维度通常会与多个指标关联在一起。

理论上，维度和指标是不同的。但在德尔菲法中，指标其实就是按照维度编写的，有多少个一级指标就有多少个一级维度，德尔菲法常用"指标"来表示"维度"。事实上，为了方便理解，我们可以把德尔菲法中的指标和维度视为相同或相似的概念，即指标＝维度，一级指标＝一级维度，二级指标＝二级维度。

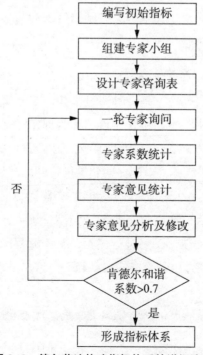

图 2-6　德尔菲法构建指标体系的详细流程

下面我们以《高中物理教科书教学支持评价指标体系的构建》①为例一起来看看德尔菲法到底是怎么操作的。

第一步，编写初始指标。初始指标一般通过已有研究、相关理论、政策标准等来制定。本案例"以多元的基本理论为支撑，结合《基础教育课程改革纲要（试行）》《高中物理课程标准》等重要文件的研读……在充分借鉴已有评价指标体系经验的基础上"，初步拟定了具有三级维度的高中物理教科书教学支持评价指标体系（具体的指标拟定过程可查看原文）。

第二步，组建专家小组。小组成员一般由相关领域的学术研究者、行业从业者组成，可根据研究的主题来自行确定选择标准。在学术领域中，德尔菲法需要多少位专家最适宜，这一问题一直存在着很大的争议，至今没有确切的结论。有研究指出，专家组人员不得少于8~10人，否则会有明显的误差，专家人数大于13时，误差降幅不明显。②也有研究认为邀请过多专家参与，会增加数据统计分析负担，对结果帮助不大。③

本案例根据研究需要最终确定了10位专家咨询小组成员，如表2-6所示，包括学科专家、一线教师、教研员等。

表2-6　案例中专家咨询小组成员信息统计表

职业类型	数量（人）	合计（人）
物理课程与教学论学者	6	
物理教科书编写者（包含在上一类别中）	2	
高中物理教学管理工作者	2	10
高中物理教研员	1	
高中物理特级教师	1	

第三步，设计专家咨询表。一般包含标题、指导语、填写说明、专家信息、正文、专家自评、结束语等部分。标题、指导语及结束语的设计与问卷调查相同；填写说明要写清楚填写方式、必要解释说明以及相关要求等；专家信息即个人基本信息调查；正文部分主要是对专家意见的征集，一般采用李克特五级量表的方式呈现；专家自评即对指标的判断依据及熟悉程度的调查。

本案例中的咨询表对专家信息及专家自评部分设计得不是很完善：第一，缺少专家基本信息调查，第二缺少专家对主题熟悉程度的调查；第三，没有对判断依据进行赋值，无法进行专家权威系数的计算。这是量表编制中的不规范现象，应当尽量避免。笔者对该量表的指导语及专家判断依据部分进行了修改，并增加了关于专家基本信息和专家对主题熟悉程度的调查，最终呈现出的量表如图2-7所示。

① 杨琬祺.高中物理教科书教学支持评价指标体系的构建［D］.天津：天津师范大学，2023.

② Mitchell V.W. The delphi technique：An exposition and application. *Technology Analysis & Strategic Management*，1991，3（4）：333-358.

③ Dawson M.D.，Brucker P.S. The Utility of the Delphi Method in MFT Research. *The American Journal of Family Therapy*，2001（1）：125-140.

高中物理教科书教学支持评价指标体系建构专家意见咨询

（第一轮）
指导教师 ××教授
编制者 ×××

尊敬的老师：

您好！我现在就读于×大学，在×教授的指导下，正在进行硕士学位论文《高中物理教科书教学支持评价指标体系构建》的研究工作。为了更好地了解并建立调查问卷，真诚地请求您能够给出宝贵的意见和建议。本问卷调查意在收集专家对中学物理教科书教学支持评估指标的宝贵意见，以便更好地指导教师的教学实践。为此，我们提出了三个一级指标，请您根据每个指标的特点，进行专业的评估和分析。您的宝贵意见将为建立中学物理教科书评价指标体系提供重要依据，本问卷调查的结论仅供研究使用，您的建议将作为改进的依据，如果您对这项调查有兴趣，请在下面留下详细信息，等研究告一段落后，我们将第一时间向您反馈。

衷心感谢您的协助！

一、基本信息（请在括号内填写最符合实际情况的选项）

1.您的学历是（　　）
　A本科　B硕士　C博士
……

二、指标评价

【专家问卷填答说明】

1.本问卷仅针对最新版本的高中物理教科书进行调查。

2.本次专家意见咨询共分为三轮，本次为第一轮，衷心感谢您的大力支持！

3.请您检视各级指标的"重要性"并选择相应的"判断理由"。请在□内打上"√"

4.请在"其他意见或补充"中提出您的宝贵意见，以便我们能够更好地进行修订，感谢您的宝贵指导和支持！

一级指标意见征集					
一级指标	重要性				
	非常重要	比较重要	一般重要	比较不重要	完全不重要
教学设计					
学习评价					
文本呈现					
一级指标其他意见或补充					

二级指标意见征集						
一级指标	二级指标	重要性				
		非常重要	比较重要	一般重要	比较不重要	完全不重要
教学设计	教学目标					
	教学方法					
	教学指导					
	实验编排					
学习评价	评价方式					
	识别进步					
	补救措施					
	例题习题					
文本呈现	叙述方式					
	呈现方式					
二级指标其他意见或补充						

……

如果您对"高中物理教科书教学支持评价指标体系构建研究"有任何宝贵的见解，请您提出卓见，以便我们能够更好地进行讨论与研究。

三、专家自评

【填答说明】

1.熟悉程度：根据您对"高中物理教科书教学支持评价"的熟悉程度在相应的档次打"√"

2.判断依据：4个方面的影响程度均按"大（3）、中（2）、小（1）"评价，请在每个括号内填写相应数字。

熟悉程度	非常熟悉	熟悉	一般熟悉	不太熟悉	不熟悉
判断依据	理论分析	个人直觉	参考文献	实践经验

您的耐心审核和宝贵意见是我们最大的荣幸！

图 2-7　高中物理教科书教学支持评价指标体系建构专家咨询表（节选）

第四步，一轮专家询问。将咨询量表通过合适的方式传递给专家。本案例采用了线上问卷的方式（微信和E-mail），共发出10份问卷，收回10份问卷，回收率100%。

第五步，专家系数统计。使用专家权威系数、专家积极系数来验证专家系数。这两类系数是测评指标体系的科学精准度判定的重要指标。

（1）专家权威系数公式：$Cr=(Ca+Cs)/2$

专家权威系数（Cr）指的是专家对指标的熟悉程度，介于0~1之间。Cr大于等于0.7时方可保证专家权威性。Cr通过专家对指标的熟悉程度（Cs）和专家的判断依据（Ca）来计算。

熟悉程度（Cs）分为很熟悉、熟悉、一般、不太熟悉、不熟悉五个等级，从大到小依次赋值为1.0，0.8，0.6，0.4，0.2，Cs值越大说明熟悉程度越高。判断依据（Ca）按大中小三个程度划分，一般包括实践经验、理论分析、参考文献和直观感受4个方面，每个方面也要按照影响程度大小分别进行赋值，如表2-7所示。

表2-7　专家判断依据量化赋值

判断依据（Ca）			
分类	量化值		
	大	中	小
实践经验（根据专家在实际工作中应用相关知识的经验深度进行赋值）	0.5	0.4	0.3
理论分析（根据专家对相关理论的掌握和分析能力进行赋值）	0.3	0.2	0.1
参考文献（根据专家参考和利用文献资料的能力进行赋值）	0.1	0.1	0.1
直观感受（根据专家基于直觉和经验的判断进行赋值）	0.1	0.1	0.1

本案例只是简单调查了每位专家的判断依据是什么，没有对判断依据进行赋值，同时没有进行专家对指标熟悉度的调查，因此无法进行专家权威系数检验，只简单提及"问卷的信度系数值达到了0.861，说明调查资料的可靠性和准确度较高"，这实际上是不严谨的，要注意避免这种疏漏。

专家权威系数具体计算过程示例

假设有15名专家参与中学生素养相关指标的评估，具体信息汇总如表2-8、2-9所示：

表2-8 专家熟悉度具体信息汇总

	不熟悉	不太熟悉	一般熟悉	熟悉	非常熟悉
人数	0	0	0	4	11
专家熟悉度权重	0.2	0.4	0.6	0.8	1.0
专家熟悉度系数	Cs=（4×0.8+11×1）/15=0.947				

表2-9 专家判断依据具体信息汇总

判断依据	大		中		小		分数
	人数	赋值	人数	赋值	人数	赋值	
实践经验	10	0.5	5	0.4	0	0.3	0.467
理论分析	11	0.3	4	0.2	0	0.1	0.273
参考文献	0	0.1	8	0.1	7	0.1	0.1
直观感受	0	0.1	2	0.1	13	0.1	0.1
专家判断依据得分 Ca=（10×0.5+5×0.4+0×0.3）/15+……=0.94							
专家权威系数 Cr=（Ca+Cs）/2=（0.947+0.94）/2=0.9435							

（2）专家积极系数公式：P=（E/T）*100%

在公式中，P 表示专家积极系数，E 表示回收的有效问卷数，T 表示发放的问卷总数。若专家积极系数大于 70%，则表明专家参与测评指标体系评分的积极性较高。本案例所发放的问卷全部有效，表明专家积极性很高。

小贴士

提出意见的专家占比也可以在一定程度上反映专家的积极性。

第六步，专家意见统计。专家意见集中程度可以通过均值（M）、标准差（SD）、众数和平均值之间的差值|Mo-M|来表示。

均值代表专家小组成员的意见的集中趋势，反映出一个数据结果的聚集水平。均值越高，表示专家组整体认为该问题或指标越重要；标准差则反映出一个数据结果的离散水平程度，数字越大，表明离散水平程度越高；众数和平均值之间的差值越小，说明意见越一致，小于等于 1 时说明专家意见统一性较高。

根据数据显示，在一轮咨询中，专家的一致性还是比较高的，但由于专家提出了一些修正意见，且存在个别意见不一致的指标，因此进行了二轮咨询。

除了本案例所提到的这几种表示方式之外，专家意见协调程度还可以采用变异系数（CV）和肯德尔和谐系数（Kendall's W 或 W）表示。变异系数可以反映专家意见的协调程度和指标合理性的波动大小，其数值是标准差和平均数的比值，变异系数其数值越小，专家评分数据越集中，表明专家对指标认同度越高。肯德尔和谐系数范围在 0 到 1 之间，越接近 1 表示专家组的一致性越高。（以上数据的统计分析需使用 SPSS，可参照《SPSS 统计分析与应用》[①] 自主学习）

第七步，专家意见分析及修改。一轮咨询结束后，需要对专家反馈的意见进行逐条讨论分析，并根据专家评分和意见增加或修改条目。本案例基于第一轮德尔菲法问卷调查结果分析和专家文字性意见，增加了部分二级指标和三级指标。

第八步，二轮专家询问。在一轮修改的基础上，再次进行专家询问，重复五六七步骤，专家询问可进行多轮，直到各专家的意见趋于一致为止。本案例第二轮专家询问专家没有提出任何反对意见，数据分析结果显示专家认可度已达成一致水平。

第九步，形成指标体系。根据两轮的专家咨询结果，对具体内容进行调整和整合，最终形成包含 3 个维度、11 个分项指标、33 个细化指标的完整体系。并以该指标体系为依据，确定问卷维度与指标，设计测评问卷，对这些评价指标体系通过量化验证，以确保它们的合理化和可操作性。

 小贴士 ✓

　　除上述几种方法外，我们还可以通过采用多种方法进行混合式维度确定、改良现有问卷等方法来确定维度。

4.2 想一想

1. 什么时候采用德尔菲法确定维度？

2. 请任找一篇论文，看一看该论文是通过什么方式确定维度的，维度又是如何划分的。

3. 请你结合自己的专业任选一个适合做问卷调查的选题，根据本节所学知识，尝试为自己的问卷确定维度。

（答案见本章最后）

四、问卷的题目如何设计

好的题目设计是收集准确、有效信息的基础，要想设计出好的题目，首先要了解

---

① 李金德，秦晶，欧贤才，连娟，黄蕙玲 . SPSS 统计分析与应用［M］. 北京：清华大学出版社，2019.

被试在填写问卷时可能会遇到什么障碍。总体来说，被试常遇到的障碍有三种：看不懂；看懂了，但是不想答；看懂了，也回答了，但是答案对研究没帮助。

首先，被试为什么会"看不懂"题目呢？这很可能是因为我们使用了抽象的或者专门的概念。比如说，教育技术学专业的同学大多知道"翻转课堂"这个概念，但如果直接问非该专业的学生"你觉得翻转课堂和传统课堂哪个更好？"，他们大概率不理解这个问题，这就要求在问卷里加上注释，用通俗的语言给被试介绍清楚。此外，如果问题含糊不清，表述特别复杂，或涉及政治敏感等也会让被试难以回答。

再者，为什么被试看懂了题目不愿回答？一般情况下，不愿回答的原因无非就是觉得该问卷与自己无关，或觉得侵犯自己的隐私，这与前面所提的指导语的设计有关。研究要让被试消除戒备，得到一些"利益"，比如研究结果会反馈给被试、问卷结束随机发送红包或获得某些电子资料等。问卷太长也会导致被试不想答，这就要求我们控制问题的数量。

最后一点是看懂了，也回答了，但是答案对研究没帮助。这主要是问卷的问题以及选项设置得不够好，这要求研究者认真严谨地设计问题。

明白了障碍所在，在设计问题时就要懂得规避。因此，问卷题目的设计需要充分考虑以下几个方面。

1. 问题的表述方式

问卷问题的表述方式至关重要，直接影响着被试对问题的理解和回答质量。一个好的问卷表述应该做到以下几点：

（1）清晰明了，通俗易懂。确保问题和选项表述清晰、简明易懂，避免模糊的措辞，尽量使用简单的语言，少用专业术语，如确实需要专业术语的表述，要在问题的下方进行解释说明。如表2-10所示，如果直接问"你受过多少教育？"会引起被试的混乱，不确定高中毕业到底算"比较少"还是"一般"，因此不如直接问"你的最高学历是什么？"。

表2-10　问题清晰表述正反例

案例列举	具体问题	选项设置
错误案例	你受过多少教育？	A 没受过教育　B 比较少　C 一般　D 受过高等教育
正确案例	你的最高学历是什么？	A 小学及以下　B 初中　C 高中　D 大学及以上

（2）中立客观。确保问题表述中不带有偏见或引导性，以便得到客观和真实的回答。如表2-11所示，当问"你对灵活的双减政策满意吗？"，其中"灵活的"一词就带有引导性，容易降低获得数据的真实性。

表 2-11　问题客观中立表述正反例

案例列举	具体问题	选项设置
错误案例	你对灵活的双减政策满意吗？	A 非常满意　B 满意　C 中立　D 不满意　E 非常不满意
正确案例	你对双减政策感到满意吗？	A 非常满意　B 满意　C 中立　D 不满意　E 非常不满意

（3）单一性。确保每个问题只涉及一个主题或方面，避免将多个问题合并在一起。如表 2-12 所示，当问"你对本堂课的教学内容和教学方式满意吗"就同时提问了两个问题，被试可能对教学内容不满意，但对教学方式满意。

表 2-12　单一性表述正反例

案例列举	具体问题	选项设置
错误案例	1. 你对本堂课的教学内容和教学方式满意吗？	A 非常满意　B 满意　C 中立　D 不满意　E 非常不满意
正确案例	1. 你对本堂课的教学内容满意吗？	A 非常满意　B 满意　C 中立　D 不满意　E 非常不满意
	2. 你对本堂课的教学方式满意吗？	A 非常满意　B 满意　C 中立　D 不满意　E 非常不满意

（4）避免双重否定。双重否定句极易产生意思上的混淆，阅读起来也更为吃力，因此在设计问题时必须避免双重否定式的表述。如表 2-13 所示，与"你认为我们的在线课程内容足够丰富吗？"相比，"你不认为我们的在线课程内容不够丰富，对吗？"肯定增加了被试的阅读困难。

表 2-13　双重否定问题表述正反例

案例列举	具体问题	选项设置
错误案例	你不认为我们的在线课程内容不够丰富，对吗？	A 是　B 否
正确案例	你认为我们的在线课程内容足够丰富吗？	A 足够　B 不够

（5）避免敏感性及隐私问题。涉及敏感问题会给被试带来压力，如政治态度等，也不要询问涉及被试隐私的问题。如确有需要，可与被试协商后再询问。

2. 问题的数量

控制问卷中问题的数量是至关重要的。问题过少可能无法全面覆盖调查内容，导致信息不全面或者信息偏差，影响调查的有效性和结果的可靠性。问题过多可能导致被试疲劳和不耐烦，影响受访者的回答质量。因此在保证覆盖主要内容的前提下，要尽量控制问题的数量，每个维度下至少 2~3 个问题，问卷问题总数尽量不超过 50 个。问题数量的设置与多种因素相关，比如被试的素养水平、问题的难易程度、研究问题的复杂性等。若被试素养水平较高，那么问题数量允许适当增多，反之，问题数量应当尽可能地控制；若研究主题比较复杂，难以通过少数问题研究清楚，那么问题的数量就可以适当多一些，若研究主题非常简单，则题目数量就可适当减少。

3. 问题的排列顺序

问卷问题的排列顺序对于调查结果的质量和被试的参与度也有重要的影响。一个合理的问题排列顺序应该考虑到以下几个方面。

（1）逻辑性。问题的排列应当具有逻辑性，可以从简单到复杂，也可以按照一个主题的进阶来排列，从最基础、最普遍的问题开始，逐步引导被试思考更深层次的问题。合理的逻辑顺序可以使问卷更有层次感，同时提高被试对问卷的理解，降低填写问卷时的认知负担，从而提高问卷的完成率和数据质量。

（2）主题一致性。尽量把同一类型的、相同性质的题目放在一起，这样有助于提高问卷的流畅度，增强问卷的逻辑性。

以调查小学生阅读现状的问卷为例。第一部分通常为年龄、性别等背景性问题的调查，第二部分通常为阅读时间、阅读类型、阅读习惯等客观性问题的调查。这就属于同一类型的题目放在一起。在客观性问题部分，事实类问题（如阅读时间、阅读频率）通常会给出不同的选项，态度类问题（如对阅读的喜爱程度）通常会采用李克特五点量表，将这两类问题分别集中排列，有助于被试更好地理解问题并作出回答。这就属于相同性质的题目放在一起。

除了把同一类型、相同性质的题目放在一起，很多研究者通常也会将相同维度的题目放在一起以避免被试在不同维度之间的思维跳跃或中断。但是这样做也有一个弊端，当同一维度下的两个问题高度相关时，连续回答可能会让被试受到上一题回答的影响，这种现象称为"提醒效应"。比如"阅读时间"维度下的问题1为"你一天大概阅读多长时间"，如果问题2接着询问"你一周大概阅读多长时间"，被试很容易基于问题1的回答推算出每周阅读的时长，而不是根据实际情况回答。为了避免这种效应，可以在高度相关的问题之间穿插一些其他的问题。

此外，在问卷设计时，需要加入一些验证性的问题以判断问卷的有效性，验证性问题不能前后相邻，也需要进行适度的交叉以达到验证的目的。

什么是验证性的问题

验证性问题是在问卷的不同部分，对同一问题以不同的方式进行表述并要求被试作答，以验证被试回答的前后一致性。下面两个问题中，问题（1）的目的是征求被试的意见，问题（2）的作用就是验证被试前后回答是否一致。如一致，则问卷有效，否则无效。

（1）你认同阅读课外书也是学习这一说法吗？　A 认同　B 不认同

（2）你认为阅读课外书也是学习这一说法正确吗？　A 正确　B 不正确

（3）一般信息先行。在问卷的开头部分，通常先询问一些容易回答的背景性问题，涉及被试自身的基本情况，如姓名、年龄、性别等。这样的设计能够平稳引导被试进入调查的话题，降低在问卷初期的紧张感，使其更容易理解和回答后续问题，有助于提高问卷的回答率。此外，我们需要通过一般信息了解被试的基本情况，从而更好地理解被试的回答。

🔊 小贴士 ✓

为控制问卷的顺序效应，我们可以将问卷做成 AB 两版。以《大学英语教师隐性课程与教学策略的特征及关系》[①]为例，研究者设计了"大学英语教师隐性课程量表"和"大学英语教师教学策略量表"分别调查教师隐性课程的特征和教师教学策略特征，最后将两份量表的 70 个项目合入一份问卷。为控制问卷顺序效应，研究者将该问卷分为 AB 两版，其中 A 版问卷中隐性课程题项在前、教学策略题项在后；B 版问卷反之。这样能有效避免因为问卷顺序而引起的误差。

4.问题及答案有意义性

为了避免被试认真回答的问卷却对研究没有帮助的情况，在设计问题时必须严格确保问题及答案是有意义的。所谓问题是有意义的就是保证问题设计与研究主题紧密相关，这一点大家基本都可以做到，关键是答案的设计也要确保有意义。例如：

你上个月使用在线学习资源的总时长是多少小时？

A. 小于 30 分钟　　B. 1 小时以内　　　　C. 1–2 小时　　　　D. 2 小时及以上

目前大多数同学都会上网查找资料，做作业时也常会使用作业帮等工具，以一个月为时间期限，绝大多数同学使用在线学习资源的时长肯定在两小时以上，这样的答案就没有意义，因为它不能体现被试的在线学习时长的分布情况。

那么应该如何改进呢？首先要在设计问卷之前做足功课，掌握相关的材料，了解大多数学生在线学习时长是多少，据此来确定选项，如大多数同学在线学习时长为 15 小时，那么选项就可以设置为：

A. 0–5 小时　　　　B. 5–10 小时　　　　C. 10–15 小时　　　　D. 15–20 小时

---

① 石进芳.大学英语教师隐性课程与教学策略的特征及关系——来自横断面问卷调查的证据［J］.山东外语教学，2022，43（03）：60-69.

其次，可以在确定的几个选项后面增加一个开放的选项，请被试自己写出具体的情况。另外，还可以请身边不熟悉该问卷的人帮忙审核和试做，这样更容易发现问卷设计者所不易察觉的问题。

4.3 练一练

　　根据前一节自主设计的问卷维度，结合本节所学知识，尝试设计一下该问卷的题目。

（答案略）

五、问卷的信效度如何保障

　　要想保障问卷的信效度，首先要了解信度和效度分别是什么。信度即可靠性，是指采取同样的方法对同一对象重复进行测量时，其所得结果相一致的程度。信度系数越高即表示该测验的结果越一致、稳定与可靠。例如，首次测量对象 X 所得结果为 A，再次采用同样方法测量对象 X 结果仍然为 A，则证明信度良好。效度即有效性，它是指测量工具或手段能够准确测出所需测量的事物的程度，即测量结果是否有效。例如，想要测量初二学生的数学水平，必须基于初二数学题目的类型和难度进行设计，所得结果才有效；如果是基于初三数学题目的类型和难度进行设计，得出的结果是无效的。

　　问卷初步编订完成后，要想达到良好的信度和效度，还需要通过他人审核、德尔菲法专家评议、预调查、信效度分析等方式进行进一步的修订和完善。完成这些修订步骤之后，问卷的信效度就基本可以保障了。

六、如何修订问卷

　　通常问卷需要进行多轮修订才能保证其信效度。问卷修订流程如图 2-8 所示：

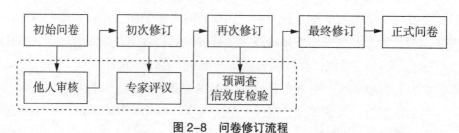

图 2-8　问卷修订流程

1. 初始问卷完成后找他人审核

　　初始问卷完成后，通常还存在很多问题，但由于研究者对自己制订的问卷太过熟悉，审核时的思维也是固化的，通常很难发现自己设计的问卷的疏漏之处，那么这时候就可以寻找一些不熟悉问卷内容的人，可以是同事、朋友或家人，让他们仔细阅读问卷并回答。这种方式的优点一是比较方便，选择身边人士即可，二是外部人士可能提供新的视角和见解，并发现研究者未注意到的问题，比如问卷问题和选项的设置是否有不合理之处，填写起来是否顺畅等。但要注意的是，要确保选择的人具有相关领域的基本知识（不需要是专家），只要确保他们能够理解问卷内容即可。（一般情况下，这种修订方式在论文中不会写明，但是在问卷修订的实际操作过程中经常应用。）

2. 初次修订后请专家评议

虽然身边人的审核可能会帮助研究者发现很多问题，但由于其对该领域并不精通，可能无法发现一些专业性的问题。因此，在初次修订之后，还要请相关领域的专业人士进行评议，也就是德尔菲法。德尔菲法不仅可以用来确定问卷维度，还可以用来修改完善问卷。德尔菲法邀请的专家可能包括学术研究者、行业从业者或其他与研究主题相关的专业人士。专家将会对问卷的结构、问题的清晰度、答案的设计、语言和表达等方面进行评估，在此基础上提供详细的建议。请专家进行修订是因为其具有深入的领域知识，能够提供专业、准确的反馈。以上评议和修订过程需要反复进行多轮，以确保修改后的问卷在专业领域内是合适且有效的。比如《人本服务理念下区域中小学教师信息化教学能力精准培训策略研究》[1]《大学英语教师隐性课程与教学策略的特征及关系》[2] 等研究都采用了专家评议的方式进行了问卷的修订。但由于期刊论文的篇幅限制，对专家评议修订过程都是一句带过，在实际撰写论文时还是应该尽可能地做到详细、严谨，可参考《基于在线课程质量标准的教师在线教学能力模型构建及其提升路径》[3]，学习如何在论文中表述专家评议的过程。

3. 预调查与信效度检验

为保证结果的准确性和可靠性，在实际调查之前，一般都会先进行小范围的预调查，即从目标受众中选择一个相对较小的样本进行一次小范围的试测。首先可以观察被试在回答问卷时的反应，比如做到最后是否出现烦躁情绪，如果存在此类情况，我们就要考虑是否存在问卷过长等问题。其次还要收集被试的反馈，包括对问题的主观感受、对调查流程的意见，以及任何困扰或不理解的地方。这些可以通过口头反馈、访谈记录或书面反馈等方式进行。对于预调查中存在的问题，要做针对性的改进，如通俗化表达问题，解释专业术语等，以此来进一步完善问卷。

---

① 唐烨伟，范佳荣，庞敬文，等. 人本服务理念下区域中小学教师信息化教学能力精准培训策略研究［J］. 中国电化教育，2019（11）：113-119.
② 石进芳. 大学英语教师隐性课程与教学策略的特征及关系——来自横断面问卷调查的证据［J］. 山东外语教学，2022，43（03）：60-69.
③ 徐鹏，孙颖. 基于在线课程质量标准的教师在线教学能力模型构建及其提升路径［J］. 中国电化教育，2022（06）：89-95.

此外，我们还可以通过预调查的数据进行信效度检验。如果一个题目在多个方面都能够展现出较高的信效度，那么可以认为它是一个良好的题目。反之，则需要对该题目进行修改或删除。通常信效度的相关数据通过 SPSS 软件可以直接获得。以下说说信效度检验的方法和判断可信度与有效性的标准。

信度检验的方法有多种，最常用的是计算 Cronbach-α（克隆巴赫系数）。Cronbach-α系数的范围为 [0，1]，越接近 1，信度越好。其判断标准如表 2-14 所示。

表 2-14　克隆巴赫系数判断标准

Cronbach-α 系数	信度水平	对应操作
≥ 0.9	非常好	无
0.8~0.9	良好	无
0.7~0.8	可以接受	适当修改内容
<0.7	较差	重新编写问卷

效度检验最常用的是进行探索性因子分析。探索性因子分析主要分为两个步骤。第一步进行 KMO 值以及 Bartlett 球形检验，如果检验值不达标，则需要重新设计问卷。反之，如果达标则进入第二步——综合分析累积方差解释率、因子载荷系数等指标来判断问卷效度是否良好。

（1）KMO 检验用于检验题项之间是否存在一定的相关性，Bartlett 球形检验用于检验题项是否相互独立。二者在 SPSS 中会同时生成。KMO 取值范围为 [0，1]。Bartlett 球型检验的结果用 P 值表示，P 值需要与显著性水平 α（通常取值为 0.05）进行比较，其判断标准如表 2-15 所示。

表 2-15　KMO 值以及 Bartlett 球形检验值判断标准

指标	检验值	是否适合做效度分析	对应操作
KMO 值	≥ 0.9	非常适合	无
	0.6~0.9	比较适合	无
	<0.6	不适合	重新编写问卷
Bartlett 球形检验值	P<0.05	适合	无
	P>0.05	不适合	重新编写问卷

（2）累积方差解释率、因子载荷系数等指标可通过 SPSS 直接生成，一般情况下，累积方差解释率大于 60%，说明效度尚可接受，大于 70% 则说明问卷效度水平较高。因子载荷系数一般要求每个题项对应的绝对值大于 0.6，系数越高说明问卷效度越好。因子载荷不达标的题目可考虑删除或调整样本量进行再次分析。

本案例中 KMO 值为 0.920，Bartlett 球形检验对应的 P 值为 0.000，表明该问卷适合进行效度分析，但对其他指标的分析并没有写明，直接说明量表效度良好是不规范的。

什么是方差解释率、累计方差解释率、因子载荷系数

方差解释率是指单个因子可以解释题目多少的信息量。假设某因子方差解释率为 20%，表示该因子可以解释所有题目 20% 的信息量。

累积方差解释率是指多个因子方差解释率的累积。假设总共提取出了 3 个因子，3 个因子累积方差解释率为 60%，说明这 3 个因子一共可以解释所有题目 60% 的信息量。

因子载荷系数是指题项与因子间的关系强度。因子载荷系数的值通常在 −1 到 1 之间，正值表示正相关，负值表示负相关。因子载荷系数的绝对值越大表明该题项与因子的关系越密切，也就是该题项应当归为该因子。

如果问卷中出现了信效度不高的题目，我们要怎么修订呢？可以参考以下步骤。

（1）探究低信效度的原因。问卷问题信效度不高的原因可能是题目表述不清晰、涉及的概念不明确、问题不具备代表性、题目太难，等等。如果是因为表述不清，那么可以再斟酌一下表述方式；如果是题目太难，可以考虑降低难度；如果是因为不具备代表性，那就可以直接删除该问题。

（2）考虑题目的重要性。评估每个题目对研究的贡献。如果某个题目在理论上关键但信效度不高，可以尝试重新表述或者提供更清晰的定义。

（3）考虑删除相关性低的题目。如果某个题目与其他题目关联性较低，且没有明显的理论解释，可以考虑删除以提高问卷的简洁性。比如《教师跨学科教学能力的关键要素与结构模型建构研究》[1]中，利用探索性因子进行结构效度分析，结果显示有两个因子载荷不足 0.6，说明这两个因子与研究主题的关联性不强，因此可以予以删除。

（4）重复检验。在正式问卷确定之前，需要对修改后的问卷再次进行信效度检验，如果修订后问卷的信度和效度有所提高，并且符合研究目的，那么这样的修订就是合理的，否则就需要重新修订。上述《教师跨学科教学能力的关键要素与结构模型建构研究》一文中，在删除关联性不强的因子后就进行了第二次探索性因子分析，所得的量表关联效度可以接受，表明修订合理。

---

① 杜文彬. 教师跨学科教学能力的关键要素与结构模型建构研究——基于混合研究方法［J］. 全球教育展望，2023，52（08）：70-86.

AI 辅助审核修订问卷问题（推荐 Kimi.ai）

除了以上审核修订问卷的方式之外，我们还可以使用人工智能（AI）辅助评估问卷问题的合理性。只需向 AI 提供提示词（包括赋予 AI 的角色、问题的背景、你的要求等），它就能判断问题是否恰当。如果需要，还可以继续对生成的答案进行追问，直至获得满意的答案。

AI 辅助审核问卷问题示例：

「提示词」

－角色：你是一位本科教学工作水平评估专家，擅长问卷问题编写。

－背景：现在需要做 XX 大学本科教学工作水平调查，调查对象是在校本科生，已经编制了一道问卷题目为"当你上课遇到困难时，你是否会当堂主动提问并寻求反馈"。这道题目的调查目的是确定学生当堂主动提问和寻求反馈的程度。

－任务：请针对这一道题目，指出该题目可能存在的 3 个重要风险。

「执行结果」

作为一名本科教学工作水平评估专家，我会从以下几个角度来分析这道题目可能存在的风险：

1. 社会期望偏差（social desirability bias）：这道题目可能会受到学生对于"正确"行为的社会期望的影响。学生可能认为当堂提问是一个积极的行为，因此在回答时可能会倾向于给出他们认为教师或评估者期望听到的答案，即他们会选择"会当堂主动提问并寻求反馈"，即使这可能与他们实际的行为不符。这种偏差可能会导致调查结果过于乐观，不能真实反映学生在课堂上的实际行为。

……（略）

为了降低这些风险，可以考虑以下改进措施：

1. 在问卷中加入更多的情境描述，以便学生能够根据具体情况做出回答。

……（略）

「追问提示词」

在保持调查目的不变的情况下，请给我修改后的题目，要求不超过 3 道题，是李克特或频次的计分方式，便于我后续进行问卷数据的统计。

「执行结果」

在保持调查目的不变的情况下，我们可以设计以下三道题目，采用李克特量表进行计分，以便于后续的数据统计：

题目 1：您在课堂上遇到不理解的问题时提问的频率

◎从不　　　　◎很少　　　　◎有时　　　　◎经常　　　　◎总是

说明：这道题目通过询问学生提问的频率来评估他们主动提问的程度，李克特量表的 5 个选项可以让学生根据自己的实际情况进行选择。

······（略）

4.4 想一想

预调查中发现被试在阅读或回答某个问题时普遍感到困惑。请分析可能的原因，并提出你的修订建议。

4.5 练一练

1. 请任意找一篇论文，阅读并分析该论文采取了哪些修订措施。

2. 请扮演一个非专业人士的角色，找一份与自己研究方向不同的问卷，审核该问卷，列出你认为的至少两个潜在问题，并提出改进建议。

3. 在之前的课后练习中，大家已经自行设计了一份初始问卷，请根据本节内容，采取相应的措施对自己的问卷进行修改完善。

（答案见本章最后）

第五节　如何收集数据

在问卷调查研究中，数据收集是确保研究质量和结果准确性的关键步骤。恰当的数据来源对于获取有效数据至关重要。因此，数据收集的第一步是选择合适的被试。

一、如何选择被试

请先阅读下面的案例，思考一下，本案例中选择被试时考虑了哪些方面，有哪些欠缺。

案例：《大规模在线学习是否影响小学生家长对子女信息化学习的态度？》

被试来自内蒙古、吉林、四川、广东、甘肃五省区的小学生家长。问卷回收率为 100%。剔除非正常问卷（如所有题目选择同一答案或累积答题时间少于 2 分钟），共得到有效问卷 3793 份，问卷有效率为 92.22%。有效问卷中被试的特征分布如表 2-16 所示。

表 2-16 有效问卷信息统计

特征	分类	占比
性别	男	23.9%
	女	76.1%
年龄	29 岁以下	1.5%
	30~44 岁	86.8%
	45~59 岁	11.5%
	60 岁以上	0.2%
学历	初中及以下	10%
	高中或中职	17.5%
	大专	26.8%
	本科	36.9%
	研究生及以上	8.8%
自身信息化学习频率	经常	36.6%
	偶尔	50.3%
	从未	13.1%

下面我们来一起分析一下选择被试时需要考虑的内容。

（1）研究问题的相关性。被试的选择应与研究问题的性质和目的相关。确保被试具有研究问题所需要的特定经验、知识或背景。本案例的研究问题是大规模在线学习是否影响小学生家长对子女信息化学习的态度，被试选取的是小学生家长，二者关系紧密，符合要求。

（2）代表性。确保被试在某些关键特征上是代表性的，能够反映研究目的人群的多样性，这有助于提高研究结果的推广性和一般性。如果研究目的是得到关于整个人群的信息，应该确保样本在某种程度上能代表研究的总体群体，以避免结果的偏差。本案例选取了不同地区、不同年龄、不同性别、不同学历的家长样本，比较全面，能够代表不同类型的家长群体。

（3）样本大小。考虑研究的规模和可行性，确定适当的样本大小。样本足够大，才能使得研究结果有统计学意义，但也要避免样本过大可能增加研究成本和复杂性。一般样本数量至少应为题目数量的 5~10 倍。本案例中共投放了近 4000 份问卷，能够得到比较显著的统计学结果。

（4）选择机会平等。确保每个潜在参与者都有平等的机会被选择，以减少选择偏见。本案例中没有提到具体的抽样方法，但从文章叙述可以看出，采用的是随机抽样，能够保证被试的选择机会均等。

（5）文化背景和适龄性。确保选择的被试有足够的文化素养能够完成问卷，被试的年龄也不宜过大或过小，以保证研究结果的有效性。在本案例中，被试中存在一定比例的 60 岁以上和学历初中以下的家长，他们是否能够很好地完成问卷调查是存疑的。

（6）可获得性。考虑选择那些容易获得并能够方便参与的被试，以确保研究的实际可行性。如果选择的对象难以接触或难以取得合适的样本，可能会影响研究的实施。本案例中小学生家长是比较容易接触的群体，可获得性没有问题。

（7）实用性。选择的调研对象应该能够提供对调研问题有帮助的信息和意见。这可以通过选择具有相关经验、与调研目的密切相关、有实践经验的调研对象来实现。本案例中家长的态度与研究问题直接相关，因此家长作为被试所提供的信息对于该研究实用性非常强。

（8）自愿性。一般在论文中不会写明，但是在实际操作中需要考虑。确保被试的参与是基于充分的知情同意，保证其权利和隐私受到尊重。遵循合适的伦理审查程序，并取得必要的许可。此外，可以预先了解潜在被试是否对研究感兴趣，以及他们是否愿意参与，这有助于提高调查的参与率和数据质量。

5.1 练一练

分析以下案例，判断案例中的被试选择是否恰当，并说明原因。

《基于在线课程质量标准的教师在线教学能力模型构建及其提升路径》[①]

本研究选择高等院校的在职教师作为调查对象，回收有效问卷 356 份，统计结果如表 2-17 所示。

表 2-17　有效问卷信息统计

特征	分类	占比
性别	男	39.1%
	女	60.9%
学历	本科及以下	7.1%
	研究生	33.3%
	博士	59.6%
任教学科	理工类	55.8%
	文学类	41.0%
	艺术类	3.2%

---

① 徐鹏，孙颖 . 基于在线课程质量标准的教师在线教学能力模型构建及其提升路径［J］. 中国电化教育，2022（06）：89-95.

特征	分类	占比
在线教学经验	多次线上教学经验	37.8%
	有一些线上教学经验	53.2%
	了解但没有开设过	6.4%
	没有接触过	2.6%
教龄	5 年以下	14.1%
	5~10 年	34.6%
	15~25 年	35.9%
	25 年以上	15.4%

（答案见本章最后）

二、如何抽样

由于调查的对象数量可能非常庞大，我们不可能对每个对象都展开调查，这时我们就需要按照一定的标准选取一小部分个体来代表整个总体，这就是抽样。抽样方法有很多，具体的选择取决于研究目的、总体特征和研究可行性。在教育研究中，简单随机抽样和分层抽样是最常用的两种。

1. 简单随机抽样

简单随机抽样指从总体 N 个单位中任意抽取 m 个单位作为样本，每个样本被抽中的概率都相等。这种方法可以减小选择偏见，适用于总体相对均匀、无特殊分布的情况。

举个简单的例子，假设你想了解某高中高三学生对新教育政策的满意度，就可以使用简单随机抽样来获取具有代表性的样本。总样本是该高中全体高三学生，为每个学生分配一个唯一的标识号，如 0~500。如果计划样本数量为 100，则可以采用工具随机生成 100 个数字，抽取对应标识号的学生作为样本。

简单随机抽样在教育研究中经常用到，比如研究学生的学业表现[1]、双减背景下学生的作业负担现状[2]等，由于样本没有任何特殊之处，因此采用简单随机抽样是非常合适的。

2. 分层抽样

分层抽样是从一个可以分成不同子总体（或称为层）的总体中，按规定的比例从

---

[1] 牛新春，杨菲，杨滢. 为何进步、为何退步：重点大学城乡学生学业表现变化过程 ［J］. 复旦教育论坛，2020，18（03）：58-66.

[2] 祁占勇，余倩怡，张杰英. "双减"背景下学生作业负担缓解了吗——基于中国西部 11 省 1786 份的实证调查 ［J］. 中国电化教育，2023（10）：73-81+88.

不同层中随机抽取样本的方法。这种方法的优点是，样本的代表性比较好，抽样误差比较小。缺点是抽样步骤稍微复杂一些。这种抽样方式适用于总体有明显分层特征的情况，常见的分层变量有性别、年龄、教育、职业等。分层随机抽样在实际抽样调查中广泛使用，在同样样本容量的情况下，它比简单随机抽样的精度更高。

比如《中学校长教学领导力对专业学习共同体的影响机制》[①]一文，调查范围是上海、北京等 11 个省（直辖市）的 40 所中学，调查对象是这些中学的教师。为了样本分布更为均衡合理，课题组与调研学校沟通后确定采用分层抽样的办法，将调研对象按照性别、教龄、职称、学段进行了分层，再从每一层内随机抽取一定数量的教师填写问卷以组成本研究调研的样本。

3. 系统抽样

系统抽样又叫等距抽样，先将总体按一定条件进行排序，然后决定一个间隔（抽样距离），依据这个间隔距离有规律地从总体中抽取样本。排序有三种方式：

（1）随机排序。如果总体在各个特征上大致均匀分布，那么可以随机排序。即研究者从总体中随机选择一个起始点，然后按照固定的间隔选择后续样本。

（2）按无关特征排序。如果总体在各个特征上大致均匀分布，也可以采用按无关特征排序。即总体单位排列的顺序所依据的特征和所要研究的内容无关。例如，调查职工的收入水平，可按姓氏笔画排列的职工名单进行排序。

（3）按相关特征排序。如果总体在各个特征上分布不均匀，最好采用按相关特征排序。即总体单位排列的顺序与所要研究的特征是有直接关系的。例如，粮食产量抽样调查时，可按照当年估产或前几年的平均实产由低到高或由高到低的顺序进行抽样。

当样本分布均匀且易于排序时，系统抽样会比随机抽样的误差更小，更具代表性。如《高中物理"一题多解"类题型的结构与编创研究》[②]中，调查范围为高中物理科目，调查对象为能"一题多解"的物理题，样本数据共为 200 个。采用系统抽样的方法，先对总体 200 道题目按照收集顺序进行排序和编号，然后确定抽样距离，以间隔 k（5）为基础，将总体 N（200）分为 40 段，在每一段的 5 个样本中使用简单随机抽样抽取一个样本，最终确定 n（40）个样本数据，非常简单清晰。当样本总体规模较大时，也非常适合采用系统抽样。比如研究某市今年高一学生期末考试数学成绩，拟从参加考试的 15000 名学生的数学成绩中抽取容量为 150 的样本，就可以采用系统抽样，先将学生按照成绩从高到低排序，然后每隔 100 人抽取一个学生，就可以在整个学生群体中均匀地选择样本。

---

① 陈群，李丰 . 中学校长教学领导力对专业学习共同体的影响机制——基于 2399 名中学教师的调查研究 [J]. 上海教育科研，2023（12）：55-63.
② 饶伟萍 . 高中物理"一题多解"类题型的结构与编创研究 [D]. 天津：天津师范大学，2023.

4. 目的抽样

目的抽样又称定向抽样，是研究者自定义的采样方式，所抽取的被试具有某种特定目的性特征或素质，是根据研究目的选择的非概率样本。

比如《数智时代的高校学困生智能诊断模型研究》①一文，研究目的是建构一个高校学困生智能诊断模型，调查对象自然就是高校学困生了。然而，学困生是一个特殊的群体，在这种情况下，如果研究者采用简单随机抽样、分层抽样或者系统抽样所得到的样本都是不具备代表性的，必须使用目的抽样来选择具备学习困难特征的学生作为调查样本。

5. 滚雪球抽样

滚雪球抽样也是一种非概率性抽样方法，适用于难以获得初始样本的研究。这种抽样方法通过从被试中获得参与者，并要求这些参与者推荐其他符合研究标准的人，从而形成一个不断扩大的样本。滚雪球抽样常用于研究者很难直接访问到目标人群的情况，比如要进行新入职体育老师工作满意度调查，需要以新入职的体育老师作为被试，而一所学校的体育老师本就不多，新入职的体育老师更少，是不太容易获得大量样本的。这时就可以先取样几所学校全部的体育老师，从中获取几个新入职体育老师样本，这些新入职的体育老师可能有很多同专业的朋友也刚刚入职，那么就可以让这些老师推荐其他符合条件的被试。

滚雪球抽样能收集到的样本量相较于其他抽样方式还是远远不够的，因此在问卷调查中应用得不多，一般常用于访谈法中。

6. 整群抽样

整群抽样是先将总体分为若干个互不重叠的群，要尽量满足群间差异小、群内差异大的要求，然后根据所需求的样本量，从中随机抽取 N 个群，对这些群内所有个体或单元均进行调查。

整群抽样适用于样本多且有明显群体划分的研究。优点是实施方便、节省经费，缺点是由于不同群之间可能存在差异，由此而导致的抽样误差往往大于简单随机抽样，且样本分布面不广、样本对总体的代表性相对较差。比如《台州市中学生抑郁焦虑症状现状及其与学业负担的关系》②一文，由于要研究整个台州市的中学生，样本太多，且样本本身就已经有了群体的划分，比如班级、年级、学校等，所以采用整群抽样，选取台州市 5 个区县，在每个区 / 县抽取 3 所初中和 3 所高中，每个年级各抽取 2

---

① 晋欣泉，姜强，马志强，等. 数智时代的高校学困生智能诊断模型研究 [J]. 现代教育技术，2023，33（11）：47–56.
② 王子瑶，陈潇潇，林海江，等. 台州市中学生抑郁焦虑症状现状及其与学业负担的关系 [J]. 中国学校卫生，2023，44（11）.

个班级，共抽取8876名中学生作为样本。抽样过程简单方便，但是可能由于每个学校、年级、班级的教学理念都不同，群间的差异还是比较大的，可能会造成较大的误差。很多研究常为了方便取样而忽略这些误差，其实研究者应尽可能选择误差最小的取样方式。

7. 双重抽样

双重抽样，又称二重抽样、复式抽样，一般分前后两个步骤展开。第一步先从目标对象中抽取一个规模较大的样本，称为第一重样本，并对其进行调查以获取某些相关信息，为下一步的抽样提供条件；第二步以第一重样本为"抽样总体"，依据调查所得到的某些特征信息从中再抽取一个规模较小的样本，称为第二重样本。从双重抽样的步骤中不难看出，第一重抽样并不是真正的调查意图所在，它只是第二重抽样的基础，对第二重样本的调查才是主要目的。

双重抽样适合具备以下两种特点的调查：一是目标对象有明确特征，二是目标对象混在其他对象中无法直接抽取样本。比如《教师跨学科教学能力的关键要素与结构模型建构研究——基于混合研究方法》[1]一文，旨在调查教师跨学科教学能力情况，要获得教师跨学科教学能力的可能构成要素及其相互关系进而构建模型，那么调查对象就需要选择有跨学科教学经历的教师。但此类教师混在所有教师中，无法直接抽取，此时就需要进行双重抽样。首先利用整群抽样进行第一重抽样，在 W 市随机选取 20 所学校，以所选学校的所有教师作为调查对象；其次，询问受访者资格问题（是否有过跨学科教学经历）从而筛选出合格样本进行第二重抽样，再向所有合格样本发放调查问卷。经过两轮筛选，就能够精准地选择出调查所需要的样本了。

🔊 **小贴士** ✔

在实际应用中，研究者可能会采用多种抽样方法组合即混合抽样的方法，以平衡效果和成本。对于上文中没有提及的抽样方法，如果大家感兴趣可以参考《抽样技术》[2]进行学习。

5.2 想一想

1. 分层抽样与整群抽样的区别是什么？

2. 为什么在样本具有明显层次特征的情况下使用分层抽样？

---

[1] 杜文彬. 教师跨学科教学能力的关键要素与结构模型建构研究——基于混合研究方法 [J]. 全球教育展望，2023，52（08）：70-86.

[2] 金勇进，杜子芳，蒋妍. 抽样技术 [M]. 北京：中国人民大学出版社，2021.

5.3 练一练

判断下列情况应该采用哪种抽样方式？尝试说一说原因。

（1）了解一所大学内不同专业学生对在线学习平台的使用情况。

（2）了解参与制订某课标的教育专业人士对该课标的评价。

（3）调查一所小学的家长对学校提供的课后服务的满意度。

（4）了解一群特殊教育学生的学业进展。

（5）调查学生对学校食堂服务的满意度。

（6）某大学调查大四毕业生的升学及就业情况。

（答案见本章最后）

三、问卷如何发放

1. 送发式

送发式就是有人专门把问卷送到被试手中，发放者可以在现场与被试进行即时沟通，解释问卷目的，澄清问题，增加被试对调查的理解，提高问卷回收率。但相应地，这种方式受限于专人能够覆盖的地点和时间，无法涵盖更广泛的群体，人力物力成本也较高。此外，发放者的态度、言行举止也可能会对被试产生影响。

说到发放者的态度和言行举止，想到一个发生在身边的小故事。有一次一位老师去一个小学做问卷调查，她把问卷递到每一个孩子手里的时候都对他们说了一声"谢谢"，孩子们都有些小小的惊喜，窃窃私语"这个老师对我说谢谢啦"，于是他们的问卷填写得都特别认真，问卷回收率出奇的高。虽然这是一个产生正面影响的例子，但也不排除发放者的主观因素带来负面影响的情况，因此还是应该多加注意，尽量避免发放者影响被试的情况。

目前送发式问卷主要用于有关学生的整群调查，由于学生都是以班级为单位的，可以一次性送发几十份问卷，相对来说也比较高效，但其误差也应被关注。

2. 邮寄式

邮寄式是通过邮寄方式将纸质问卷寄送给被试，通常包含回邮信封以便被试寄回填写好的问卷。邮寄问卷的覆盖面也比较广，可以覆盖到没有互联网的人群，但成本较高，发放和回收都比较麻烦，反馈周期长，问卷回收率也比较低。

3. 报刊式

报刊式是通过报纸、杂志等媒体刊登问卷内容，让读者主动获取并填写再将对问卷的回答邮寄到报刊编辑部统一回收。这种方式能够借助媒体的传播力量让更多的人知晓该问卷，但由于填写行为完全出于自愿，可能导致样本不具备代表性和普适性的问题。由于现在阅读报刊的人数下降，报刊式问卷也很少被采用了。

4. 访问式

访问式是在特定场所中，由研究者根据已设计好的问卷亲自向被试提问并记录答案。研究者可以控制流程的进行，确保问题被正确理解，并能获得即时反馈，对于含糊不清的回答也可以进行追问。但同时研究者的主观因素会影响数据的客观性，也不适合大面积的调查。这种方式适用于需要深入理解受众观点的情况，或在会议、展会等特定场合进行调查的情况。

5. 在线式

线上问卷是通过互联网平台发布的电子调查问卷，受众可以通过电子设备填写，相关数据能够实时地显示和记录。随着互联网的普及，线上问卷成为最常用的一种问卷发放方式，也产生了很多专门设计、处理问卷的平台，如问卷星等，能够通过社交媒体快速传播问卷，收集大量数据，还提供自动化的数据处理和分析工具，十分方便。不足之处就是比较依赖被试的互联网使用能力，因此，在调查互联网普及不足的地区或互联网使用频率较低的人群时，就不适合用线上问卷。而对于互联网使用普遍的地区和群体则非常适合。

在选择问卷发放方式时，要综合考虑被试特征、研究目的、预算、时间和数据收集的要求。通常情况下，多种发放方式组合可以提高问卷的覆盖率和有效性。

第六节　如何处理数据

一、如何判断问卷数据是否有效

阅读下面的案例，尝试判断该案例中的数据是否有效，并说明你的判断依据。

本研究使用问卷星系统发放调查问卷。2018 年 7 月 19 日开始发放，截至 2019 年 4 月 19 日，共有 9655 份问卷邀请链接成功投递至对方邮箱，回收有效问卷 1239 份，有效问卷回收率达到 12.8%。在学科领域方面，工科领域人数最多，约占 44%；其次是理科领域，约占 32%；社科领域较少，约占 18%。在研究类型方面，基础研究约占 52%，应用研究约占 45%。在职称方面，高级职称约占 88%……

本研究采用 SPSS AU18.0 对调查问卷的主体内容进行信效度分析，结果显示 Cronbach's Alpha 系数的值为 0.884，可见问卷具有较好的信度。进行 KMO 值以及 Bartlett 球形检验，测量显示 KMO 值为 0.920，Bartlett 球形检验对应的 P 值为 0.000，可见问卷适合进行效度分析。[①]

---

① 刘莉，朱莉，刘念才.目标群体视角下高校教师科研评价政策认同研究——基于 20 所"双一流"建设高校的问卷调查［J］.清华大学教育研究，2020，41（02）：73-82.

结合上述案例，我们来看看判断问卷数据有效性有哪些方式，一般而言，有以下三种方式。

1. 有效问卷回收率及比例结构

要想获得可靠数据，最关键的不是问卷发放了多少回收了多少，而是有效问卷的回收率，即有效问卷占回收问卷总数的比率。保持较高的有效问卷回收率，是课题研究获得真实可靠资料的保证。一般来说，当问卷的有效回收率在 30% 左右，其只能做参考的资料；当问卷的有效回收率在 50% 以上，则可采纳其中部分建议；当问卷的有效回收率在 70% 以上，其结果可作为研究结论的依据。在本案例中，有效问卷回收率仅有 12.8%，并不适合作为该研究的依据。

> **小贴士** ✔
>
> 　　如果问卷的有效回收率过低，那么可能是被试选择不恰当，也有可能是主题不够吸引人，或者没有表达出与被试的利益相关性导致被试填写意愿不强，还有可能是问卷设计不合理，比如表述含糊不清，逻辑混乱，涉及隐私，或者题目顺序不当，等等，这些都会影响被试的回答意愿。

此外，问卷调查对象的选择要有代表性，当被试涉及不同方面时（如不同性别、不同年龄、不同职称等）各部分的比例不应差距过大。本案例的主题是高校教师对科研评价政策的认同，而科研评价政策在某种程度上与职称评定挂钩，因此，案例中回收的问卷高级职称教师占比 88% 显然是不合理的，不同职称的教师对于政策的认同情况很可能大不相同。

2. 信效度检验

正式调查之后，还需要对收集到的数据再次进行信效度检验。信度检验通常采用 Cronbach-α（克隆巴赫系数），效度检验通常采用探索性因子分析。只有当信效度检验结果证明问卷的信效度较高的时候，后续的数据分析才有意义。

3. 剔除无效数据

剔除无效数据这一操作在设计问卷时就可以做准备，可以设置一个或多个检验性问题，如表 2-18 所示。包括：重复问题（改变题目的问法，内容不变，看被试是否会选择相同的选项）、反向问题（题目反着问，看被试是否选择相反的选项）、逻辑一致性问题（不同题目之间有联系，被试的答案是否能够逻辑自洽）等。如果被试前后答案不一致或无法逻辑自洽，则可判定该问卷无效，予以剔除。

表 2-18　不同类型的检验性问题

类型	检验性问题举例		
重复问题	1. 你每周大约花费多少时间在课外阅读上？ A. 从不阅读　　　B. 少于 1 小时　　　C. 1–3 小时　　　D. 3 小时以上		
	2. 你每周通常花多少时间阅读课外书？ A. 从不阅读　　　B. 少于 1 小时　　　C. 1–3 小时　　　D. 3 小时以上		
反向问题	1. 你是否认为课外阅读有用？ A. 是　　　　　　B. 否		
	2. 你是否认为课外阅读没用？ A. 是　　　　　　B. 否		
逻辑一致性问题	1. 你每月阅读课外书籍的频率是多少？ A. 少于 1 小时　　B. 少于 5 小时　　　C. 5–10 小时　　　D. 10 小时以上		
	2. 你每月大约阅读多少本课外书籍？ A. 超过 3 本　　　B. 2–3 本　　　　　C. 1 本　　　　　D. 少于 1 本		

此外，如果问卷存在答案不合理或不完整，重复答案过多，答题时间过长（超过规定时间两倍及以上）或过短（少于规定时间的一半）等情况时，我们一般也会将其判定为无效数据。

在前述案例中，并没有写出剔除无效数据的方法和过程，这其实是论文写作中的一种不规范的现象。在实际的研究过程中，剔除无效数据是必不可少的环节，因此，建议大家在论文写作时具体写明。

6.1 练一练

判断下面案例中的数据是否有效并说明原因。

本研究通过"问卷星"调查平台进行抽样调查。共收回来自江西、江苏、云南、浙江、重庆、广东、山东、河北、陕西、河南、湖北、广西、北京、福建、湖南、内蒙古、新疆、上海、海南等 19 个省市高校教师的 218 份问卷。剔除了答题时间过短（3 分钟以下）、重复答案过多（70% 以上）的无效问卷 15 份，最终获得有效问卷 203 份，有效回收率为 93.12%。本研究首先通过 SPSS 20.0 和 AMOS 17.0 考察两份问卷的效度和信度，即通过探索性因子分析（EFA）、信度分析（Cronbach α 系数）及验证性因子分析（CFA）找出大学英语教师隐性课程和教学策略的关键性因子（潜在变量），检验两份问卷量表的内部一致性。然后，通过 R 语言统计软件对两份问卷数据进行单 / 多因素回归分析，考察教师隐性课程及其不同因子对教学策略的影响。

（答案见本章最后）

二、数据统计方法

问卷调查的数据一般用 SPSS 进行统计分析，以下将介绍常用的几种统计方式以及它们的适用情况。

1. 描述性统计

描述性统计是教育研究中常用的数据统计方法，也是最基础的统计方法。描述性统计就像给数据拍一张快照，告诉我们数据的外在全貌如何，帮助我们快速了解研究变量的基本情况。我们先来看一个案例。

案例背景：

研究高三某班学生的期末数学成绩情况，以便教师制订下学期的教学计划。因此通过描述性统计分析其分布情况。数学成绩如下：［85，90，75，92，88，79，83，95，87，91，78，86，89，94，82，80，84，93，88，81……］

描述性统计分析步骤：

（1）数据准备：导入数据集到 SPSS，进行必要的数据清洗和预处理。

（2）描述性统计：利用 SPSS 的描述功能，计算均值、中位数、标准差、方差等统计量，以评估数据的中心趋势和离散程度，如表 2-19 所示。

表 2-19　学生成绩的描述性统计

	均值	中位数	方差	标准差
数学成绩	88.5	86	33.25	5.77

（3）图表分析：利用 SPSS 的图表功能，如条形图、折线图等，可视化成绩分布，更直观地理解数据特征。

结果解释：

均值 88.5：均值代表班级学生成绩的平均水平。均值 88.5 意味着高三学生数学成绩的平均分是 88.5 分，说明班级整体成绩不错。

中位数 86：中位数代表成绩的中心趋势。中位数 86 说明学生的成绩均趋于 86 分且一半的学生成绩高于这个分数。中位数对异常值不敏感，只是对成绩分布中心位置的估计。

方差 33.25：方差代表成绩分布的离散程度，也就是学生个体之间成绩差距大不大。方差越大，表示学生成绩之间的差异越大；反之，差异就小。方差数值本身不易直观判断和理解，因此通常会进一步计算标准差。

标准差 5.77：标准差和方差一样，反映了成绩分布的离散程度。标准差越大，表示学生成绩之间的差异越大；反之，差异就小。标准差 5.77 意味着大约 68% 的学生成绩会落在均值的正负一个标准差范围内，即在 82.73 分到 94.27 分之间。

通过描述性统计，教师可以对班级学生成绩的分布情况有一个全面的了解，包括整体成绩、学生平均水平、个体成绩之间的差距等，教师可以据此调整教学计划。例如，如果方差和标准差较大，则可能需要关注成绩较低的学生，并考虑教学方法是否存在问题或者是否实行个性化教学策略。

正态分布的"68-95-99.7 法则"

"68-95-99.7 法则"又称"经验法则"，是指在实际应用中，一组数据具有近似于正态分布的几率分布。若其假设正确，则约 68% 数值分布在距离平均值有 1 个标准差之内的范围，约 95% 数值分布在距离平均值有 2 个标准差之内的范围，以及约 99.7% 数值分布在距离平均值有 3 个标准差之内的范围。

描述性统计一般用在描述被试的整体情况，如《我国信息化促进基础教育公平发展现状研究》[①] 中就采用折线图、柱状图等描述性统计的方法来呈现我国信息化促进基础教育公平各发展阶段的整体情况。

以上所提到的案例都属于描述性统计。换句话说，描述性统计是通过图表或数学方法，对调查总体所有变量的有关数据做统计性描述。描述性统计分析属于比较初级的数据分析，主要包括数据的频数分析、集中趋势分析、数据离散程度分析、数据的分布以及一些基本的统计图形。

（1）频数分析。在数据预处理部分，利用频数分析和交叉频数分析可以检验异常值。

（2）集中趋势分析。反映数据的一般水平，常用指标有平均值、中位数和众数等。

（3）离散程度分析。用来反映数据之间的差异程度，常用的指标有方差和标准差。

（4）绘制统计图。用图形的形式来表达数据，比用文字表达更清晰、更简明。在 SPSS 软件里，可以很容易地绘制各个变量的统计图形，包括条形图、饼图和折线图等。

2. T 检验

T 检验是一种用于比较两个样本均值是否有显著差异的统计方法。常见的 T 检验包括独立样本 T 检验和配对样本 T 检验。下面我们来看三个案例。

案例 1：探究在教育技术应用层面城市和乡村是否存在显著差异

数据收集：

（1）设计一个能够测量出城乡教育技术应用现状的问卷。

① 单俊豪，闫寒冰，宫玲玲，等.我国信息化促进基础教育公平发展现状研究——基于近 42 万份学生在线学习体验的调查分析［J］.教育发展研究，2021，41（06）：1-9.

（2）对城市和乡村的学生分别进行问卷调查。

数据分析：

对问卷所得数据进行独立样本 T 检验，验证在教育技术应用层面城乡教育差距是否显著。

结果解释：

P ≤ 0.05，T 检验结果显示在教育技术应用层面城乡教育存在显著差异。

P>0.05，T 检验结果显示在教育技术应用层面城乡教育不存在显著差异。

案例2：在线学习平台对学生学习效果的影响

数据收集：

（1）在实验开始前，收集一组学生的前测成绩。

（2）让学生使用在线学习平台学习一段时间。

（3）在使用在线学习平台后，再次收集这组学生的学习成绩。

数据分析：

使用配对样本 T 检验来比较学生使用在线学习平台前后的学习成绩差异。

结果解释：

P ≤ 0.05，T 检验结果显示显著差异，可以认为在线学习平台对学生的学习成绩有正面影响。

P>0.05，T 检验结果显示不存在显著差异，则不能断定在线学习平台对学习成绩有影响。

案例3：比较传统讲授法和探究式学习法对学生理解能力的影响

数据收集：

（1）选择两组学生，每组学生人数相同，且两组学生的理解能力水平相似。

（2）第一组学生采用传统讲授法进行教学。

（3）第二组学生采用探究式学习法进行教学。

（4）在教学结束后，对两组学生进行相同的理解能力测试。

数据分析：

使用独立样本 T 检验来比较两组学生在不同教学方法下的理解能力得分是否存在显著差异。

结果解释：

P ≤ 0.05，T 检验结果显示显著差异，可以认为不同的教学方法对学生理解能力的影响有显著差异。

P>0.05，T 检验结果显示不存在显著差异，则不能断定不同教学方法对学生理解能力的影响有显著差异。

（1）独立样本 T 检验（Independent Sample T-test）。也称为双样本 T 检验或两样本 T 检验，是一种用于比较两个独立样本平均值差异是否具有统计学意义的统计方法。案例 1 和 3 采用了独立样本 T 检验。

独立样本 T 检验适用于以下情况：

- 两个独立样本。样本之间没有配对关系，来自不同的群体或个体。
- 不同条件下的比较。例如，比较接受不同治疗方法的两组病人的治疗效果。

独立样本 T 检验的基本假设包括：

- 数据应来自正态分布或近似正态分布的总体。
- 两个样本的方差相等（方差齐性）。
- 样本之间是相互独立的。

（2）配对样本 T 检验（Paired Sample T-test）。这种统计检验方法用于比较两个相关样本或重复测量的样本之间的平均值差异是否具有统计学意义。案例 2 采用了配对样本 T 检验。

配对样本 T 检验通常用于以下情况：

- 重复测量。同一对象在不同时间点或条件下的测量结果比较。例如，在上午和下午对被试分别进行同一种处理。
- 配对样本：两个样本之间存在某种形式的配对关系。例如，同一组受试者在两种不同处理下的比较。

配对样本 T 检验的基本假设包括：

- 数据应来自正态分布或近似正态分布的总体。
- 两个样本是相关的，即它们来自同一群体或个体。

如果 T 统计量超过临界值，我们可以拒绝零假设，认为两个样本的平均值之间存在显著差异。反之，如果 T 统计量未超过临界值，则不能拒绝零假设，认为没有足够证据表明两个样本的平均值有差异。

3. 卡方检验

卡方检验的基本思想就是比较观察到的频数和期望频数的差异，若两者差异显著，就认为两个分类变量之间存在关联。所谓分类变量，指的是取值为离散值的变量，比如"性别"就是一个分类变量，它的取值只有"男"和"女"。"学科"也是一个分类变量，包括语文、数学、英语、物理等。

如果想要了解男女学生在文理分科时的倾向是否存在显著性差异，就可以使用卡方检验来进行分析。假设某学校中男生和女生可以选择的科目有主科＋理科、主科＋文科两种形式（主科即语文、数学、英语三科）。然后我们搜集了一份关于学生选科情况的数据，如表 2-20 所示。

表 2-20　学生选科情况汇总

性别\科目	主科 + 文科	主科 + 理科	总人数
男生	32	219	251
女生	124	151	275
总人数	156	370	526

接下来我们需要做假设：

（H0）是男女学生在选择科目时没有显著性差异，即性别与选科无关。

（H1）是男女学生在选择科目时存在显著性差异，即性别与选科有关。

然后使用卡方检验来比较观察到的频数与期望频数之间的差异。

假设显著性水平（α）为 0.05，计算卡方统计量并查找对应的 p 值。如果 p 值小于 0.05，就可以拒绝 H0 假设，认为存在显著性差异。如果存在显著性差异，就可以得出结论，在这所学校中，男女学生在选科时存在显著性差异。这可能促进进一步的研究，比如了解这种差异的原因，如社会文化因素、教育政策等。

卡方检验在教育研究中比较常见，大家可以参考《中学生科学态度的发展研究》[1]《上海市中学生体质健康与心理亚健康的关系研究》[2] 进行学习。

除了以上介绍的几种常用的统计方式外，还可以采用回归分析、相关分析、方差分析等方式。本章节的目的只是让大家对常用的统计方法有所了解，如果大家对此比较感兴趣或需要了解统计方法的具体操作步骤，可以参考相关文献或《问卷数据分析》[3] 等统计学书籍进行进一步学习。

小贴士

表 2-21　其他常用统计方式简介

统计方式		适用情况	举例
回归分析	一元线性回归分析	根据一个自变量值预测因变量的值	研究教育水平与收入的关系
	多元线性回归分析	根据多个自变量的值综合预测因变量的值	研究教育水平、工作经验和性别如何共同影响收入
相关分析		探究两个或多个变量之间是否存在某种统计关联性	研究学生的学习时间与他们的考试成绩之间是否存在相关关系
方差分析	单因素方差分析	检验由单一因素影响因变量时，因素各水平之间的差异是否具有统计意义	研究三种教材对学生（随机分为三组）成绩的影响是否有差异
	多因素方差分析	检验两个或多个自变量及其交互作用对一个或多个连续因变量的均值是否产生显著影响	研究主题熟悉程度、生字密度对阅读速度和阅读策略运用的影响
聚类分析		将具有相似特征的数据分组	探究大学生在线学习行为特征

① 曾妍 . 中学生科学态度的发展研究［D］. 上海：华东师范大学，2022.

② 陈琪 . 上海市中学生体质健康与心理亚健康的关系研究［D］. 上海：华东师范大学，2022.

③ 周俊 . 问卷数据分析（第 2 版）［M］. 北京：电子工业出版社，2020.

6.2 练一练

1. 判断下列情况应当使用何种统计方法。

（1）某老师想要了解本学期内，班级学生语文成绩的表现。

（2）比较城市和农村的学生在数学成绩上是否存在显著差异。

（3）分析教师的问卷数据，探索教师职业倦怠特征。

（4）在培训前使用某一能力测验对一批被试进行了前测，经过 3 个月的训练，再次使用同一能力测验对这批被试进行后测，分析培训是否有效（已排除练习效应、疲劳效应影响）

2. 一个研究项目评估了一个新的教学软件对学生学习效率的影响。研究者记录了学生使用软件前后的测试成绩。请模仿书中的案例，尝试描述如何使用配对样本 T 检验来分析这些数据。

（答案见本章最后）

第七节　如何分析涉及问卷调查法的论文

模仿是非常高效的一种学习方式。要想撰写一篇优秀的论文，首先要知道别人的研究思路是怎样的，也就是需要学会解析论文。通过前面几章的学习，我们已经掌握了问卷调查的基础理论知识，本节的目的就是学习如何利用所学知识系统地解析一篇涉及问卷调查法的论文。

遵循支架式教学的理论，我们先提供一个分析、拆解论文的框架，如表 2-22 所示。该框架包括四个组成部分：要素（论文需要拆解的结构）、标准（评估研究质量的指标）、评估（是否达到相应的标准）、建议（有哪些需要改进的地方）。可以基于此对论文进行拆解、分析。

表 2-22　论文解析框架

要素	标准	评估	建议
研究问题	（1）研究问题是什么 （2）问题的来源 （3）问题的价值性 （4）有无核心概念的操作性定义		
研究目的	（1）研究目的是什么 （2）问卷调查目的是什么		
研究方法	（1）研究方法是什么 （2）研究方法的适切性		

要素		标准	评估	建议
问卷设计与修订	问卷设计	（1）问卷的维度来源 （2）问卷的构成 （3）问卷的问题设计是否有详细描述 （4）问题设计是否清晰合理、符合被试特点 （5）每个维度下问题数量是否合适 （6）问卷问题总数是否合理		
	问卷修订	（1）是否详细说明专家评定及修改过程 （2）是否进行预调查 （3）预调查的被试选择与抽样方式是否合理 （4）预调查是否进行了信效度检验 （5）根据预调查修订问卷的过程是否详细		
被试选择与发放	确定被试	（1）为什么选择该被试 （2）被试的代表性		
	发放方式	（1）发放方式是什么 （2）发放方式是否合理		
	抽样	（1）抽样方法是什么 （2）抽样数量、范围、比例等是否合理		
数据收集与处理	数据收集	（1）有效问卷比例是否达标 （2）是否剔除无效数据 （3）无效数据剔除方法是否合理		
	数据处理	（1）是否再次进行了信效度检验 （2）采用了哪些数据处理方式（感兴趣的话可以详细分析一下数据处理步骤）		
一致性问题		（1）研究问题和研究目的的一致性 （2）研究目的与问卷调查目的的一致性 （3）问卷调查目的和问卷维度的一致性 （4）研究目的与被试选择的一致性 （5）研究目的与抽样的一致性 （6）问卷设计和研究结果的一致性		

可以扫描图 2-9，这是两个解析论文的示例。示例 1 是按照这个表格框架来解析论文[1]的示例，示例 2 是按照框架的"要素"和"标准"，直接在论文中标注，如有不符合标准的地方直接在原文[2]旁边补充。

图 2-9

7.1 练一练

1. 请模仿书中提供的解析案例，任选一篇自己感兴趣的涉及问卷调查法的论文，尝试进行解析。

2. 请结合当下热点，自拟一个适合问卷调查的选题，尝试用问卷调查法做一个完整的研究设计，实施并撰写调查报告。

（答案略）

---

① 鹿文丽. 本科生在线课程学习效果及影响因素研究［D］. 上海：华东师范大学，2021.

② 杜文彬. 教师跨学科教学能力的关键要素与结构模型建构研究——基于混合研究方法［J］. 全球教育展望，2023，52（08）：70-86.

参考答案

1.1 想一想

1.标准化的问卷适用于获取客观数据而不适合探究深层次原因，主要是因为以下几个方面的考虑：

（1）简便性和效率。标准化问卷设计的目的之一是简化研究过程，提高数据收集的效率。为了迅速获得大量数据，问卷通常设计得较为简单，使得深层次原因的探究变得相对困难。深入挖掘个体经验和观点通常需要更为复杂和灵活的研究设计，而不是标准化问卷所提供的简单结构。

（2）客观性的追求。标准化问卷设计追求客观性，这使得问卷更适用于获取受访者普遍共识的信息，而较难用于深入了解个体情感、动机和复杂的心理过程，因为这些方面往往涉及主观性和个体差异。

（3）限定回答选项。标准化问卷通常会提供一组固定的回答选项，这种设计有助于确保问卷的一致性和可比性，使得数据更容易进行量化分析，但也在某种程度上限制了受访者的表达。对于深层次原因的探究需要不断地深入挖掘，而不仅仅是在给定的选项中做出选择。

2.采用问卷调查的理由可以从以下几方面进行说明：

（1）匿名性与隐私保护。问卷提供了一种相对匿名的数据收集方式，这有助于保护受访者的隐私。心理健康是一个敏感的主题，许多人可能不愿意公开谈论他们的问题。匿名性可以使得参与者更加坦诚地回答问题，从而提高数据的可信度。

（2）量化数据的需要。采用问卷可以短时间内收集大量的量化数据，有利于对数据进行快速处理和分析，能够在最短的时间内发现存在心理健康问题的学生。

（3）调查广泛性的需要。大学生群体庞大，问卷调查可以快速获取不同学院、专业和年级的数据。

（4）易于操作和实施。问卷可以通过在线平台实施，操作相对简便，时间地点也比较灵活，提高了研究的效率。

2.1 练一练

1.（1）适合。大学生数量众多，成分单一，文化水平较高，且信息素养的现状属于客观现象，与主观因素影响不大，因此适合做大规模的问卷调查。

（2）不适合。影响学生学习动机的因素有很多种，可能来源于自身、家庭、教师、学校等多个方面，无法全部预测，问卷选项不可能涵盖所有因素。但如果通过访谈等方法先确定了学习动机的影响因素之后，可再编制问卷，用以调查不同影响因素对学习动机的影响程度。

（3）不适合。首先该研究成分不单一，涉及教师和学生两个对象，而且教师非语言行为对学生造成的影响不容易量化，该情况更适合采用观察法。

（4）不适合。教师焦虑的来源很多，无法一一列举，该情况更适合采用访谈法。

（5）适合。研究成分单一，数量也较多，满意度也非常容易量化，可以采用李克特五级量表设计问卷。

（6）适合。可以以构建该模型的指标为维度设计问卷进行调查，通过分析收集到的数据来验证指标是否合理，检验模型拟合度并进行修正，属于书中提到的验证性调查。

2. 略（符合问卷调查的特点和适用情况即可）。

4.2 想一想

1. 德尔菲法是一种质性的决策制定工具，虽然有多名专家共同决策，但仍然存在一定的主观影响。通常用于无法通过其他方式获取可靠数据的情况，或者在数据稀缺且难以量化的情况。例如，涉及未来趋势的预测或者技术发展的前景等情况。

2. 略。

3. 略（写明维度来源，有理有据即可）。

4.4 想一想

在预调查中，如果被试在阅读或回答问卷中的某个问题普遍感到困惑，说明问卷题目或答案设计得有问题，有可能是表述不清晰、专业术语未作解释、问题有歧义，或者是答案选项设置不合理，不够全面或不够直观，使得被试难以找到合适的答案，等等。

具体问题具体分析。为了解决此类问题，研究者可以采取让他人审核问卷、德尔菲法等方式确保问卷的清晰度和合理性。

4.5 练一练

略。

5.1 练一练

从研究问题的相关性上来讲，本案例的研究是为了构建教师在线教学能力模型，因此高等院校在职教师与本研究相关，满足条件；从样本大小来看，回收有效问卷356份，满足条件；虽然文中没有具体说明，但依据统计结果可以推断出是随机抽样，满足选择机会平等；此外，文化背景、适龄性、可获得性和实用性均满足条件。

但是，从代表性上来讲，高等院校在职教师并不能代表所有老师，甚至可以说其与中小学老师的差异是非常大的，而且本科及以下学历仅占7.1%，研究生及以上学历占大多数，这也与中小学现有的教师学历现状不符，因此不具备代表性。

5.2 想一想

1. 整群抽样与分层抽样在形式上有相似之处，但实际上差别很大：

（1）分层抽样要求各层之间的差异很大，层内个体或单元差异小，而整群抽样要求群与群之间的差异比较小，群内个体或单元差异大。

（2）分层抽样的样本是从每个层内抽取若干单元或个体构成，而整群抽样则是要么整群抽取，要么整群不被抽取。

2.（1）提高代表性：分层抽样确保从每个层中都有代表性的样本，使得样本更好地反映总体中各个子群体的特点。这有助于减小由于子群体之间的差异引起的抽样误差，从而提高研究的精确度。

（2）降低方差：分层抽样有助于降低估计的方差，特别是当层内的个体在某些方面较为相似，而在其他方面有较大差异时。通过在每个层内进行随机抽样，可以在整体上获得更稳定的估计。

（3）子群体比较：当某些子群体表现出独特的特点时，分层抽样允许研究人员更深入地分析和比较某些子群体，而不会因为抽样过程而导致偏差。

（4）资源分配：在有限的资源下，分层抽样可以使得研究人员更有效地利用资源，集中在最具代表性和有关联的子群体上。

5.3 练一练

（1）分层抽样。由于该研究涉及不同专业的学生，为保证样本在专业特征方面数量分布均衡，可以首先将学生按专业划分成不同的层次。然后，从每个层次中随机选择一定数量的学生，以确保每个专业都在样本中有代表性。

（2）滚雪球抽样。由于参与制订课标的专家很难直接联系到，因此，我们最好在找到一位专家后，采取滚雪球抽样方法，让其推荐其他符合研究标准的人，从而形成一个不断扩大的样本。

（3）随机抽样。调查的目标人群是小学六个年级的家长，没有特殊的特征和需求，因此可以直接采用随机抽样来选取样本。

（4）目的抽样。由于目标对象是特殊儿童，具有特定的特征，因此我们要有目的地选择特定的样本，即目的抽样。

（5）随机抽样或整群抽样。调查学生对食堂的满意度，学生的年级、性别等特征对结果影响不大，可以在学校随机抽取学生填写问卷，但样本数量较多的情况下单独发放问卷不太方便，因此也可以以班级为单位，进行整群抽样。

（6）随机抽样或分层抽样。调查的目标人群为该校大四学生，没有明显的分层特征，因此可以直接采用随机抽样。如果想分析性别对升学就业情况是否有影响，可以考虑采用分层抽样。

6.1 练一练

本案例有效问卷回收率为 93.12%，满足要求；样本为 19 个省市的高校教师，覆盖面较广，具有代表性；通过答题时间过短和重复答案过多来剔除无效数据，并通过 SPSS 20.0 和 AMOS 17.0 考察了问卷的信效度。整体来看，本案例中的数据均满足了各方面的要求，因此有效。

6.2 练一练

1.（1）描述性统计。描述性统计可以提供学生成绩分布的快照，帮助老师了解班级学生语文成绩的整体表现，快速把握成绩的平均水平和变异情况，识别成绩分布的模式和潜在问题。

（2）独立样本 T 检验。独立样本 T 检验用于比较两个独立群体在某个连续变量（如数学成绩）上的均值是否存在显著差异。城市和农村的学生是两个独立的群体，成绩数据也是连续的，要想确定他们之间在数学成绩上是否有统计学上的显著差异，采用独立样本 T 检验是比较合适的。

（3）聚类分析。聚类分析能够根据多个相关变量将教师划分为具有相似倦怠模式的不同群体，从而揭示职业倦怠的内在结构。

（4）配对样本 T 检验。配对样本 T 检验常用来比较两个相关样本或重复测量的样本之间的均值差异是否具有统计学意义。该案例中同一批被试进行同样的前后测，就属于重复测量的样本，因此采用配对样本 T 检验来确定培训是否对能力有显著影响是合适的。

2. 略。

第三章

观察法

第一节 观察法有哪些类型

观察法是指研究者提前规划好研究目的，按照一定的研究计划，凭借自身感官（如眼、耳等）以及辅助工具（观察量表、录音／录像设备等），直接或间接地观察被研究的对象，从而获得资料的一种方法。录音／录像设备的作用一是弥补观察人员不足的问题；二是捕捉人的感官容易忽略的细节，为研究提供详实的数据和证据支持，方便研究者进行回放和深入分析。观察量表则为观察提供了结构化的框架，使研究者能够系统地观察并记录信息，以便进行统计分析。观察量表的基本结构包括标题、客观信息、观察内容、填写说明四部分，具体的结构和设计方法将在本章第四节详细介绍。

按照不同的分类标准，观察法可以分为不同类型。

一、按观察的情境条件

1. 自然观察

自然观察法是指观察者对观察对象不进行任何暗示和控制，在完全自然的状态下，对观察对象的行为、反应、特征进行观察记录的一种方法。采用自然观察法跟踪调研，可以避免观察者影响观察对象的现象，一定程度上能够保证调研数据真实有效。

在教育学领域，自然观察法常用来研究教师和学生的课堂行为、教学过程、学习过程等。例如《初中学困生课堂行为特征及形成原因分析》[1]一文中，研究者在原生态的课堂中自然观察学困生的课堂行为表现，收集真实的一手资料，利用观察数据分析其行为的特征及形成原因，并探索改善路径。

2. 实验观察

实验观察是使观察对象处于人为改变和控制的环境中，有目的地引起观察对象的某些心理现象，进而记录观察对象的行为表现变化从而获取资料的研究方法。举个例子，假如想要研究益智游戏是否能提升幼儿的问题解决能力，就需要采取实验观察。首先将年龄相同、水平相近的幼儿平均分为两组，一组幼儿不进行任何干涉，观察其原始状态下的行为言语和问题解决方式，另一组幼儿参与益智游戏，观察其进行益智游戏时的行为言语和问题解决方式，对两组观察结果进行对比分析，为研究结论提供更加丰富的佐证资料。广义来说，实验观察法是实验法的一部分，一般在实验研究中

---

① 朱晓民，张嫚嫚，王景雪. 初中学困生课堂行为特征及形成原因分析［J］. 教育理论与实践，2023，43（32）：44—49.

比较常见。

二、按观察的方式

1. 直接观察

直接观察是运用观察者的感觉器官直接观察观察对象的活动，而不借助于任何仪器设备的方法。直接观察是观察法中最容易收集信息的方式，成本很低，收集到的原始数据直接可用。上述提到的《初中学困生课堂行为特征及形成原因分析》一文中采用的课堂观察法，请同校教师对学困生在三节语文课堂中的行为进行观察记录，没有借助任何工具，就属于直接观察，非常方便，成本较低。但直接观察容易遗漏细节，主观性也较强，如果观察者对关键观察因素掌握不恰当可能会出现偏差，从而影响结果的准确性。就像该案例中，学生短时间走神这样的神态细节是不容易被观察者及时捕捉到的，有的学生看起来眼睛在看黑板其实内心已经开始"神游"了。而且文中提到的"发呆"事实上也主要依据观察者的主观认定，学困生偶尔认真思考时也可能由于偏见而被误判为"发呆"。

2. 间接观察

间接观察是观察者借助仪器设备观察观察对象的活动，从而获得事实资料的方法。间接观察法使用的仪器设备有照相机、摄影机、录音机等。间接观察的好处是能留存资料进行反复观察，防止遗漏细节。如《基于行为序列分析的智慧课堂有效教学行为辨识》[①]一文中，从某智慧教学平台选取五节"两岸智慧好课堂邀请赛"冠军课教学视频和五节普通智慧课堂教学视频作为样本进行观察，这些样本以录像为载体，属于间接观察。

此外，间接观察也非常适用于观察对象多、观察人员少的情况。比如《幼儿园科学教育活动中教师提问存在的问题与对策研究——基于深度学习的视角》[②]一文中，要观察 6 所幼儿园共 18 个班级，观察人员不足，就采用了直接观察和间接观察相结合的方式，以 C 市 A、B、C 三所幼儿园为研究样本进行了科学教育活动的现场观察，然后以 D 市 D、E、F 三所幼儿园提供的视频影像资料进行视频观察。

三、按观察者是否直接参与

1. 参与式观察

参与式观察是指观察者参与到观察对象的活动中，作为活动的一员充当相应的角

---

① 刘革平，孙帆，廖剑. 基于行为序列分析的智慧课堂有效教学行为辨识［J］. 现代教育技术，2023，33（06）：82-91.

② 尹艺桥. 幼儿园科学教育活动中教师提问存在的问题与对策研究——基于深度学习的视角［D］. 长春：东北师范大学，2021.

色，与观察对象建立较密切的关系，在相互接触与体验中观察和倾听观察对象的言行，获得有价值的研究资料的方法。参与式观察的优点是研究者可以更深入地理解观察对象的行为和文化，因为他们亲身经历并参与了整个过程。例如《社交型学习小组的使用与满足研究——以豆瓣为例》[1]一文中，研究者融入对应的社群，在成为社群成员之后，了解社群内活动传播的情感基础、互动方式和情感准则，再进一步观察研究小组互动机制等深度的内容。再比如《现代乡村短视频使用与农民的主体性表达——基于河北省Q村田野调查》[2]一文中，为更好地和农民进行交流，研究者选择在村委会工作，并参与了Q村所有的重大节日、庆典以及村民日常劳作的全过程。

但也正是由于这种深入体验，在某种程度上来说，参与式观察缺乏客观性和独立性。因此，在进行观察研究时，应充分考虑两个问题，一个是从观察对象的角度理解成员的相应观点，另一个是从研究者的角度看待其他观察对象。抽离与融入，这两个工作都必须做得恰到好处。完全参与式观察在社会学领域应用较多，教育研究领域中应用较少。感兴趣的读者可以参考《学会倾听：一本关于访谈法、参与观察法、数据分析和学术写作的实用指南》[3]一书进行学习。书中对参与式观察的讲解非常详细，有丰富的故事和案例，比较通俗易懂。

2. 半参与式观察

半参与式观察是指研究者不隐瞒自己的身份和研究活动，通过与被观察群体成员进行一定接触，适当参与互动来进行观察研究的方法。相较于参与式观察，半参与式观察并非完全融入，可以更好地保持独立性和客观性，但可能无法获得同样深度的理解和信任。《中国传统文化绘本的幼儿阅读反应研究》[4]一文采用的就是半参与式观察，在正式观察前，研究者首先参与幼儿的一日生活，熟悉幼儿性格与特点，在园内自主阅读的时间段内观察并记录幼儿随机自主阅读绘本的反应，同时在一周内选取三到四天组织幼儿集体阅读活动，活动由班主任主导，研究者在征得幼儿园及幼儿家长同意后进行观察并录音录像。在该项研究中，研究者并非全程参与幼儿教学和生活，只前期进行了简单的接触，重点参与了与研究相关的阅读活动，并且在阅读活动中也是以观察记录为主，并没有作为成员参与阅读，既消除了陌生人对幼儿的影响，又避免了过度参与影响活动的正常进行。

① 黄小琪.社交型学习小组的使用与满足研究——以豆瓣为例［D］广州：暨南大学，2023.
② 孙晓磊.现代乡村短视频使用与农民的主体性表达——基于河北省Q村田野调查［D］.沈阳：辽宁大学，2022.
③ 安妮特·拉鲁.学会倾听：一本关于访谈法、参与观察法、数据分析和学术写作的实用指南［M］.莫晓星，译.北京：中国科学技术出版社，2023.
④ 李璐瑶.中国传统文化绘本的幼儿阅读反应研究［D］.济南：山东师范大学，2023.

3. 非参与式观察

非参与式观察又叫"局外观察"，是指观察者完全不介入观察对象的活动，以旁观者的身份通过观察获得研究资料的研究方法。在非参与观察中，观察者由于与观察对象之间保持一定的距离，不会对观察对象的正常活动造成任何影响。不仅能保证观察对象活动的自然性，而且可以从不同角度进行观察，从而获得比较客观、公正的研究资料。前文提到的《初中学困生课堂行为特征及形成原因分析》《基于行为序列分析的智慧课堂有效教学行为辨识》中的观察方式都没有介入观察对象的活动，此类观察方式都属于非参与式观察，最大限度地保证了所得资料的客观性。

综合所有研究方法来看，当研究者想要得到最真实最自然的结果，不希望对研究对象进行干预时，非参与式观察是最为合适的选择。无论是问卷、访谈还是实验等研究方法，被试都明了自己是被调查的身份，或多或少都会对提供的信息以及最终结果产生影响。

四、按观察实施的方法

1. 结构式观察

结构式观察是指实施观察之前确定好观察范围，设计观察量表，在观察过程中严格按照观察项目对观察对象进行观察和记录，从而获得研究资料的研究方法。结构式观察的观察过程和观察项目都是标准化的，观察量表的记录方式也是标准化的。表 3-1 即为一个结构化观察量表，观察者只需要将观察表中的"个人""小组""全体"等不同评价对象出现的次数以及"表扬""批评""引导"等教师评价行为出现的次数画"正"字记录，观察结束后再将记录的次数进行统计分析即可。表格中未提及的其他行为不需要重点观察和记录。综合来看，结构化观察适用于量化研究，可以生成可量化的数据，有助于数据的统计分析，但同时限制了观察的范围，面对多变的情境时，缺乏灵活性。

表 3-1　事件取样观察量表示例 [①]

教师课堂评价语观察表				
观察地点		课题名称		
观察时间		任课教师		
观察内容			次数	备注
评价对象	个人			
	小组			
	全体			

---

① 改编自：刘佳欣．小学语文教师课堂评价语现状调查及策略研究［D］．哈尔滨：哈尔滨师范大学，2022.

评价方式	言语性评价语	表扬		
		批评		
		引导		
		......		
	非言语性评价语	手势	鼓掌	
			竖大拇指	
		表情	微笑	
			严肃	
		......		
评价结果	学生积极表现	注意力更集中		
		积极举手发言		
	学生消极表现	面露不快		
		不参与课堂互动		
		......		

注：（1）以"正"字记录次数。

（2）行为出现的原因、过程、结果等具体情况请在备注中作说明。

结构式观察在研究中比较常见，比如《一年级小学生课堂问题行为现状及对策研究》[1]《小学英语教师文化教学信念对课堂教学影响的研究》[2]均采用的是结构式观察。

2. 非结构式观察

非结构式观察，是指在观察活动实施之前观察者对观察目的和内容只是一个总的设想和大概框架，没有详细、具体的观察项目，根据观察活动的现场情况灵活观察的研究方法。所谓灵活观察，即并不拟定具体的观察内容，研究者按照自己对观察重点的理解对全部或部分情境进行观察并记录。所以说非结构化观察是描述性的，一般用于探索性研究或者质性研究中，以获取丰富的、细致入微的信息，这些信息不容易通过问卷或访谈获得。但由于非结构化观察个人主观性过强，也容易浮于表面，所以常与其他研究方法结合使用。

比如《幼儿园教师教学评价研究》[3]一文中，先采用非结构观察的方式，对整堂课中教师和学生的语言及活动进行观察，通过非结构式观察量表记录片段（如表4-3所示），观察者直接记录了教师及幼儿的语言、动作和神态，非常细致。但从该记录片段中无法看出教师评价的意图以及设计理念，因此，在非结构式观察的基础上又对教师

① 沙洁.一年级小学生课堂问题行为现状及对策研究［D］.上海：上海师范大学，2021.

② 陈学.小学英语教师文化教学信念对课堂教学影响的研究［D］.上海：上海师范大学，2023.

③ 何玉红.幼儿园教师教学评价研究［D］.重庆：西南大学，2012.

进行了相对开放的访谈，是对观察的补充和延续。

表 3-2　大班语言教学活动"年"观察记录片段

幼儿园教师教学评价观察记录表

观察目的： 了解幼儿园教师教学评价现状，并以此为依据分析现实过程中存在的问题和相应的原因。

观察对象： 本研究主要以随机抽样的形式，分别从两所幼儿园中选取三个班级，总共六个班级为观察对象，重点考察每个班级中集体活动的实施状况。

观察内容： 主要是对幼儿教师实施教学评价活动的现状进行观察，考察在教学活动中，幼儿教师设计了哪些评价任务，她是如何实现这些评价任务的，采用了什么样的评价方法，怎样与幼儿进行评价的交流和互动，以及评价主体的变化情况等。

观察日期： ×年×月×日

观察地点： ×幼儿园×班

现场记录	备注
大班语言活动"年"片段 B1：小朋友们，从画面中，你们猜"年"将会是怎样的怪兽啊？ C1：我想它有尖尖的牙齿，要吃人。 C2：它的爪子很尖，打架很厉害。 B1：嗯，它的爪子很尖也可以表达为爪子很锋利。现在"年"已经是有尖尖的牙齿和锋利的爪子的怪兽了，想想"年"还有什么样的特征？ C3：我觉得它会有猫叫的声音。 （全班哄堂大笑） B1：为什么啊？ C3：（低声地说）我最怕听猫叫了，看着它我就觉得很害怕。 B1：C3 小朋友讲得非常好，她想到了"年"将发出怎样的声音，而且是她最害怕的声音。可能有的小朋友不怕猫叫，如果我把猫叫声放大、放大，想想现在已经很大声了，像是打雷一样大声，恐怖不恐怖？ （班上所有小孩露出非常害怕的神情，有的还轻微地颤抖了下）	

◀‖小贴士✔

　　研究中具体选用哪一类型的观察法需要根据研究目的、研究计划以及现实情况确定。一种观察方式也可以同时属于不同的观察类型，如观察录播课教学视频，既属于间接观察，也属于非参与式观察。在实际的论文写作中，对于不同观察法的类型等的区分并不是很严格，很多论文也会同时应用不同类型的观察法。

1.1 想一想

　　下列两项研究适合采用哪种类型的观察法？为什么？

　　（1）4 至 5 岁幼儿在园攻击性行为研究。

　　（2）游戏教学法对小学生课堂积极性的影响研究。

（答案见本章最后）

第二节　什么情况适用观察法

观察法常常被运用在社会学、心理学、教育学等领域，以了解观察对象最真实的状态，在研究中应用较为普遍。但它也并非适用于所有情况，我们要学会根据研究的特点判断该研究主题是否适合观察法。

一、观察法的适用情况

班杜拉的观察学习理论就是通过实验法和观察法得出的。我们先回顾一下班杜拉的"波波玩偶实验"，思考一下，该项研究之所以适用观察法，原因是什么。

> 研究者把 66 名 4~6 岁的儿童平均分为三组，让三组儿童分别观看三部影片中的一部，每部影片中都有一个成人攻击充气玩偶。其中，第一部影片中的成人因其攻击行为而受到严厉的惩罚；第二部影片中的成人因其攻击性行为而受到表扬和奖励；第三部影片中的成人没有受到任何奖惩。在儿童观看完其中一部影片后，让他们玩同样的充气玩偶，并观察他们的行为表现。
>
> 结果：看到成人因攻击行为被奖励的儿童表现出的攻击性行为最多；看到成人因攻击行为被惩罚的儿童表现出的攻击性行为最少；看到无奖惩的儿童表现出的攻击性行为数量居中。

我们先不揭晓答案，一起看看观察法到底适用于哪些情况。

1. 行为研究

行为研究通常是动态的、变化的。由于观察法的能动性，观察者在观察过程中能够对观察的内容以及方式进行选择和调整，对于动态过程的研究非常灵活，因此，观察法适用于研究个体或群体的具体行为，如儿童在课堂的学习行为、教师的教学行为等。观察法在行为研究中非常常见，具体应用过程可参考《中国传统文化绘本的幼儿阅读反应研究》[1]《幼儿园语言教育活动中新手、熟手教师师幼互动行为的比较研究》[2]《课堂有效教学的师生互动行为研究》[3] 等文章进行学习。

---

[1] 李璐瑶. 中国传统文化绘本的幼儿阅读反应研究 [D]. 济南：山东师范大学，2023.
[2] 陈沛瑶. 幼儿园语言教育活动中新手、熟手教师师幼互动行为的比较研究 [J]. 教育观察，2021，10（32）：71-74.
[3] 张紫屏. 课堂有效教学的师生互动行为研究 [D]. 上海：上海师范大学，2015.

2. 自我认知模糊的研究

所谓自我认知模糊的研究就是观察对象对于自身的一些特征或行为的认知存在障碍，无法清楚地描述自己的行为方式或行为成因。对于研究对象无法准确描述或报告的调查，观察法提供了一种直接获取信息的途径。不需要与观察对象交流，也不需要通过任何媒介，直接观察就能得出答案。比如之前提到的《初中学困生课堂行为特征及形成原因分析》一文，学困生对于自己的课堂行为与其他学生的行为有什么区别可能并没有认识，对于为什么学习困难也不清楚。此时，如果进行问卷调查或者访谈，就很难得到准确的研究结果。而观察法不需要让学生绞尽脑汁地思考和回答自己其实并不清楚的学习困难问题，而是通过观察他们的课堂情况来分析，相对来说更加客观和准确。对于此类研究来说，观察法相比于其他研究方法的优势非常明显。

3. 小范围的研究

观察法由于时间和空间的局限性，决定了其只适合小范围的研究。在第一章中我们提到，问卷调查的广泛性和高效性为大规模的调查提供了方便，观察法则恰好相反，观察者和观察设备的有限性以及数据处理的复杂性限制了其不能进行大规模的研究，本章我们提到的所有使用观察法的论文，无一例外都是小范围的研究。这一特征和下一章的访谈法是类似的。

4. 特殊对象的研究

问卷调查法、访谈法等对于研究对象都有一定的要求，包括文化水平、流畅表达、接受能力等，但观察法对研究对象没有任何要求，不需要观察对象的特意配合，适用于任何类型、任何年龄的对象。特别是能够针对不能流畅回答问题的研究对象进行观察，比如婴幼儿。

了解完观察法的适用情况之后，我们再来一起分析一下班杜拉的这项研究为什么适合用观察法。

首先，该研究属于行为研究。班杜拉想要通过儿童观看不同范例后的行为表现来推断儿童是怎样学习的，而行为又是不断变化、不可预测的，只能采用能动性的观察法。

其次，该研究属于自我认知模糊的研究。儿童是不清楚自身的学习模式的，因此，无论怎么询问或测试都得不出答案，只能通过观察法来进行探究和推断。

再次，该研究属于小范围研究。66名儿童分为三组进行观察，地点固定，数量也比较少，范围合理。

最后，该研究属于特殊对象的研究。年龄较小的儿童更容易在观察和模仿中学到新的行为，他们的行为和价值观在这个时期更容易被塑造和影响。该研究中的被试都是年龄非常小的孩子，有些甚至不具备语言表达能力和书写能力，除了观察之外，没有其他办法能从他们身上获取信息。因此，综合来看，该研究采用观察法是非常合适的。

二、观察法的局限性

任何一种研究方法都不是完美的，都存在一定的局限性。请大家读一读下面这个小故事，思考一下故事中研究者的研究结果为什么会不尽如人意呢？

> 在一所小学里，有人想要研究小学生在课余时间的互动行为。他选择了一个多功能操场，每天在不同的时间段进行观察，以便全面了解学生之间的交流和游戏行为。研究者精心设计了观察表格，记录学生之间的互动、游戏种类以及持续时间等信息。然而，随着观察的进行，困难也随之而来。尽管他尽力在不同时间段进行观察，但由于学生数量太多，课间时间短，每次观察对象都非常有限。一些学生在意识到被观察后明显有些拘谨，甚至有些学生故意避开他的观察范围；而有些同学则对研究者的摄像机非常好奇，中断自己的游戏，大胆地过来与他攀谈。尽管他一直努力地记录学生之间的互动行为，但由于数据有限且都是一些比较混乱的外显行为记录，这使得他对研究问题的解释力度也受到了限制，最终的研究结果也不尽如人意。

同样的，我们先不揭晓答案，一起来学习一下观察法到底有哪些局限性需要注意和避免。

1. 研究范围的局限

观察法需要观察人员长时间处于一种环境中，时间和空间限制较大，观察成本较高。而且观察者感官有限，一次只能观察小部分的对象，样本量少，研究的代表性和可推广性也就受限了。

2. 观察者的主观影响

尽管观察法要求对观察内容做真实、客观的记录，但观察者对于观察到的现象是否类属于某一观察项目的判断以及后期对记录结果的分析仍然存在很大的主观性，会在一定程度上影响最终的观察结论。此外，当观察对象感知到观察者存在时，可能会有意识地调整自身的行为。比如学生看到有老师在教室后面听课时，会比平时上课更认真、更积极，这在一定程度上也会影响观察结果的客观性。

3. 浅层性和表面性

观察法的浅层性和表面性意味着我们只能看到观察对象的外在表现或行为，而无法直接了解到其内在的思想、情感或潜在的原因。比如说，我们可以观察一个人的面部表情或身体语言，但这些观察结果并不一定能准确反映他的内心感受或真正的动机。

对于上述故事中的研究者来说，他之所以会遇到困难，最终的结果也不尽如人意，原因就在于没有规避观察法的局限性。首先观察法只适合小范围的研究，而故事中的研究者却选择了学校的操场，场地大，学生活动地点不固定，而且小学年级较多，学生数量大，难以观察；其次，观察者采用的是近距离直接观察的方式，对学生造成了影响，可能改变了他们原本正常进行的活动，导致观察的失败；最后观察法是对学生外在表现的一种客观记录，得到的数据信息肯定是比较浅显的，难以解释相关行为背后的原因和动机。

2.1 练－练

1. 请判断下列情况是否适合用观察法，并尝试解释原因。

（1）调查教师非语言行为对学生课堂状态的影响。

（2）中学教师对使用数字化教学工具的态度。

（3）大班幼儿攻击行为研究。

（4）大学生心理健康现状调查。

（5）特殊教育学生（如聋哑、自闭症等）的学习困难研究。

（6）高中思政课教师言语表扬行为研究。

2. 尝试自拟一个适合用观察法的选题。

（答案见本章最后）

第三节 观察法的设计与实施流程是什么

观察法的设计与实施流程主要包括明确观察目的、编制观察量表、实施观察、观察数据收集与处理四大部分，如图3-1所示。本节基于《幼儿园户外自主游戏中教师介入行为研究》[①]一文，重点介绍结构式观察的设计与实施，以期为进行观察研究提供尽可能详细的实践指导。

---

① 朱婷婷.幼儿园户外自主游戏中教师介入行为研究［D］.贵阳：贵州师范大学，2023.

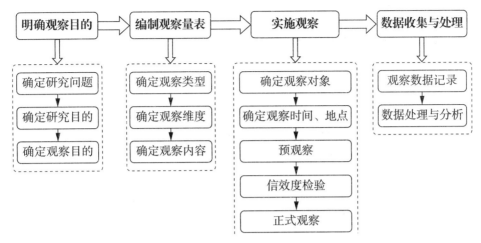

图 3-1 观察法的设计与实施流程图

一、明确观察目的

明确观察目的是应用观察法的第一步，需要回答观察什么和为什么观察等问题，即在观察中要了解什么情况、收集哪方面事实材料、观察对研究的作用和影响、通过观察想要达到什么目的等。明确观察目的的过程是：先根据研究问题明确研究目的，然后确定利用观察法能解决哪些问题，实现哪部分研究目的。

本案例的研究问题是：幼儿园户外自主游戏中教师介入行为的现状如何？教师介入行为发起、实施与结果之间的关系是什么？影响教师介入行为的因素有哪些？

本案例的研究目的是：通过调查分析教师介入行为的现状及存在的问题，找出教师介入行为各阶段的关系及影响教师介入行为的重要因素，进而提出适宜的改进建议，进一步提升幼儿游戏水平。

观察法作为一种质性研究方法，可以通过可观察的行为获取比较浅层次的信息，比如可以通过观察获取教师介入行为的数据来分析教师介入行为的现状及各阶段的关系，但对于影响教师介入行为的因素则需要通过访谈得出。因此观察的目的是：了解幼儿园户外自主游戏中教师介入行为的情况，收集教师介入行为的一手信息，以便于后期的统计分析。

二、编制观察量表

观察量表的编制是决定观察法能否顺利实施的重要环节，直接关系到统计结果的准确性。观察量表的编制需要经过以下步骤。

1.确定观察类型

观察类型的选择需要考虑观察目的、观察内容以及观察对象的特性等方面。可以根据以下几步来确定观察类型。

第一，判断是否需要对观察对象进行控制或者改变其原本的生活学习状态。比如想要观察幼儿在益智游戏实施过程中的问题解决能力是否有提升，那么我们就要对幼儿进行控制和分组，一组不进行益智游戏，一组进行益智游戏，观察其行为及问题解决方式等是否有所不同，这属于实验观察；或者想要观察教师采用游戏教学法时学生的积极性是否有所提高，就需要改变原本的教学方式，也属于实验观察。而如果想要观察平时上课时教师评价用语的使用，那么就不需要做任何的控制和改变，采用自然观察即可。

第二，判断观察人员的数量是否充足，人的感官是否能满足观察的条件，如果是则可以采用直接观察，否则需要采用间接观察。

第三，考虑观察目的和内容更偏重深入了解观察对象还是更偏重客观，前者可采用参与式观察，后者采用非参与式观察。比如《身体逃匿与狂欢：高考前后的学生亚文化装扮研究》[①]，想要了解的是学生在大学期间的装扮状态，参与其中有助于深入了解观察对象，因此适合采用参与式观察。再比如《初中学困生课堂行为特征及形成原因分析》中，如果学困生知道自己被观察可能会刻意地规范自己的行为，如刻意坐端正、减少小动作等，会影响观察的客观性，这种情况下采用非参与式观察是比较合适的。

第四，如果研究问题是量化研究，需要将观察数据进行量化分析时，采用结构式观察；如果研究目的是探索性、开放性的，想要更多地保留细节，或者没有先验的框架可以指导观察时，则非结构观察更为适用。在研究活动中，可以结合两种或两种以上观察方式进行研究。

在本案例中，需要了解教师介入行为的总体情况，以及介入行为发起、实施与结果之间的关系，需要进行百分比统计、交叉列表分析和卡方检验，因此选择结构式观察以获取量化数据。同时为了保证教师和幼儿都能表现出最真实、自然的状态，研究者以"局外人"的身份进入游戏现场，采取非参与式观察对自然状态下户外自主游戏中教师介入行为进行观察，并填写对应的观察记录表。

2.确定观察维度

观察维度是指在观察或研究某个群体或某种现象时，所采用的不同角度或标准。观察维度的确定方法与调查问卷相同，可以基于政策、基于理论、基于已有研究或词云图分析等方式来确定维度。本案例基于已有研究确定维度，首先采用了学者秦元东"关于幼儿园游戏指导环节发生的三阶段"的观点，将教师介入行为划分了三个观察维度；又根据研究内容的需要分别划分出了七个子维度，如图3-2所示。

---

① 高玉烛，王曦影.身体逃匿与狂欢：高考前后的学生亚文化装扮研究［J］.教育科学研究，2024（07）：52-59.

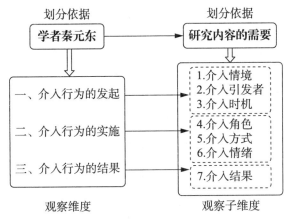

图 3-2　观察维度划分过程及依据

3. 确定观察项目

观察项目即观察的具体内容，需要在表格中列出需要观察和记录的各项指标或行为，并为每一项指标或行为设立相应的观察栏或记录栏。简单来说，观察项目就是将观察维度具象化。比如说子维度"介入情境"仍然包括多种情况，不够具体，观察项目将其分为"游戏准备阶段""游戏进行阶段""游戏整理阶段"三种具体的情境，观察者就可以按照真实情况——对应地进行记录。在本案例研究中，研究者在七个子维度的基础之上，又根据邱学青、刘晶波、左丽丽等人的研究确定了每个子维度下相对应的观察项目，如图 3-3 所示。

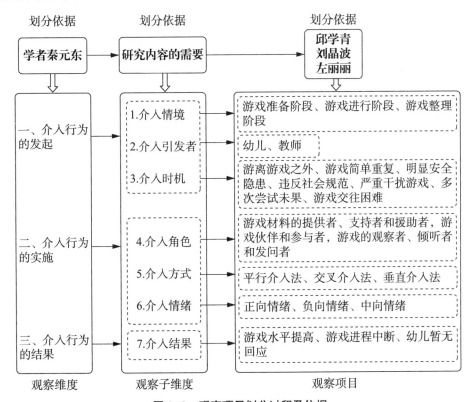

图 3-3　观察项目划分过程及依据

为便于观察者理解，提高观察数据的客观性和准确性，研究者还对观察项目进行了操作性定义，如表3-3所示。

表3-3　观察项目操作性定义（节选）

观察维度	子维度	观察项目	操作性定义
介入行为发起阶段	介入情境	游戏准备阶段	幼儿在开始户外自主游戏前，需要根据自己所要去的户外场地的情况或者天气情况进行准备的这一段时间。
		游戏进行阶段	幼儿根据自己的选择进入相应区域游戏后，直至结束音乐响起的这一段时间。
		游戏整理阶段	幼儿听见结束游戏的音乐播放后整理游戏场地，直至返回教室前的这一段时间。
	介入引发者	教师	教师引发是指在不经过任何人的提醒下，教师本人主动介入到幼儿游戏中。
		幼儿	幼儿引发是指在幼儿的主动邀请下或者其他幼儿因某事主动告知下教师介入到幼儿游戏中。

三、实施观察

1. 确定观察对象

实施观察首先要确定观察对象，观察对象的选择取决于研究问题是关于谁的。观察对象要具备相关特征，具有一定的代表性。在论文写作中要详细说明选择该观察对象的理由。本案例研究的是"幼儿园户外自主游戏中教师介入行为的情况"，则观察对象应该是幼儿园教师。本案例选取了贵州省贵阳市 S 幼儿园的教师作为本研究开展和数据收集的重点观察对象，原因包括以下几点：一是该园作为省级示范性幼儿园具备一定的代表性；二是该园户外活动场地宽敞，每日户外游戏时长保证一个半小时；三是该园班级数量多，研究案例丰富。

除选择该观察对象的原因外，本案例还详细说明了 S 幼儿园游戏场地和游戏材料投放的情况以及幼儿园游戏时间的安排情况，写得比较规范，大家在做研究时可以借鉴。

2. 确定观察时间、地点

观察的时间和地点等需要与观察对象协商一致并进行详细说明。本案例中研究者从 2022 年 3 月 18 日至 2022 年 6 月 20 日，在 S 园内的各个活动区进行了为期约 3 个月的观察。该幼儿园共有 12 个班级，具体为小、中、大班各 4 个，每天早上 9:15–10:45 是幼儿的户外自主游戏时间，也是研究者的观察记录时间，研究者在每个班调研的时间为一周。观察地点根据所观察班级当天的户外自主游戏区域进行安排。

3. 预观察

为保证观察能达到研究目的，在正式观察前需要进行预观察，以确定观察对象符合研究要求，同时检验前期制定的观察量表是否符合实际情况，是否有难以界定的观察项目，以便及时修改与完善。对于参与式观察而言，预观察还可以与观察对象相互熟悉，消除陌生感。预观察的时间长短视情况而定，可长可短，达到预观察的目的即可。

本案例在预观察期间，研究者在某个班级进行了为期两周（2022年3月4日至17日）的非参与式观察，检验前期制定的观察记录表是否符合该班的实际情况，并及时修改与完善观察记录表。（观察量表的修改详见本章第四节）

4. 信效度检验

为保证量表具有较高的稳定性和可靠性以及研究结果的科学性和严谨性，还需要对量表进行信效度检验（仅限于结构化量表）。本案例未进行信效度检验，这也是目前很多涉及观察法的研究常犯的错误。很多人在研究和写作时存在一个误区，认为信效度检验只存在于问卷调查中，但实际上观察法中也需要有信效度检验的步骤，这一点应当注意（信效度检验方法可参照第二章问卷调查法第四节）。论文典型案例可参考《儿童观察记录量表在中国学前儿童中的信效度检验》[①]《体育活动中幼儿游戏性表现的现状研究》[②]。

5. 正式观察

正式观察需要写明观察方式、时间长度、记录方式等内容，要尽可能地详细以佐证研究的真实性。本案例的观察时间为每天早上9:15~10:45，为确保正式观察期间资料收集的全面性和可靠性，除了通过笔录将观察到的教师及幼儿的行为表现记录于观察表，研究者还要利用拍照、录音、录像等方式对教师介入行为的整个过程进行辅助记录，以便后期的研究。

 小贴士

在正式实施观察时，为提高观察效率，一般都不会直接从头到尾观察整个活动，而是把整个活动过程分段，比如每5分钟或10分钟观察记录一次。

---

① 熊灿灿，黄瑾，杨邦林，等. 儿童观察记录量表在中国学前儿童中的信效度检验［J］. 中国临床心理学杂志，2023，31（03）：615-619.
② 景晓萌. 体育活动中幼儿游戏性表现的现状研究［D］. 济南：山东师范大学，2023.

四、数据收集与处理

1. 观察数据记录

观察数据的记录方式包括描述记录、取样记录、行为核对表等。本案例中研究者对教师介入行为的记录主要采用时间取样法和事件取样法，为保证整个介入过程的完整性，研究者还利用手机录像的方式，将教师介入的整个过程进行辅助记录，以便后期的回忆与记录。整个观察过程中，研究者共观察了 60 次户外自主游戏活动，总共观察到的教师介入行为有 201 次。

2. 数据处理与分析

在观察结束后，研究者需要对观察结果进行分析和解释。对描述性的文字材料要采用质性数据的处理方式进行整理，补充、删减或合并，转换成简洁、明了的语言表达，真实地复原当时的课堂情境。如果是多人合作观察同一个内容，应在交流、讨论的基础上对各自的信息进行必要的合并、整理。量化数据的处理方法包括差异性分析、相关分析、百分比统计等，需要根据具体的研究目的来选择，具体可参考本章第六节。

本案例中研究者的目的是了解幼儿园户外自主游戏中教师介入行为的整体情况以及教师不同的介入行为之间是否存在关联，因此，研究者首先利用百分比数据分析教师在不同情况下的介入倾向，然后利用列表交叉分析确定不同的介入行为，比如"教师介入情境"与"教师介入角色"之间的关系趋势，并进一步通过卡方检验确定两者之间是否存在显著关联。

3.1 练一练

请任意找两篇采用观察法的论文，根据本节所学知识，尝试在论文中标出观察法的每一步流程。

（答案略）

第四节　如何设计一个好的观察量表

一、观察量表由哪些部分构成

要想设计一个好的观察量表，首先需要了解观察量表由哪些部分构成。观察量表有结构式和非结构式两种类型。非结构式观察量表的构成非常简单，通常都是写好标题和时间、地点等客观信息，预留空白进行描述性记录。结构式观察量表包括标题、客观信息、观察内容、填写说明四部分，如图3-4所示。本节主要对结构式观察量表进行讲解。

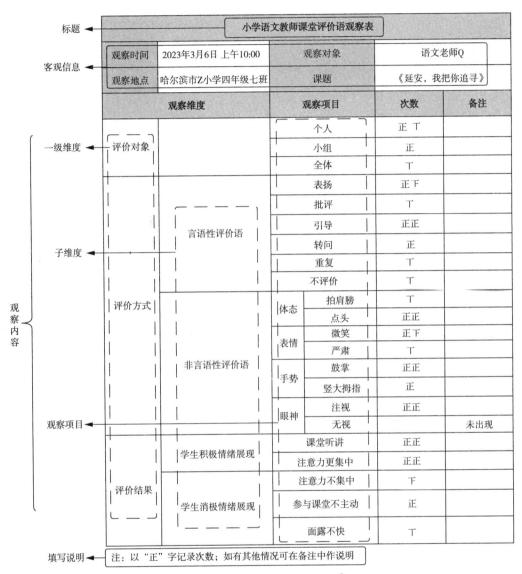

图3-4　观察量表结构示意图 [①]

在设计观察记录表时，需要根据研究目的和观察对象的特点进行个性化设计，确保表格清晰易懂、方便填写和整理。以下是观察量表的结构及设计要素。

1. 标题

观察量表的标题与调查问卷的标题设计方式相同，包括观察对象、观察内容两方

①　改编自：刘佳欣. 小学语文教师课堂评价现状调查及策略研究［D］. 哈尔滨：哈尔滨师范大学，2022.

面。例如"小学语文教师课堂评价语观察表"，清晰地说明了观察对象为"小学语文教师"，观察内容为"课堂评价语"。一目了然的标题可以时刻提醒观察者明确观察的重点。

2. 客观信息

客观信息包括观察量表的编号、观察时间、观察地点、观察对象等要素，以便将观察数据与特定的情境对应起来，否则就会导致统计数据的混乱。例如本案例中一共需要观察 15 节语文课，因此需要在观察量表上标明观察的是哪个班级哪个老师的哪一节课，比如图 3-4 观察的就是四年级七班 Q 老师所教授的《延安，我把你追寻》一课。

3. 观察内容

观察内容包括观察维度、子维度（部分量表没有设计子维度）以及观察项目。

观察项目是观察维度的具体化。一般来说，一个观察维度下会涉及多个子维度，一个子维度下也会涉及多个观察项目。设计观察项目的目的就是将子维度下的各个要素单独列出，如图 3-4 中的"评价方式"属于观察维度，评价方式有很多种，可分为"言语性评价语"和"非言语性评价语"两个子维度，而这两种评价语还能分为"表扬""批评""点头""微笑"等具体的语言或动作，即观察项目。

编制观察项目其实就是研究者拟定观察的具体内容，为自己的观察理清思路的过程。在表格中列出需要观察和记录的各项指标或行为，并为每一项指标或行为设立相应的观察栏或记录栏。观察的项目不宜太多，以 15 个以内为宜，尽量按观察的顺序合理排列。表格中的观察项目需要清晰明确，无歧义。一般来说，观察量表中可以只出现观察项目，不出现观察维度，但在正文中必须有维度来源的详细说明。

4. 填写说明

填写说明一般是对记录方式的解释说明，如事件取样中的画"正"字、行为核对表中的打对勾等方法。图 3-4 中的记录方式就属于事件取样，表格中的行为出现一次则记录一次。在某些需要评分的观察量表中，还需要明确量化指标和评分标准。（详见本章第六节）

二、观察维度及观察项目如何确定

上文已经提到过，观察维度来源和问卷本质上是一样的，可以基于政策、基于理论、基于已有研究等，本章节不再重复讲解。在很多研究中，并非只采用一种方式来确定维度，而是多种方式共用。观察法中比较常用的包括基于理论和已有研究。以下将解析两个比较典型的论文案例，以便学习观察维度及观察项目确定的方法。

1.《学习中心视角下学生课堂参与研究》[①]

该案例采用自然观察、间接观察的方式，利用观察量表对六节优质课视频进行分析。观察维度和观察项目的确定流程如图 3-5 所示。具体来说，首先依据学者弗雷德克里斯和纽曼的相关理论将学生课堂参与情况划分为行为参与、认知参与和情感参与三个观察维度。然后参照学者孔企平对学生数学课堂的参与行为的分类将行为参与维度拓展为 11 个观察项目；参照布鲁姆认知领域分类的 6 个层次将学生认知参与分为 5 个观察项目；参照国外学者斯金纳、贝尔蒙特、米塞兰迪诺以及我国曾琦教授对课堂情感参与的相关研究将情感参与划分成 3 个观察项目。

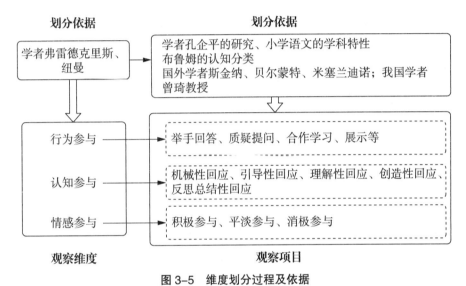

图 3-5　维度划分过程及依据

2.《学习机会公平视角下的课堂提问研究》[②]

该案例采用直接观察、半参与式观察的方式，以课堂提问观察记录表作为主要工具对课堂情况进行记录。观察量表的维度和观察项目的确定流程如图 3-6 所示。具体来说，首先通过对以往相关研究的梳理，确定了教师提问的问题类型、教师的叫答方式、教师对提问的理答与反馈三个观察维度。在此基础上，依据布卢姆对教育目标认知领域的分类，将问题类型分为知识记忆型、理解分析型、综合运用型和评价创造型四个观察项目；依据教师的提问习惯，将教师的叫答方式分为先点名后发问、发问后叫举手者回答和发问后叫未举手者回答三个观察项目；依据布罗菲－古德（Brophy-Good）双向互动系统，将理答与反馈分为无反馈、正面反馈、中性反馈和负面反馈四个观察项目，形成了课堂提问观察记录表。

---

① 孙克青.学习中心视角下学生课堂参与研究［D］.武汉：华中师范大学，2019.
② 郝亚迪.学习机会公平视角下的课堂提问研究［D］.上海：华东师范大学，2017.

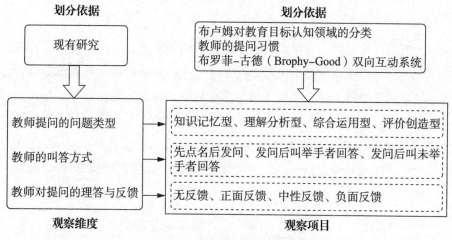

图 3-6　维度划分过程及依据

三、观察项目具体如何呈现

1. 观察项目的精准表述

观察量表中的观察项目通常是比较简练的，但这有可能造成观察者的理解偏差。因此，为了保证观察的客观性和有效性，需要对观察项目进行精准表述，也就是常说的下操作性定义，即需要满足以下三个条件：可观察、具体、可量化。

比如，观察项目为"课堂表现积极"。这就不是一个精准表述的观察项目。首先表现积极并非一种外显行为，而是一种整体的状态，不能直接观察。其次，这个观察项目太过宏观，没有聚焦到具体的行为。再次，表现积极也无法量化，不同观察者的主观理解不同，误差很大。

为了避免以上问题，就需要对该项目下操作性定义。首先，需要先确定一个可观察的外显行为，我们假定回答问题能够反映学生的课堂表现是否积极；其次，需要将该行为具体化，比如是主动回答还是被动回答？我们定义为主动举手回答；再次，需要将该行为量化，给观察者一个度量标准，比如将主动回答超过两次定义为表现积极。依据"两次"这个度量标准，观察者可以准确统一地观察学生是否符合该观察项目。综合以上三个条件，我们就可以得出"课堂表现积极"的操作性定义：学生在一节课中能主动举手回答老师的问题，并且次数超过两次。

尽管观察量表中常用简化的方式描述观察项目，但是在论文中必须写清楚观察项目的操作性定义。但需要明确的是，没有最正确的操作性定义，重点是本研究对概念的定义是什么，要给观察者一个符合本研究的定义，才能得出符合本研究目的的结论。

2. 观察项目的数量

观察量表和调查问卷不同，前者需要观察者一个一个地观察每一项，所需时间较长，后者只需要选择选项，所需时间较短。因此，观察项目的数量要尽可能地精简，避免冗余和重复的观察项目。但由于观察对象的数量少，观察内容也必须充分覆盖研究范围，保证观察结果能够充分支持研究。有研究表明，观察项目的数量以 10 个以下为宜，但也存在 10 个以内的观察项目不具备代表性和全面性的情况，因此，也可以根据研究主题、研究目的以及观察时间对项目数量进行适当调整，但最好不要超过 15 个。

四、观察量表的信效度如何保障

观察量表保证信效度的方式和问卷调查法是一样的。首先，可以将观察量表提供给专家、有经验的一线教师、观察者（使用者），询问他们的意见，比如是否存在难以理解的表述？结构是否合理？观察内容是否能有效地代表研究主题？是否能达到研究目的？根据收集到的反馈进行修改。其次进行预观察，利用预观察得到的数据进行初步的信效度检验，根据检验结果再次进行修正，从而得到信效度较高的最终的观察量表。

在进行研究时，可参照《体育活动中幼儿游戏性表现的现状研究》[①]一文，该研究比较完整地撰写了确保观察法信度的过程：首先，研究者根据现实观察的体育活动情境，结合专家论证和一线幼儿园教师的建议以及借鉴相关文献，在不改变原有量表结构的基础上对某些观察项目做了调整，使其更加适合体育活动情境；其次，为保证初步修订后的量表具有较高的稳定性和可靠性以及研究结果的科学性和严谨性，研究者又进行了为期两周多的预观察，对修订后的量表进行内部一致性信度检验及观察者间信度计算，结果显示量表信度良好。但遗憾的是本文没有对效度检验做具体说明。

五、观察量表如何修改

观察量表的修改步骤与调查问卷的修改步骤类似，简单来说就是首先询问他人意见，主要是表述方面的问题，如观察表是否清晰、观察项目是否易理解等，根据建议进行补充完善。其次，请专业人员进行评定，主要是结构和内容设计是否合理的问题，根据其建议对观察项目进行添加、修改、合并或删除。如观察项目覆盖范围不全面，则需要重新考虑维度，增添新项目；如有重复冗余或无法体现研究目的的观察项目，则予以合并或删除；如表述不清、存在歧义等，则进行适当修改。例如《体育活动中幼儿游戏性表现的现状研究》一文中，将巴尼特原始游戏性量表中"儿童在游戏中使用非传统性的物品"（非传统性的物品难以界定）修改为"儿童以非常规的方式使用器械"，并删除幽默感维度的"儿童讲滑稽故事""儿童喜欢与周围人闹滑稽笑话"（重复冗余），最终保留了原始量表的 5 个维度，确定了 21 个项目。最后，需要进行预调查

---

① 景晓萌. 体育活动中幼儿游戏性表现的现状研究［D］. 济南：山东师范大学，2023.

和信效度检验，对于信效度不高的观察项目的处理，可参考问卷调查法第四节。

4.1 练一练

　　1. 找几篇应用结构式观察的论文，找出观察量表的维度划分及维度来源。

　　2. 任选一个适合采用观察法的研究主题，尝试绘制一个观察量表，注意结构完整，内容设计合理。

（答案略）

第五节　如何实施观察

一、如何选择观察对象

　　选择好观察对象是顺利开展观察研究的前提，这将直接影响到研究结果的可靠性和有效性。因此，在选择观察对象时需要充分考虑以下几个方面。

　　1. 研究问题的相关性

　　观察对象的选择应与研究问题和目的相关，确保观察对象具有研究问题所需要的特定经验、知识或背景。例如《素养立意的初中数学实验课程开发研究》[①]，该论文旨在研究数学实验课程开发情况，研究者所选择的江苏省 W 市 X 中学，正是江苏省数学实验课程教育基地之一，将该校的数学老师作为观察对象，可以直接观察到他们在实验课程开发中的实际操作和教学经验，获取第一手的资料和反馈。

　　2. 代表性

　　任何研究方法都应当确保观察对象在某些关键特征上是具备代表性的，这有助于提高研究结果的推广性和一般性。由于观察法能够涉及的被试非常有限，不能像问卷调查一样选取不同地区、不同背景的被试，因此更要保证其具备研究所需的关键特征，能够支撑研究结论。上文提到的案例中，将江苏省数学实验课程示范学校的老师作为观察对象，其开发和教授数学实验课程的经验比较丰富，具备一定的代表性。

　　3. 样本大小

　　由于人力、物力等成本的限制，观察法中观察对象的数量必须控制在较小的范围内，最好不要超过观察者的 3 倍；但同时也要保证具有统计学意义，最少不能低

---

① 吴爽. 素养立意的初中数学实验课程开发研究［D］. 无锡：江南大学，2023.

于3个，具体数量要根据研究问题、观察目的以及观察对象的性质来确定。上文案例以江苏省 W 市 × 中学的 5 位教师课堂教学情况作为课堂观察的对象，样本数量较为合适。

4. 选择机会平等

观察对象的选择机会平等是有条件的，符合条件的对象被选中的机会是均等的。一般采用目的性抽样直接选择最符合要求的观察对象（详见第四章访谈法第五节）。上文案例采用目的性抽样的方法直接选择最具代表性的 × 中学的数学老师作为观察对象。

如果想要确保每个潜在参与者都有平等的机会被选择，也可以先采用随机抽样的方法选择数量较多的符合基本要求的观察对象，然后通过简单的预观察或实地考察等其他前期调查方式，筛选出具有代表性的对象进行观察。例如《中国传统文化绘本的幼儿阅读反应研究》一文中提到观察对象的筛选过程："研究前期的问卷调查收集对象为幼儿家长以及教师，主要来自三所幼儿园，分别是济南市的 S 园以及东营市的 G 园与 D 园，共 200 名家长与 123 名教师；经过实地考察与沟通后，G 园相对更加具有辅助开展研究的意愿与方便开展研究的条件，将东营市 G 园确定为幼儿阅读反应收集现场。"

5. 可获得性

考虑选择那些容易获得并方便参与的被试，以确保研究的实际可行性。如果选择的对象难以接触或难以取得合适的样本，可能会影响研究的实施。

6. 自愿性

一般在论文中不会写明，但是在实际操作中需要考虑。确保被试的参与是基于充分的知情同意，保证其权利和隐私受到尊重。对于幼儿等不具备行为能力的观察对象，需取得其监护人的同意。

二、观察者需要作何准备

1. 提前培训

对观察者进行提前培训，包括熟悉观察流程、了解观察对象、熟悉观察量表等内容。比如《幼儿园语言教育活动中新手、熟手教师师幼互动行为的比较研究》[①] 使用 CLASS 量表进行观察，为确保评分的客观及有效，研究者和三位学前教育专业的大学生首先学习了 CLASS 的评分标准，然后再观看视频进行观察和评估。

---

① 陈沛瑶. 幼儿园语言教育活动中新手、熟手教师师幼互动行为的比较研究［J］. 教育观察，2021，10（32）：71-74.

2. 明确自己的角色

不同的观察类型对应的观察者的角色也不同，观察者必须明确自己的身份才能更好地进行观察。比如在非参与式观察中，观察者只有一个任务就是观察记录，而在参与式观察中，观察者需要提前融入观察对象的活动中去，同时在活动进行时观察并记录。

3. 选择好观察工具

由于观察者的感官有限，很多时候都需要借助工具进行观察，如录音、录像设备等。如果观察时需要用到这些设备，需要考虑设备是否会对观察对象造成影响，是否需要隐藏等，还要考虑后期转录的问题。

4. 提前协商

对于真实情景中的参与式或半参与式观察，观察者都需要某种程度上的介入，为避免打乱观察对象原有的活动节奏，需要提前确定好时间、地点，并征得相关人员的同意，比如观察幼儿需要征得家长同意。

三、按照什么顺序进行观察

观察顺序没有硬性要求，但没有逻辑的观察顺序容易遗漏重要信息或对观察内容造成混淆，常用的观察顺序有以下两种。

1. 时间顺序

时间顺序是指根据事物发生发展的时间规律来观察，一般都是从整个活动或规定的时间段内活动的开始到结束。按照时间顺序观察可以避免遗漏重要环节，了解观察对象的发展变化，比较全面，但需要集中精力紧跟整个过程，比较耗时耗力。例如《初中学困生课堂行为特征及形成原因分析》一文中请 4 位同校教师对学困生 A 在 3 节语文课堂中的行为进行观察记录，按照一堂课的时间顺序，约 5 秒左右对观察对象的课堂行为进行一次记录，一节课 45 分钟，记录 500~540 次。

2. 空间顺序

空间顺序即按照由远及近、由整体到局部、地点的变换等方式进行观察，当观察对象不在同一地点或活动不同时一般采用空间观察。例如《4 至 5 岁幼儿在园攻击性行为的观察研究——以湖南省示范幼儿园 A 园为例》[①]一文，在某所幼儿园中研究幼儿的攻击行为，园所每日主要活动场所即主要观察地点，包括轮滑课教室、户外活动区域、

---

① 姜军. 4 至 5 岁幼儿在园攻击性行为的观察研究——以湖南省示范幼儿园 A 园为例 [J]. 教师，2021（32）：58-60.

区角活动区、班级混龄活动区、蒙氏教室、感统活动室、建构游戏室等。观察者需要在这些不同的活动区域内进行流动观察，经统计发现，凡是涉及较多游戏材料的区域，幼儿攻击性行为发生的次数较多，如建构游戏室、户外活动区域、区角活动区等。专项教室中攻击性行为发生的次数则相对较少，因为专项教室当中的规则秩序管理更加有效，幼儿在专项教室中的规则意识也更加明确。

5.1 练一练

请阅读以下两个案例，分析一下案例中观察对象的选择是否恰当？为什么？

（1）案例1：视频示范教学对自闭症儿童生活自理技能学习成效之研究

本研究的研究对象是选取重庆师范大学特殊教育系中儿童智能发展中心正在接受早期干预的两名自闭症儿童。研究者先选取了发展中心所有的自闭症儿童，后又通过对孩子的观察、评量以及对家长和教师的访谈，在取得家长的同意之后，选定本研究的正式研究对象两名。依据研究需要，本研究的受试者需要满足以下条件：

- 经正规医院鉴定后，已经确定诊断为自闭症的儿童。
- 儿童的年龄在3~12岁之间。
- 存在生活自理障碍的自闭症儿童。
- 心理评估显示心智发展程度为中重度的发展迟缓的自闭症儿童。

整理本研究中的受试者基本资料，两名受试者的基本情况如下……

（2）案例2：小学生语文自主阅读现状的调查研究

三、四年级学生已经具备了一定的阅读能力，也有了一定的汉字积累，而且中年段的学生好奇心强，认知水平处于中转期，对自我形成进一步的认识。因此，本研究将小学中年级学生作为研究对象。考虑到研究结果要具有普遍性和代表性，笔者选取沈阳市H小学的三四年级学生作为被试，进行了现场观察。H小学是沈阳市一所具有特色的示范小学，三、四年级各六个班。三年级54名学生，四年级52名学生，共106名学生，具体情况如表3-4所示：

表3-4 观察对象选取情况

年级	H 小学
三年级	54
四年级	52
合计	106

（答案见本章最后）

第六节 如何记录和处理数据

一、观察数据的记录方式

1. 描述记录

描述记录也叫文本描述，即在表格中设置空列，让观察者将观察到的行为、情境、特征等方面进行详细描述。这样的描述记录能够提供更全面的信息，具体而言可以分为日记描述法、轶事记录法、连续记录法三类。

（1）日记描述法。

日记描述法也叫儿童传记法，是一种纵向记录儿童成长和发展的观察方法。通过对儿童的长期跟踪观察，以日记的形式描述性地记录其行为表现，如表3-5所示。最早使用日记描述法研究儿童成长和发展的是裴斯泰洛齐，他通过长期观察自己的孩子，写成了《一个父亲的日记》。日记描述法最大的优点在于每天长时间的追踪记录可以看出明显的变化，适合于长期研究、个案研究和生态学研究。当然，这种方法也有局限性，即需要投入大量时间和精力进行观察记录。

表3-5 日记描述法观察记录表

一个小男孩的快乐幼儿园生活	
观察时间	出生后2周半~10个月
观察者	×××
观察对象	亚里克西斯
观察方法	日记描述法

观察日记一：抬头
年龄：2周半 视频时间：15分55秒~17分15秒
爸爸妈妈给亚里克西斯洗完澡，抹完润肤乳后，正准备给他换上衣服。亚里克西斯一直在哭闹，对此有点抗拒。妈妈一边亲亲亚里克西斯的脑袋来安慰他，一边把他的身子翻过来帮他整理衣服。这时亚里克西斯趴在毛毯上，完成了他的第一个大动作——抬头，他感知到重量的存在，用柔弱的肌肉支撑自己的重量。他可能自己也意识到这是一个神奇的进步，于是停止了哭闹，抬起头静静地观察着周围的一切，随后又尝试着抬起头来。

观察日记二：伸手踢腿
年龄：3个月 视频时间：24分15秒~30分38秒
妈妈去上班了，亚里克西斯已经习惯了爸爸给他喂奶的现实。今天亚里克西斯安静地躺在爸爸怀里，认真地喝着奶，小手扶着奶瓶。后来妈妈下班回家了，因为她要去做饭，所以不能一直抱着亚里克西斯，于是把他放在自己的小床上玩耍。小床上悬挂着五颜六色的可爱玩偶以及可以发出悦耳声音的小玩具，亚里克西斯也注意到了，于是他不停地伸手踢腿，试图去够头顶上的玩偶，但他失败了。亚里克西斯哭闹了起来，爸爸听到后赶了过来，他用手轻轻摇晃那些可以发出声音的小玩具，试图想要安抚住亚里克西斯的不平静。
……

（2）轶事记录法。

轶事记录法最大的特征就是只记录特定的行为，观察者将感兴趣的，认为是有价值的、有意义的行为，或者是一些异常行为随时记录下来。轶事记录法非常灵活，不用提前预设，不受时间和条件的限制，因此可以用于记录各种有趣或重要的事件，这些记录也可以随时补充和完善。

《中班建构游戏中幼儿专注力行为表现与培养策略研究》[1]一文中就采用轶事记录法将幼儿在建构游戏中的专注力行为详细地描述出来，观察并记录幼儿在游戏中与材料的互动、建构行为、情绪变化、专注力表现、教师指导行为、同伴间互动以及师幼互动等事件，如表3-6所示。一般来说，轶事记录没有统一的格式规定，观察者可以根据观察目的自行设计方便记录、利于将来分析的表格。

表3-6　轶事记录法观察记录表（节选）

幼儿建构游戏专注行为事件观察记录表

观察日期：2017年6月19日	观察对象：阿豪，男，4岁，大班		观察者：×××
观察地点：大班一班	观察目的：观察幼儿在游戏中的专注力及情绪变化		观察方法：轶事记录法
事件			备注
在进行自由拼插雪花片游戏时，幼儿阿豪在挑选雪花片时和身边幼儿说："我昨天拼的变形机器人你看过了吗？我还会给他安装弓箭呢！你会吗？"在拼装弓箭时，阿豪口中念念有词："这是弓箭的头，这是动力宝石，得说咒语才能用！没有皮筋儿了，我得找个皮筋儿……"在作品完成后，他还向周围的幼儿进行介绍："这是弓箭变身的机器人，他变身完之后会拿着这个，是不是很帅？！"			

（3）连续记录法。

连续记录法也称实况详录法，要求在一段时间内（一个小时、半天或更长时间）持续不断地、详细、完善地记录目标个体的所有行为或全部个体的行为，一般可以利用录音机、摄像机等连续录下被观察对象的行为过程再进行分析。

比如《大班集体音乐教学活动中教师激励性反馈语言的研究》[2]一文中，为了保证研究资料的真实、全面、有效，在征得执教老师的同意后，就使用录像机对幼儿大班的音乐教学活动进行了影像记录，然后通过观察影像，采用连续记录法的方式转录成文字语料，如表3-7所示。通过这个记录的内容不难看出连续记录法的优点就是全面、细节，能够客观、多角度地反映问题，缺点就是记录时间长，后期分析也比较耗时耗力。

---

① 曹征鹿. 中班建构游戏中幼儿专注力行为表现与培养策略研究［D］. 长春：吉林外国语大学，2023.
② 高杰. 大班集体音乐教学活动中教师激励性反馈语言的研究［D］. 南京：南京师范大学，2013.

表 3-7　连续记录法观察记录表（节选）

大班集体音乐教学活动中教师激励性反馈语言观察记录表

观察日期：2012 年 10 月 26 日	观察者：×××	观察对象：大班音乐老师 M
观察地点：×× 幼儿园	观察方法：连续记录法	观察情境：14:30~15:00 音乐课

大班下午第一节音乐课：歌唱《秋天多么美》

师：我先把这首歌的第一段唱给你们听，你们听听看歌里唱了些什么。

（教师演唱歌曲第一段）

师：你来说。（手指向一个抬头的小男孩）

幼 1：秋天多么美。（站起来大声回答）

师：哎呀！（惊喜的语气）你只听了一遍就听出一句了，很厉害！

（幼儿笑，有其他幼儿举手）

幼 2：过来过来。

师：过来过来，你听到这个词！很好！（夸赞的语气）

幼 3：裂开了嘴。

师：裂开了嘴，你听得真准确，那么是谁裂开了嘴呢？你听见什么轻轻吹？

（幼 3 回答不出）

师：你听见轻轻吹也很了不起（教师竖起大拇指），还有没有听到其他的？你来说！

幼 4：秋风秋风。

师：他听到秋风秋风啦！还有人听到不一样的地方吗？（点头，看向其他小朋友）

幼 5：我听到小白牙了！

师：还听到小白牙了，小朋友真的很厉害，吴老师才唱了一遍你们就听出来这么多内容，给我们自己鼓鼓掌。（全班笑，鼓掌，课堂气氛活跃）

师：下面我们再来唱一遍吧！

……

2. 取样记录

取样记录即以行为为样本的记录方式，具体可以分为以下两种。

（1）时间取样。

时间取样就是以时间作为选择标准，专门观察和记录在特定时间内所发生的特定行为，主要记录行为呈现与否、呈现频率及其持续时间。这种方式最大的优势就是能在较短的时间内获得关于习惯频率等方面的代表性资料，但只适用于经常发生的行为或事件，并且是一些外显的、易于观察到的现象。例如，儿童在自由游戏中的攻击与合作行为，由于发生频率较高，可用时间取样法进行观察。此外，研究者还要事先了解观察对象行为表现的大致时间模式，以确保所作取样的时间点、时段长度是对整体的代表性样本。

例如《中班建构游戏中幼儿专注力行为表现与培养策略研究》一文中，利用时间取样来观察中班建构游戏中幼儿专注力表现行为的频次。如表 3-8 所示，对专注力表现行为的划分主要有思考、伴随语言、求助、抗干扰、注意分散这五种行为，将其分别用字母 ABCDE 代表。研究选取 G 幼儿园两个中班的建构游戏活动区，在上午 10:30~11:00，下午 15:20~15:50 这两个时间段对幼儿开展的建构游戏进行定点非参与式观察，每次观察 10 分钟，并以 15 秒为间隔总结幼儿出现的行为表现类型，将相应行为进行标注和计数。记录单位时间内目标行为出现的频次并利用 SPSS 26 软件对其进行数据分析，最后总结幼儿的专注力表现频次和特点。

表 3-8　时间取样观察记录表 [①]

中班建构游戏中幼儿专注力行为表现观察记录表

观察时间	上午 10:30	观察地点	G 幼儿园中班建构游戏活动区	
观察对象	×× 小朋友	观察者	×××	
行为编码	A= 思考　B= 伴随语言　C= 求助　D= 抗干扰　E= 注意分散			
时间（分钟）	观察间隔（秒）			
	0–15	16–30	31–45	45–60
第 1 分钟	A B C D E	A B C D E	A B C D E	A B C D E
第 2 分钟	A B C D E	A B C D E	A B C D E	A B C D E
第 3 分钟	A B C D E	A B C D E	A B C D E	A B C D E
第 4 分钟	A B C D E	A B C D E	A B C D E	A B C D E
第 5 分钟	A B C D E	A B C D E	A B C D E	A B C D E
……	A B C D E	Λ B C D E	A B C D E	A B C D E
第 10 分钟	A B C D E	A B C D E	A B C D E	A B C D E

注：当出现相应的行为时，圈出对应的字母。

（2）事件取样。

事件取样观察法是指对预先设定的"靶子事件"——即特定的言语或行为，在自然条件下所进行的观察。也就是说，观察者需要提前确定所预期出现的行为或行为类别。比如《大班幼儿情绪管理的调查研究》[②] 中采用事件取样观察法和访谈法作为实验观察的主要记录方法，以视频的形式拍摄并记录幼儿情绪表达的整个过程，将视频中幼儿的不同情绪表达分类整理、统计次数。这里的幼儿情绪表达就是所谓的"靶子事件"，与该事件相关的包括正面情绪、负面情绪、表情、言语、行为都要记录。

事件取样只以"事件"为核心，侧重事件的性质、起因、过程及结果。"守株待兔"式地等待预设事件的发生然后进行观察记录。事件取样的形式分为两种，一是记录在限定的一段时间内行为出现的频率，一般用"画正字"的方式来计数，一个笔画表示某种行为发生一次。二是提前预设好目标事件，对事件发生的情况进行描述性记录。比如《主题建构游戏中指向幼儿深度学习的教师言语指导研究》[③] 一文中，采用的就是

---

① 改编自：曹征鹿. 中班建构游戏中幼儿专注力行为表现与培养策略研究［D］. 长春：吉林外国语大学，2023.
② 魏万栋. 大班幼儿情绪管理的调查研究［J］. 教育观察，2023，12（27）：64-67.
③ 孙丽宁. 主题建构游戏中指向幼儿深度学习的教师言语指导研究［D］. 烟台：鲁东大学，2022.

第三章　观察法　◎　105

第二种记录方式，如表3-9所示。该案例中的"靶子事件"为教师在主题建构游戏中的言语指导，只要教师出现言语指导的相关行为，就在表格中进行相应的记录。

表3-9 幼儿主题建构游戏中教师言语指导事件取样记录表（节选）

幼儿主题建构游戏中教师言语指导事件观察记录表

| 观察日期：2021年3月6日 | | 建构游戏主题：搭建沙发 |
| 观察年级：大一班 | | 观察对象：W老师 |
指导事件编号	教师言语指导时机具体描述	教师言语指导的具体语句
案例3—4	教师发现幼儿在搭建沙发的主题建构游戏时，一直在寻找搭建材料，但是不肯开始搭建，所以教师在此时进行了言语指导。	教师：你认为搭建沙发需要什么材料呢？ 幼儿：需要万能点、管子、板子。 教师：那你现在可以算出这些分别需要多少吗？ 幼儿：不知道，但是我可以找很多很多。 教师：没关系，我们可以试一下，边搭建边找材料，我们来试一试，好吗？ 幼儿：好。 教师：你想想你第一步需要先搭建什么呢？ 幼儿：我想先搭建沙发腿。 教师：你想用什么材料做呢？需要多少数量呢？ 幼儿：4根管子就可以了。 教师：那这4根管子需要什么材料连接起来呢？又需要多少数量呢？ 幼儿：用万能点，也是四个。
	此时，幼儿一边回答教师的问题一边动手操作，结果发现在搭建沙发腿之前需要搭建好沙发的底座，用4根管子只能拼成一个长方形，只可以当作沙发的底座，并不够做沙发的腿。	教师：哇，我们原来以为用4根管子就可以做好沙发腿，结果发现根本不够呢！在搭建的时候我们可能还会遇到很多意外或者出现很多我们之前没有预想到的情况，导致我们的计划、材料的选择以及使用的数量可能都会随时变换。比如现在我们以为4根管子足够做沙发的腿但实际却不够用，那我们还需要几根管子才可以做好沙发腿呢？
	幼儿又寻找了4根管子搭建好了沙发的腿。	教师：这样沙发腿就完成啦，下一步你想搭建沙发的哪个部分呢？需要用到什么材料呢？……

注：（1）指导事件编号：采用X-Y格式，代表案例X中的第Y次教师言语指导的案例。例如，案例1-13就代表在案例1中出现的第13次教师言语指导的案例。

（2）教师言语指导时机的具体描述：详细记录教师言语指导的背景或原因，一个言语指导时机可能对应着多句教师言语指导的语句。

（3）教师言语指导的具体语句：根据教师言语指导的不同目的，将指向同一个指导目的的语句归为同一个教师言语指导的具体语句。

事件取样的优点就是方便省时，只有当事件发生时才进行记录，既可以用于观察广泛出现的行为，也可以观察不常发生的行为。但事件取样法在记录时，会中断行为的连续性，这种方法只是记录了事件从发生到结束的过程，而一些与事件发生有关但时间上相隔稍远的内容，就无法记录了，因此事件取样法无法保证行为的完整性。

3.行为核对表

行为核对表主要是用来核对重要行为呈现与否，观察者将规定观察的项目预先列出表格，表格应有一定的顺序性，确定的观察项目按照一定的逻辑顺序排列。当出现此行为时，则在相应的单元格内做记号。可以是打对勾或者画圈的形式，表示某个条件得到满足，如表 3-10 所示；也可以做选择，比如观察对象的某种行为符合某条观察项目，则把该项目对应的选项填到后面的空格中。此种记录方式只判断行为出现与否，无法判断行为的性质。行为核对表与时间取样法类似，但它不对事件进行描述，不保留原始信息，它的结构性高于事件取样法。

表 3-10　波特奇早期教育方法行为核对表

生活自理行为核对表

指导卡编号	行为目标	是否完成	完成时间	生理年龄
1	吸吮和吞咽牛奶等			
2	吃流食			
3	把手伸向从嘴里移开的奶瓶			
4	吃断奶食品			
5	手持奶瓶喝奶			
6	手捧奶瓶送入口中及拿开奶瓶			
7	吃糊状食物			
……				

填写说明：如完成行为目标则在"是否完成"列打√，根据幼儿的实际状况填写完成时间和生理年龄。

6.1 想一想

1.这是一项关于学生课堂提问能力的观察研究，请阅读下列记录片段，判断属于哪种记录方式，你是怎么判断的？

讲座结束后教室里还有两个学生，艾莉走到讲台与教授谈论期末考试并问了一个关于牛奶中维生素D含量的问题。玛雅则在收拾书包。艾莉回来后，玛雅满怀希望地问道："你问过教授关于杏仁奶的事了吗？"艾莉回答："没有。"玛雅急切地问道："那你还会再问吗？"玛雅开玩笑地建议道："你自己问他吧。"玛雅重复道："你问吧，求你了。"她们的声音很大，教授很可能听见了，向这个方向望来。玛雅再次祈求："求求你了！"艾莉叹了一口气，转身大步走向教授，问道："那么杏仁奶呢？"玛雅此时并没有凑过前去一起交流，还站在原地。教授回答："杏仁奶的维生素D含量更高，会比普通牛奶更好。"玛雅悄悄地说:"太好了!"艾利回来后问玛雅:"你为什么不想问教授?"玛雅没有看她,嘟囔道:"我不知道,我就是不想问。"艾利又问道:"他可怕吗?"艾利尖声道:"不是的!"然后她试图改变话题,开始谈论晚上的计划。

(改编自《学会倾听》一书第七章 P206 的案例)

2. 请阅读下列表格,判断属于哪种记录方式。

表 3-11 幼儿回应行为观察量表(节选)

观察时间:××× 观察地点:×××××		观察对象编号							
观察内容		1	2	3	4	5	6	7	8
回应方式	感官回应	观看							
		倾听							
		触摸							
		……							
	言语回应	开放式回答							
		封闭式回答							
		发起反问							
	身体回应	肢体回应							
		表情回应							
	……								

填写说明:幼儿出现对应行为时,在对应的单元格内打勾。

3. 想一想,事件取样法和轶事记录法有什么区别和联系?

(答案见本章最后)

二、如何保证观察数据的有效性

1. 注意观察对象的比例结构

在问卷调查中我们提到过调查对象的选择要有代表性,当被试涉及不同方面时(如不同性别、不同年龄、不同职称等)各部分的比例不应差距过大。同理,观察对象的比例结构也应尽量合理。比如《学前儿童增强现实绘本交互体验影响因素研究》[1]一文中选取了 103 名未接触过 AR 绘本的适龄儿童,剔除无效样本,有效数据为 100 份。

---

[1] 雷青,岳艳雯.学前儿童增强现实绘本交互体验影响因素研究 [J]. 电化教育研究,2024,45(02):98-105.

其中，男女比例为 48:52，儿童 3~6 岁年龄分布比例为 25:24:27:24。《体育活动中幼儿游戏性表现的现状研究》[①]一文中，在两所幼儿园中随机选取在三类体育活动（基本动作技能练习，基本体操练习，体育游戏）中均有所参与的幼儿，统计出符合条件的幼儿共计 60 名（小、中、大班各 20 名，男女比例为 1:1）。整体来看，以上案例中观察对象的比例结构都是比较均衡的，保证了研究在不同性别、不同年龄上的代表性。

2.剔除特征不明显的观察对象

由于观察法的特殊性，观察对象的数量非常有限。为了最大程度上保证观察数据的有效性，最好先进行预观察，剔除特征不明显的观察对象，再进行正式观察。上文提到的《体育活动中幼儿游戏性表现的现状研究》一文中，研究需要观察每位幼儿各自在三种类型体育活动（共计 180 次体育活动）当中的游戏性表现，而活动时间不充分会影响游戏性表现的观察，因此，需要剔除在体育活动中参与时间较少的幼儿，最终选取活动时间在 10 分钟以上的幼儿进行观察。

3.提高观察者内部信度

通俗来讲就是让同一位观察者在不同时间观察同一个观察对象，看是否与前次观察的内容保持一致。比如《幼儿基本动作的发展干预研究》[②]一文中，在对教师培训时，播放一段幼儿参加体育活动的录像视频，由 3 位观察者教师对视频进行反复观看并记录，检验信度。3 天后重放同一视频，要求 3 位幼儿教师再次记录，然后计算信度，比较与上一次的一致性。除了多次观察比较一致性外，还可以将多次观察的结果取平均值，比如《体育活动中幼儿游戏性表现的现状研究》一文中提到，"将每个幼儿在活动中的表现分两次观察，每五分钟为一个评分时间段，最终取两次观察结果的平均值"。

4.提高观察者间信度

所谓的观察者间信度就是两个或两个以上独立的观察者同时观察同一对象的一致程度。比如，如果我们不明确定义攻击行为的概念，那么有的人会认为言语侮辱就是攻击行为，有的人认为身体打击才是攻击行为，这就会导致观察者对观察对象是否出现攻击行为的看法不一致。而如果我们给予观察者明确的定义，并提供表现出攻击行为的图片、视频等，就可以让观察者对攻击行为有一致的认识，有助于提升观察者间的信度。当不同的观察者一致程度较高时，我们一般会更确信观察数据的真实性和有效性。

例如，前文提到的《幼儿园语言教育活动中新手、熟手教师师幼互动行为的比较研究》中需要用到 CLASS 这一评估工具。为确保评分的客观及有效，研究者和三位学前教育专业的大学生首先学习了 CLASS 的评分标准，让观察者对 CLASS 评估工具有

---

① 景晓萌.体育活动中幼儿游戏性表现的现状研究［D］.济南：山东师范大学，2023.
② 李阳.幼儿基本动作的发展干预研究［D］.北京：北京体育大学，2020.

一致性的认识。然后通过观看视频，四位观察者分别进行评分，继而对评分不一致的项目开展讨论，再度学习。这样能够最大限度地减少个人主观因素的影响，保证数据的真实有效性。

观察者间信度可以通过计算比率一致性来评估。计算公式为：[（观察者）记录一致的次数 /（记录一致的次数 + 记录不一致的次数）]*100%；其中，分母实际上是记录的总次数。例如，两名观察者分别记录了 10 次，其中 7 次一致，3 次不一致，那么，总体一致性比率 =[7/（7+3）]*100%=70%。一般认为，当观察者间信度系数 ≥ 80% 时，观察记录是有效的。《社交沟通课小班教学对孤独症谱系障碍幼儿口语沟通行为的影响研究》[1]《利用社交绘本干预促进轻度智力障碍儿童同伴交往能力的个案研究》[2]等文都采用了该公式进行观察者间信度的评估。

三、观察数据的处理

通过观察收集到的资料可以分为质性数据和量化数据两种，下面我们对这两种数据的处理方式进行简单的分类讨论。

1. 质性数据的处理

（1）数据简化和编码。

非结构式观察得到的数据一般都是描述性的，因此需要对观察记录的内容进行抽象和概括，即数据简化。具体来说就是对信息进行言语概括、确定主题、分类、归纳、编码的过程。例如《幼儿园班级生活中儿童对规则的认识及实践》[3]一文，就采用扎根法对观察数据进行处理，分为以下五步：

第一步，开放式的一级编码将原始资料进行提炼，例如"没有规则会受伤""规则可以保护我们"。

第二步，对一级编码进行归纳，寻找不同编码间的内在联系，从而形成二级编码，例如将"没有规则会受伤""规则可以保护我们"归纳为"规则是安全的保障"。

第三步，三级编码，形成更为凝练、概括的层级，例如二级编码"规则是安全的保障""规则的塑造作用"可以进一步概括为"规则对个体的功能"。

第四步，对三级编码进行归类，形成类属。（第三、四步可合并）

第五步，将各级编码图表化，再次阅读原始资料，检验编码的合理性。

以上就是一个通过扎根法对观察所得的描述性数据进行简化的过程，详细步骤可

① 王月苗 . 社交沟通课小班教学对孤独症谱系障碍幼儿口语沟通行为的影响研究［D］. 重庆：西南大学，2022.
② 陈舒琦 . 利用社交绘本干预促进轻度智力障碍儿童同伴交往能力的个案研究［D］. 上海：华东师范大学，2022.
③ 朱晓枫 . 幼儿园班级生活中儿童对规则的认识及实践［D］. 天津：天津师范大学，2023.

参考第四章访谈法第六节（三）及《学前教育观察法》[①]一书。

（2）Nvivo 质性分析。

Nvivo 是常见的质性分析软件，能够有效分析多种不同类型的数据，如文字、图片、录音、录像等，是实现质性研究的最佳工具。例如《学习中心视角下学生课堂参与研究》[②]一文中借助 Nvivo 软件对教学视频中学生参与情况转录，较为详细地呈现了课堂中教师活动状态和学生课堂参与的情况。根据研究需要，参考学生行为参与编码维度并结合视频对文本节点一一编码，如"学生集体摇头说不知道"将其编码为"3 集体应答"。软件最终导出生成的材料如表 3-12 所示。

Nvivo 软件具体的操作此处不作讲解，如需进一步了解，可参考《质性研究数据分析工具 Nvivo12 实用教程》[③]一书进行学习。

表 3-12　优质课堂学生行为参与编码片段

参考点	时间跨度	内容	编码
221	30:59.0-32:01.0	教师"同学们想象都非常丰富有趣，还非常奇幻。那同学们，你们想知道古人是怎么想的吗？我们来看看古文"，教师读古文，"知道他的意思吗？"	1 倾听
222	32:01.0-32:02.0	学生集体摇头说"不知道"	3 集体应答
223	32:07.0-33:01.0	教师"我们现在通过一段视频了解他的意思"	1 倾听
224	32:07.0-33:01.0	教师播放视频学生看视频	1 倾听
		……	

2.量化数据的处理

（1）SPSS 统计分析。

在问卷调查法部分，我们已经详细介绍了几种 SPSS 常用的数据统计方式，具体处理方式可参考《问卷数据分析》[④]一书，此处不再赘述。在观察法中，最常用的是描述性统计、差异性分析以及相关分析。

描述性统计通常涉及平均值、标准差等，用来描述观察样本的总体特征。比如前文所述的《体育活动中幼儿游戏性表现的现状研究》通过对三类体育活动中"明显的愉悦性"维度的最大值、最小值和平均分进行描述性统计，绘制相应的柱状图，了解幼儿在不同体育活动中明显愉悦性的表现情况，如表 3-13 所示。

① 邱学青.学前教育观察法［M］.北京：高等教育出版社，2020：92-114.
② 孙克青.学习中心视角下学生课堂参与研究［D］.武汉：华中师范大学，2019.
③ 冯狄.质性研究数据分析工具 Nvivo12 实用教程［M］.北京：人民邮电出版社，2020.
④ 周俊.问卷数据分析：破解 SPSS 的六类分析思路［M］.北京：电子工业出版社，2017.

表 3-13　三类体育活动中幼儿"明显的愉悦性"表现的描述性统计

	N（人数）	Min（最小值）	Max（最大值）	Mean（平均数）	Std.（标准差）
基本动作技能	60	1.60	3.60	2.42	0.48
基本体操练习	60	1.80	3.80	2.67	0.52
体育游戏	60	2.20	4.40	3.15	0.60

差异性分析通常用于比较两个或多个群体之间在某种特征上是否存在显著差异。比如《中班建构游戏中幼儿专注力行为表现与培养策略研究》[1]中需探究不同性别的幼儿在游戏中专注力行为表现是否存在显著差异。表 3-14 提供了不同性别的幼儿在思考、伴随语言、求助、抗干扰、注意分散五方面的差异数据，其中注意分散行为检验结果为 p=0.005<0.01，表明建构游戏中男女生注意分散行为存在显著差异。

表 3-14　不同性别幼儿专注力行为差异性表现独立样本 T 检验

变量	T	自由度	p
思考	−0.782	38	0.439
伴随语言	−0.189	38	0.851
求助	0.54	38	0.592
抗干扰	−0.492	38	0.625
注意分散	2.984	38	0.005**

注：* 表示 p<0.05，** 表示 p<0.01

相关分析通常用于研究不同变量之间的关系强度。数据在［0.0，0.2］区间为极弱相关或无相关，［0.2，0.4］区间为弱相关，［0.4，0.6］区间为中等程度相关，［0.6，0.8］区间为强相关，［0.8，1.0］区间为极强相关。比如《县域普惠性民办幼儿园师幼互动质量研究》[2]中研究"教师敏感性""语言示范"这两个观察项目之间是否相关，表 3-15 提供了 10 个子维度间的关系数据。其中"教师敏感性（TS）"与"语言示范（LM）"之间的相关系数为 0.739，表现为强相关。

表 3-15　师幼互动在 CLASS10 个子维度上的得分相关分析

	PC	NC	TS	RSP	BM	PD	ILF	CD	QF	LM
PC		.277**	.693**	.376**	.458**	.339**	.472**	0.198	.434**	.637**
NC			0.192	−0.085	0.125	0.058	0.136	−.213*	−0.07	0.112
TS				.420**	.450**	.204*	.362**	.364**	.573**	.739**
RSP					.337**	0.185	.379**	.443**	.477**	.531**

① 曹征鹿.中班建构游戏中幼儿专注力行为表现与培养策略研究［D］.长春：吉林外国语大学，2023.
② 强乐.县域普惠性民办幼儿园师幼互动质量研究［D］.武汉：湖北师范大学，2023.

	PC	NC	TS	RSP	BM	PD	ILF	CD	QF	LM
BM						.392**	.602**	.301**	0.197	.379**
PD							.399**	.391**	.262**	.262*
ILF								.361**	.310**	.506**
CD									.592**	.504**
QF										.649**
LM										

** 在 0.01 级别（双尾）上相关性显著。

* 在 0.05 级别（双尾）上相关性显著。

注：PC= 积极氛围、NC= 消极氛围、TS= 教师敏感性、RSP= 关注幼儿观点、BM= 行为管理、PD= 活动安排效率、ILF= 教学指导形式、CD= 认知发展、QF= 反馈质量、LM= 语言示范。

（2）百分比统计。

百分比统计是量化数据处理中最常用也是最简单的一种方式，在观察研究也经常出现。一般就是统计某一行为占总数的多少，用来表示某种行为的突出程度。这种数据分析方法的好处就是清晰明了，读者也很容易看懂。弊端就是单独使用百分比处理数据欠缺深度和可信性。比如《大班幼儿情绪管理的调查研究》[①]一文中，对诱发幼儿产生负面情绪的因素，统计数据就只用了百分比分析，故意挑衅占比 31.0%，争抢资源占比 30.0%，作者据此得出故意挑衅和争抢资源是引发幼儿产生负面情绪的主要因素，这是不准确的。当然，该论文的作者后期又对幼儿和教师进行了访谈，证实了这一结论，这是可以的。如果没有后期访谈只用百分比数据下结论是不恰当的。

因此，绝大多数观察研究的数据分析中百分比都是与 SPSS 结合使用，一般情况下百分比会出现在 SPSS 差异性分析之前，用于对观察数据做初步的对比，了解变量的大体偏向趋势以及对 SPSS 的分析结果进行补充说明。比如《中班建构游戏中幼儿专注力行为表现与培养策略研究》[②]中，作者在数据统计的过程中先根据百分比初步判断男女生在哪方面可能存在显著差异，如表 3-16 所示，发现男生的注意分散行为出现的频率显著高于女生，其余四项行为差异不明显，然后再利用 SPSS 进行独立样本 T 检验，结果 p=0.005<0.01，证明男女生在注意分散方面确实存在显著差异。

表 3-16　不同性别幼儿专注力行为差异性表现

变量	男	百分比	女	百分比	合计
思考	365	47.9%	397	52.1%	762
伴随语言	359	50.63%	350	49.37%	709

① 魏万栋.大班幼儿情绪管理的调查研究［J］.教育观察，2023，12（27）：64-67.

② 曹征鹿.中班建构游戏中幼儿专注力行为表现与培养策略研究［D］.长春：吉林外国语大学，2023.

变量	男	百分比	女	百分比	合计
求助	101	52.88%	90	47.12%	191
抗干扰	68	47.89%	74	52.11%	142
注意分散	190	61.49%	119	38.51%	309

（3）等级评定。

等级评定就是研究者对于观察对象的行为或特征等进行评级或评分，需要事先写明量化指标和评分标准。可以分为"总是、经常、有时、偶尔、从不"五个等级，根据实际情况从五个选择中选取一个。或者将"总是、经常、有时、偶尔、从不"五个等级按照从 5 到 1 进行赋分，如果出现频率非常高则在对应单元格内填 5，不出现则填 1。某些研究中将等级评定归为一种观察记录方式，但实际上很难在观察的同时直接记录等级，还是需要先统计行为发生的次数再根据次数进行等级评定。因此，本书将等级评定放在数据统计处理方式这里来讲。

和百分比统计一样，等级评定也不能单独出现，一般情况下也要与 SPSS 结合使用。例如《惩戒的艺术：小学教师应对学生课堂问题行为的策略研究》[①]一文中，以小学教师为对象进行课堂观察，通过制定课堂观察评分标准，如表 3-17 所示，设计等级评定式的记录量表，对教师所采取的惩戒措施进行评分，如表 3-18 所示。评分完成后利用 SPSS 对数据进一步分析，比如通过独立样本 T 检验，进一步分析不同性别的教师在 12 个二级指标上的得分及差异情况，通过表 3-19 可以看出女教师在 12 个指标上的平均分均高于男教师。其中反应时间、预估影响等 P 值小于 0.05，说明男、女教师在这些方面的应对措施存在显著性差异。

需要注意的是，等级评定需要观察者做主观判断，在一定程度上会影响研究结论的客观性和准确性，非必要情况尽量少用。

表 3-17　小学教师惩戒艺术系统评分标准

低（1-2分）		中（3-5分）			高（6-7分）	
1分	2分	3分	4分	5分	6分	7分
行为与低等级所描述的情形完全一致，教师处理方式出现的所有或几乎所有的低等级情形	行为符合大部分低等级所描述的情形，但出现了一两次中等级的相关情形	行为符合大部分中等级所描述的情形，但也出现一两次低等级的相关情形	行为完全符合中等级所描述的情形，教师处理方式出现所有或几乎所有的中等级情形	行为大部分符合中等级所描述的情形，但也出现一两次高等级的相关情形	行为大部分符合高等级所描述的情形，但也出现一两次中等级的相关情形	行为完全符合高等级所描述的情形

---

① 王忠美. 惩戒的艺术：小学教师应对学生课堂问题行为的策略研究 [D]. 赣州：赣南师范大学，2023.

表 3-18 教师惩戒艺术观察记录表（节选）

授课老师：T1	年级：五（3）班	课例编码：1-1
学生人数：42	教学内容：《写民间故事》	
目标行为	观察笔记	评分：（勾出相应的分数）
行为注意 • 眼神发现 • 身体亲近 • 课堂感知 • 课堂交流	• 开始上课时教师让学生齐读课文，眼神注意同学们的表现 • 良好师生关系，有效互动 • 教师上课激情饱满，有微笑	评分：1 2 3 4 5 6 ⑦
行为反应 • 制定恰当的解决办法 • 提供个性化的帮助 • 注意到小学生课堂问题行为出现	• 讲课发现学生做小动作 • 边走边继续讲课	评分：1 2 3 4 ⑤ 6 7

填写说明：根据行为水平在对应的分数下画圈

表 3-19 十二个指标在不同性别上的差异比较

	类别	样本数	M	SD	T	P
行为注意	男	12	4.50	1.64	−1.615	0.124
	女	28	5.50	1.09		
反应时间	男	12	3.33	1.03	−2.442	0.025
	女	28	4.93	1.43		
预估影响	男	12	2.33	0.81	−3.21	0.005
	女	28.	4.57	1.60		
……						

（4）滞后序列分析。

滞后序列分析（Lag Sequential Analysis，简称 LSA），是一种用于检验行为序列显著性的方法，旨在分析一种行为在另一种行为之后出现的概率以及是否存在统计意义上的显著性。

举个例子，假如想要探究高元认知水平学生的视频学习行为，首先需要将收集到的学习数据导入到工具中进行序列分析，继而确定目标行为之间是否存在显著关系。为了更加直观地呈现各行为之间的转化关系，可以根据软件直接生成的显著行为序列分析结果绘制出行为转换图，如图 3-7 所示。其中，箭头表示行为发生的方向，起点表示发起行为，终点表示伴随行为。箭头上的数字（残差值）表示箭头两端行为之间的转换关系强度（也可以配合箭头粗细表示），数值越大箭头越粗，转换关系显著性就越强，即箭头指向的伴随行为出现的概率越大。比如图 3-7 中，Th_8.97_Re 序列表示在思考行为（发起行为）后，有极大的概率会做出重播行为（伴随行为）。

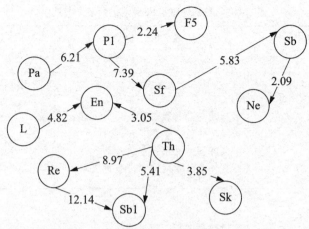

注：图中 Pa 即暂停、P1 即播放、Sf 即向前搜索、Sb 即向后搜索、Sb1 即回看点与测试内容一致、Re 即重播、Th 即思考、En 即关闭时看完视频、Ne 即关闭时未看完视频、F5 即刷新、Sk 即不做题直接提交、L 即来回切换界面。

图 3-7　高元认知水平的小学生视频学习行为模式图[①]

当前主流的序列分析工具主要有 ProM、TraMineR、GSEQ 等软件，具体的分析方法可参考《时间序列分析——基于 R》[②]一书。相关论文可参考《技术丰富环境下小学英语课堂师生互动分析》[③]《面向高阶思维培养的博物馆课程教师话语研究》[④]《基于滞后序列分析法的教学决策行为比较研究》[⑤]。

除以上统计方式外，还可以用矩阵分析、互动变量分析法（也称比率分析）和曲线分析法（也称时间线标记法）。这些方法比较特殊，主要应用于 FIAS 互动分析中。感兴趣的读者可通过《小学数学"综合与实践"领域的教学策略研究》[⑥]《英国大学生暑期中文学校夏令营实境直播教学中的课堂互动问题行动研究》[⑦]等文章进行学习。

什么是 FIAS 互动分析

FIAS 互动分析，又称弗兰德斯分析系统，是由美国学者弗兰德斯（Ned

---

① 改编自：向维.过程反馈类型对不同元认知水平小学生视频学习的影响研究［D］.武汉：华中师范大学，2022.

② 王燕.时间序列分析——基于 R［M］.北京：中国人民大学出版社，2016.

③ 谭秀霞.技术丰富环境下小学英语课堂师生互动分析［D］.无锡：江南大学，2020.

④ 聂昱.面向高阶思维培养的博物馆课程教师话语研究［D］.北京：北京邮电大学，2021.

⑤ 冯仰存，曹凡，张怀浩.基于滞后序列分析法的教学决策行为比较研究［J］.现代教育技术，2022，32（02）：63-71.

⑥ 何家莹.小学数学"综合与实践"领域的教学策略研究［D］.重庆：西南大学，2020.

⑦ 黄思玉.英国大学生暑期中文学校夏令营实境直播教学中的课堂互动问题行动研究［D］.上海：华东师范大学，2023.

Flanders）在 20 世纪 60 年代提出的一种课堂行为分析技术。弗兰德斯互动分析系统由三个部分组成：一套描述课堂互动行为的编码系统，一套关于观察和记录编码的规定标准，一个用于显示数据、进行分析、实现研究目的的矩阵表格。

编码系统将课堂上的语言互动行为分为教师语言、学生语言和沉寂或混乱（无有效语言活动）三类共十种情况，分别用编码 1~10 表示，如表 3-20 所示。

表 3-20　FIAS 编码系统

	分类	编码	内容
教师语言	间接影响	1	接纳学生的情感
		2	称赞或鼓励
		3	接受学生的想法
		4	教师提问
	直接影响	5	教师讲解
		6	命令或指示
		7	批评学生或维护权威
学生语言	学生被动	8	学生被动说话
	学生主动	9	学生主动说话
沉寂或混乱		10	无有效语言

第七节　如何分析涉及观察法的论文

通过前面几节的学习，大家已经掌握了观察法的基础理论知识，本节的目的就是教会大家如何利用所学知识系统地解析一篇涉及观察法的论文。遵循支架式教学的理论，我们先提供一个解析论文的框架，如表 3-21 所示。该框架包括四个组成部分：要素（论文需要解析的结构）、标准（评估研究质量的指标）、评估（是否达到相应的标准）、建议（有哪些需要改进的地方）。可以基于此框架对论文进行解析。

表 3-21　论文解析框架

要素	标准	评估	建议
研究问题	1. 是否明确研究问题 2. 是否说明问题的来源 3. 研究问题是否有价值 4. 核心概念是否有操作性定义		

要素		标准	评估	建议
研究目的		1. 是否明确研究目的 2. 是否明确观察目的		
研究方法		1. 是否明确研究方法 2. 研究方法是否适切		
量表编制与修订	量表设计	1. 是否说明观察维度来源 2. 观察量表结构是否完整 3. 观察项目是否有操作性定义 4. 观察项目数量是否合适 5. 观察项目是否清晰合理、通俗易懂		
	量表修订	1. 是否进行预观察 2. 预观察的观察对象的选择是否合理 3. 观察量表是否进行了信效度检验 4. 是否详细说明观察量表修订的过程和方法		
观察实施过程	前期准备	1. 是否提前培训观察者 2. 是否写明具体的观察时间、地点		
	观察对象	1. 观察对象的抽样方式 2. 观察对象的数量是否恰当 3. 是否说明选择该观察对象的原因		
	观察方式	观察方式是否合理		
数据收集与处理	数据收集	1. 记录方式是否说明 2. 记录方式是否合理		
	数据处理	1. 采用了哪些数据处理方式（感兴趣的话可以详细分析一下数据处理步骤） 2. 数据处理方法的选择是否恰当		
一致性问题		1. 研究目的和研究问题的一致性 2. 研究目的与观察目的的一致性 3. 观察目的和观察维度的一致性 4. 研究目的与观察对象选择的一致性 5. 研究目的与抽样的一致性 6. 观察量表设计和研究结果的一致性 7. 研究目的与数据处理方法的一致性		

可以扫描图 3-8，这是两个解析论文的示例。示例 1 是按照这个表格框架来解析论文[①]的示例，示例 2 是按照框架的"要素"和"标准"，直接在论文中标注，如有不符合标准的地方直接在原文[②]旁边补充。

图 3-8

7.1 练一练

1. 请模仿书中提供的解析案例，任选一篇自己感兴趣的涉及观察法的论文，尝试进行解析。

2. 请结合当下热点，自拟一个适合观察法的选题，尝试用观察法做一个完整的研究，并撰写调查报告。

（答案略）

---

① 尹艺桥. 幼儿园科学教育活动中教师提问存在的问题与对策研究［D］. 长春：东北师范大学，2021.
② 张娜，蔡迎旗. 卓越幼儿园教师的教学行为特征［J］. 学前教育研究，2019（09）：24-36.

参考答案

1.1 想一想

（1）一，从观察的情境条件来看，适合采用自然观察。研究幼儿的攻击行为需要在其日常自然状态下进行观察，不能对环境和幼儿做任何的改变或控制，否则会影响研究结论。二，从观察方式的角度来看，适合采用直接和间接观察相结合的方式。幼儿方便直接接触，可以采用直接观察，但幼儿活动区域分散且个别幼儿的攻击行为不具备普遍性和代表性，这就要求观察对象需要达到一定的数量，观察人员可能不足，因此需要录像设备辅助观察以便后期反复观看研究。三，从参与方式的角度来看，适合采用半参与式观察。适当接触既能消除陌生感给幼儿带来的紧张，又避免了过度参与对幼儿攻击行为的发生造成影响。四，从观察实施的方法来看，适合采用结构式观察。攻击性行为包括哪些有明确的界定，不需要做探索性研究。研究目的是了解幼儿攻击性行为的特点和影响因素等，因此需要结构式观察提供量化数据以便对攻击性行为的类型、频率、偏向、性别差异等进行分析。

（2）一，从观察的情境条件来看，适合采用实验观察。研究游戏教学法是否能够提高小学生的课堂积极性，需要将小学生分为两组，一组采用游戏教学法，一组进行传统教学，观察两组是否有不同。二，从观察方式的角度来看，适合采用直接观察。观察对象范围集中，观察内容也比较明显，可以直接进行随堂观察。三，从参与方式的角度来看，适合采用非参与式观察。为最大限度地还原真实上课状态，避免学生由于被观察而做出刻意举动，观察者最好与之保持距离。四，从观察实施的方法来看，适合采用结构式观察。想得出游戏教学法是否能提高小学生的课堂积极性，需要与传统课堂进行对比分析，比如两种教学方法在主动回答问题方面是否存在显著差异等，需要结构化观察提供量化数据。

2.1 练一练

（1）适合。首先，非语言行为即肢体语言、面部表情等，属于明显的外显行为，能够通过观察得到相应的信息。其次，本研究的观察范围在课堂内，空间范围小，观察对象为教师，数量少。因此适合用观察法。

（2）不适合。教师的态度是一种内部心理状态，不属于外显行为，因此无法通过观察得到相应的信息，更适合采用访谈法。

（3）适合。首先，攻击行为属于外显的、可观察的行为；其次，观察对象数量不多，空间范围小；再次，大班幼儿属于特殊对象，问卷和访谈难以得出准确结果。因此适合用观察法。

（4）不适合。首先，心理健康不属于外显行为，不可观察。其次，调查大学生心理健康的现状需要很大的被试基数才能保证普适性和代表性，调查范围太大，而且心理健康状态涉及多个方面，包括个人经历、家庭环境、社会经历等，无法随时随地进行观察。因此，更适合采用问卷调查法。

（5）适合。首先，学生对自己学习困难的原因可能并不清楚，也无法准确地描述出来。其次，调查范围仅限于特殊学校的学生，范围比较小。再次，患有聋哑、自闭症的学生属于特殊调查对象，无法正常填写问卷或进行访谈。因此适合采用观察法。

（6）适合。首先，言语表扬属于可观察的外显行为。其次，观察范围在课堂内，观察对象为思政课教师，数量少，属于小范围研究。因此适合采用观察法。

5.1 练一练

（1）恰当。第一，本案例的研究问题是视频示范教学对自闭症儿童生活自理技能学习成效如何，那么观察对象应当是自闭症儿童，研究选取"重庆师范大学特殊教育系儿童智能发展中心正在接受早期干预的自闭症儿童"为观察对象，与研究问题一致。第二，选取的观察对象具备关键特征，即"自闭症"。第三，由于自闭症儿童本身就是比较小的一个群体，且观察法本身不能观察太多观察对象，因此选取两名自闭症儿童能在一定程度上代表整体，符合观察法的要求。第四，研究者先选取了发展中心所有的自闭症儿童作为研究对象，再通过"对孩子的观察、评量以及对家长和教师的访谈"最终选取符合研究条件的对象，保证了所有儿童被选择的机会均等。第五，观察对象均在发展中心内学习活动，比较容易进行观察。第六，在取得家长同意之后再进行观察，符合自愿性原则。第七，本案例详细描述了具体的选择条件以及两名观察对象的情况，非常严谨。综合以上几点可以判断本研究的观察对象的选择比较合理。

（2）研究问题是小学生语文自主阅读现状，作者选择"具备了一定的阅读能力"的三、四年级学生作为研究对象，但因三、四年级学生的自我报告能力较弱，因此采用观察法而非问卷法来收集关于小学生语文自主阅读现状的数据。研究者的观察对象集中在沈阳市 H小学三、四年级，有上百名学生，样本数量过大，而观察者仅为研究者一人，且并未利用任何摄录像工具辅助观察，而是采取直接现场观察的方式，难以全面、细致地观察每位同学的行为。因此，在样本数量方面是不合适的，应当适量减少，或者采取直接观察和视频观察相结合的方式，或者增加观察者的数量来解决这个问题。

6.1 想一想

1. 轶事记录法。该片段属于描述性记录，既没有提前预设好事件进行观察，也不是长期的记录，而是在观察的过程中将自己感兴趣的片段记录了下来，因此属于轶事记录法。

2. 行为核对表。该表属于结构式的观察量表，提前预设了要观察的具体项目，不对事件进行描述，不保留原始信息，只对行为出现与否进行判断，与时间无关。

3. 事件取样法和轶事记录法比较接近，因为二者都关注某一特定行为或事件。二者的区别主要体现在以下两个方面：第一，事件取样需要提前预设要观察的"靶子事件"，有明确的观察目标；轶事记录法不做任何预设，只有在观察过程中出现特殊事件时才进行记录。第二，事件取样法适合记录比较典型的、经常出现的行为事件，轶事记录法则更关注不常出现的或比较特殊的令人感兴趣的行为。

第四章

访谈法

第一节　访谈法有哪些类型

访谈法又称晤谈法、访问研究法，是指访谈者通过口头交谈的方式了解访谈对象的观点、经历和态度的一种调查方法。访谈法一般用于质性研究中，尤其是在研究比较复杂的问题时，通过与访谈对象进行直接交流，可以获取详细而深入的信息。

访谈法根据研究对象、研究目的以及研究内容的不同都会有所变化，其应用较为灵活。根据访谈条件的不同，具体可以分为以下几类，如图4-1所示。

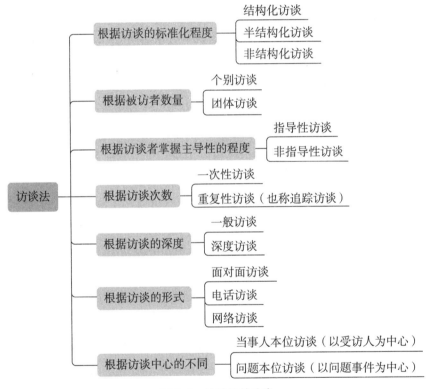

图4-1　访谈法的分类

在论文写作中比较常见的是根据访谈的标准化程度进行分类，以下将按照这种分类方式详细介绍结构化访谈、半结构化访谈、非结构化访谈这三种访谈类型。

一、结构化访谈

结构化访谈又称标准化访谈，是按照统一设计的、有一定结构的提纲所进行的访谈。这种标准化主要体现在三个方面。一是问题标准化。所有的访谈问题都是提前设计好的，并且具有明确的目的性和逻辑性。二是提问顺序标准化。对每位对象进行访谈时都按照相同的顺序依次提问。三是访谈过程标准化。整个访谈都是严格控制的，访谈者不能随意更改访谈的程序和内容，而且整个访谈过程需要对所有访谈对象保持一致。结构化访谈的形式类似于对话形式的问卷调查，但与问卷调查不同的地方在于问题多为开放性问题。

结构化访谈能够确保所有访谈对象都被问到相同的问题，因此更适用于需要集中收集数据，并进行数据比较和分析的研究。比如《整合技术视角下小学语文教师教学反思的影响因素研究》[1]一文中，想要探究小学语文教师教学反思的影响因素，那么就需要比较并综合不同小学语文教师的看法，因此采用了结构化访谈提纲（如图 4-2 所示），对三名语文教师分别进行了同样的结构化访谈，通过相同的问题依次询问每位老师的看法，并利用扎根理论对访谈数据进行分类、比较、归纳，分析不同老师看法的异同点，最终确定了小学语文教师整合技术教学反思的三个影响因素的内涵及定性结构关系。

结构化访谈的优点是降低了随意性，访谈数据易于统计和比较，同时，根据提纲进行提问，谈话比较容易控制，对没有经验的访谈者比较友好。缺点就是访谈对象处于被动地位，访谈不易深入，而且相对来说比较呆板，访谈法灵活性的优势不明显。

二、非结构化访谈

非结构化访谈又称为非标准化访谈或自由访谈。它是一种无控制或半控制的访谈，事先没有统一问题，而只有一个题目或大致范围的粗线条问题大纲，起到一个提示的作用。这种访谈方式几乎没有任何限制，访谈者与访谈对象在这一范围内自由交谈，具体问题可在访谈过程中边谈边形成边提出。不同访谈对象的问题不必完全相同，访谈者可根据实际情况随机应变，灵活调整访谈内容和进程。

非结构化访谈适用于研究问题较为复杂、访谈者不甚了解的探索性研究或者需要深入了解访谈对象个人经历的个案研究。以《小学家庭教育指导优化研究》[2]和《结构家庭治疗法介入主干家庭亲子冲突问题的个案研究》[3]为例，前者利用非结构化访谈提纲（如图 4-3 所示）[4]进行探索性研究，访谈者与家长、教师就家庭教育指导优化这一主题的实施现状、成效、困难等多个角度进行广泛而深入的讨论，在访谈过程中会形成一些访谈者不曾预料的新问题与见解，为制定更加全面的优化策略提供了参考。后者利用非结构化访谈进行个案研究，围绕家庭亲子冲突这一主题与每一位家庭成员展开自由交谈，通过开放性对话建立信任，尽可能引导他们深入表达内心的想法和感受，从而准确分析造成该家庭亲子冲突的原因。

---

① 孟翀. 整合技术视角下小学语文教师教学反思的影响因素研究［D］. 长春：东北师范大学，2021.
② 葛旋. 小学家庭教育指导优化研究［D］. 上海：华东师范大学，2022.
③ 贾婷. 结构家庭治疗法介入主干家庭亲子冲突问题的个案研究［D］. 重庆：西南大学，2020.
④ 改编自：葛旋. 小学家庭教育指导优化研究［D］. 上海：华东师范大学，2022.

小学语文教师M整合技术课堂教学反思个案访谈提纲

尊敬的老师：

您好，非常高兴能与您进行交流！本访谈的目的是了解小学语文教师利用技术促进教学反思的接受程度和能力现状，探索教师反思能力培育的路径，以便为您的专业发展提供一定的支持。恳请您根据切身教学实践来回答所有问题。访谈内容绝对保密，仅作为学术研究使用。如果您有任何问题，欢迎随时与我们沟通交流。本次访谈大约用时50分钟，感谢您的配合！

    1.访谈时间：2018年9月8日
    2.访谈地点：东北地区A省×学校
    3.访谈目的：整合技术视角下小学语文教师课堂教学反思影响因素
    4.访谈方式：面对面访谈
    5.访谈对象：小学语文教师M个案

A.小学语文教师M课前访谈提纲

1.个人生活经历

（1）请您详细阐述您的日常教学生活、求学经历以及社会活动等情况。这些日常教学生活、求学经历以及社会活动对您的教学反思有什么影响？

（2）……

2.关于学生理解

（1）您觉得教师应该主动了解学生哪些方面的问题？您对所任班级的学生家庭背景了解多少？

（2）……

3.关于课程资源

（1）您会在课堂教学前关注课程资源的类型吗？课堂资源类型对您的教学实践有哪些影响?对您的教学反思能力发展产生了哪些影响？表现在哪些方面？

（2）……

B.小学语文教师M课后访谈提纲

1.课堂教学基本环境情况

（1）请详细介绍一下您所在语文教研组的情况，如教研组教师成员的基本情况、教研组集体备课情况。

（2）……

2.课堂教学设计情况

（1）您的课程的教学基本目标、学习的重点和难点分别是什么？您是如何进行教学设计以完成教学目标与任务的？

（2）……

3.课堂教学过程情况

（1）您在课堂教学过程中，是如何与学生进行互动的？互动情况如何？

（2）……

4.课堂教学后情况

（1）您在课堂教学结束后，是否给学生布置作业？具体布置了哪些内容？为什么这样布置？

（2）……

本次访谈到此结束，衷心感谢您的配合！

图4-2　结构化访谈提纲示例

小学家庭教育指导情况教师访谈提纲

尊敬的老师：

您好！为了深入了解学校家庭教育指导情况，以便您更好地进行学校家庭教育指导工作，特邀请您参与本次访谈。您的回答信息只用作学术研究，不会泄露您的个人信息和资料。此次访谈大约需要40分钟，衷心感谢您的支持和参与。如您有任何相关问题，请随时与我们联系。

基本资料：

年龄		任教年级	
任教学科		工作年限	
是否班主任		职务	

访谈提纲：

Q1.您是否开展过家庭教育指导？您是如何做的？（内容、形式）

Q2.在您开展家庭教育指导过程中存在哪些困难？

Q3.您觉得学校的家庭教育指导是否符合家长需求？请举个例子。

Q4.您觉得学校如何提供更好的家庭教育指导服务？

我们本次的访谈到此结束，感谢您付出宝贵的时间和精力，也感谢您对研究者的信任以及您进行自我探索的勇气。

图 4–3 非结构化访谈提纲示例

非结构化访谈的优点就是有利于访谈者和访谈对象充分发挥主动性和创造性，有利于访谈的深度和广度的延伸。缺点就是访谈内容解析起来比较复杂，耗时耗力，调查规模受限，对访谈者的要求也比较高。

三、半结构化访谈

半结构化访谈也称“半标准化访谈”，介于结构化访谈和非结构化访谈之间，中和了二者的优点和缺点，在研究中最为常用。在半结构化访谈中，研究者对访谈的结构具有一定的控制，但相对于结构化访谈没有那么严格。

半结构化访谈分为两种。一种是事先设计好问题，访谈时基本按照既定提纲进行，但可以进行适当的调整和追问，提问的顺序也不作要求。以《课程思政视域下体育教育专业术科课教学评价体系研究》[①]一文为例，对研究生、本科生、教师都进行了访谈，

① 于莉．课程思政视域下体育教育专业术科课教学评价体系研究［D］．贵阳：贵州师范大学，2023.

其中本科生访谈提纲如图 4-4 所示，通过半结构化访谈的方式，预先设计好该研究主题的相关问题，让学生自由表达自己的看法和认识，针对学生的回答继续延展提问，最后将访谈结果结合进行进一步分析研究。

课程思政理念下体育教育专业术科课教学评价体系研究本科生访谈提纲

亲爱的同学：

你好！感谢你能抽出宝贵的时间接受本次访谈！

本次访谈的目的是对课程思政理念下体育教育专业术科课教学评价的体系进行探讨，以便能够更好地对评价体系进行改进。希望你能根据实际情况作答。本次访谈将会全程录音，录音内容将会严格保密，仅供研究时使用，不会透露任何你的个人信息，请你放心！下面我们开始访谈。

一、基本信息

姓名首字母	性别	年级	是否担任过学生干部	在校期间是否获得过奖学金

二、背景介绍

（一）研究目的与意义

（二）课程思政理念下体育教育专业术科课教学评价体系

（三）肯定受访者意见对于本研究的访谈代表性及特殊重要性

三、访谈提纲

主题	预设问题	延展问题
评价认识	（1）你在受访前是否听说过"课程思政"？	（1）当听到"课程思政"这一概念时，你想到了什么？了解多少？
	（2）请你回想一下，在平日术科课上，授课老师一般是如何开展教学活动的？比如运用较多的教学方法有哪些？	（2）老师的情境导入是否引发你的思考？可否请你分享下在你印象中最深刻的一次教学导入情境？
	在基本了解"课程思政"这一概念后，结合研究确定的教学评价标准	
	（3）你认为哪些属于"思政元素"？	（3）你对这些元素加入术科课教学感兴趣吗？为什么？体现在哪些方面？请至少举一个内容。
	（4）当你作为评价者，参照此评价标准对老师进行课堂教学评价时，你是否有疑惑？	（4）该疑惑会影响你参与评教/学吗？对于发现自己或他人的进步、积极改变，是否会记录到"补充评语"中？
学习目标	（1）请回想在术科课前、中或后，你是否给自己设定过学习目标？主要围绕哪些内容？研究确定的评价标准中是否有所提及？	（1）你在参与教学评价时，是否会对照自己的学习目标进行评判？
	（2）你是否主动告知过授课教师你的学习目标或兴趣？为什么？老师的回应是什么？	（2）你认为学校现行的教学评价方式对你是否有帮助？体现在哪些方面？请至少列举一个内容。

本次访谈到此结束，非常感谢您的配合！

图 4-4 半结构化访谈提纲（提前设计好问题）

另一种方式是不提前设计问题，但访谈对象需要按照一定要求进行结构化作答，访谈者也可以对感兴趣的内容进行追问。这类半结构化访谈方式中最常见的就是行为事件访谈法。比如《研学导师胜任力模型的构建及行为特征研究》[①]《职教教研员职业能力模型构建及应用研究》[②]都采用了行为事件访谈法，要求访谈对象坚持STAR原则回答（S指情境、T指任务、A指行动、R指结果）。以《职教教研员职业能力模型构建及应用研究》为例，其访谈提纲如图4-5所示，通过半结构化访谈，让受访教研员按照STAR原则回忆并描述过去的职教教研工作中印象最深刻的关键事例，从其提供的信息中识别出关键行为，进而提炼出关键行为背后的能力要素和特质，构建职业能力模型。

职教教研员职业能力模型构建访谈提纲

尊敬的职教教研员：

您好！首先对您抽出宝贵的时间接受我的访谈表示衷心的感谢！

目前我正在导师的指导下，开展一项关于职业教育教研员能力模型构建的研究。本研究将为职教教研员选拔、考核、晋升、培训等工作提供理论依据。本次访谈的主要目的，是想了解您是如何做好职教教研员的工作的，作为一名职教教研员应该具备什么能力。在访谈过程中，需要您回答我提出的一些问题，主要包括个人的基本信息、工作经历、主要工作事件等。为了便于整理，我会使用录音笔记录我们的谈话内容。录音内容经整理之后仅供本人研究时使用，本人郑重承诺，将依照研究伦理的有关规定，严格保密访谈内容，不会透露任何您的任何个人信息，请您放心！这次访谈可能会占用您90分钟左右的时间。下面我们开始正式访谈。

一、您的基本信息

性别	年龄	学历	职称和职务	主要工作经历	从事职教教研工作的年限

二、您的主要工作职责

编号	主要工作职责	该职责对应的具体工作内容
1		
2		
3		
4		
5		

三、您的关键工作经历

请您回想一下在从事职教教研工作中曾经发生的您印象最深刻的工作事件：3件成功的事件和3件遗憾的事件。

注："成功事件"是指这些事件中，您认为自己当时判断准确，措施得当，困难和障碍成功克服，效果很好，您对自己的行为感到满意。"遗憾事件"是指这些工作事件让您感到，判断有失误，采取措施的效果不明显，有些困难未能有效克服，最后的结果您个人感到不满意，或是觉得非常遗憾。

对以上事件，您描述得越详细越好。您可以从以下几个方面去描述这些事件：这件事是什么？这一事件发生的背景或情境、事件的基本过程、您在其中的作用和采取的行动、参与的其他人、您与这些人的关系、遇到了什么困难、您是如何克服的、您当时的想法、事情的最终结果、您对事情结果的感受等。

本次访谈到此结束，非常感谢您的配合！

图4-5 半结构化访谈提纲（结构化方式作答）

---

① 李晨晨．研学导师胜任力模型的构建及行为特征研究［D］．武汉：华中师范大学，2020.
② 王会莉．职教教研员职业能力模型构建及应用研究［D］．上海：华东师范大学，2022.

什么是行为事件访谈法

行为事件访谈法（Behavioral Event Interview，简称 BEI），也称关键事件访谈法，是一种开放式的行为回顾式探索技术，属于半结构化访谈的一种。

行为事件访谈法的主要内容是请访谈对象回忆过去半年（或一年）他在工作上最感到具有成就感（或挫折感）的关键事例。在具体访谈过程中，需要访谈对象列出他们在管理工作中遇到的关键情境，包括正面结果和负面结果各 3 项。

在进行 BEI 的时候，可以采用 STAR 原则来提问或让访谈对象根据 STAR 原则来回答，以便深层次挖掘具体的行为细节。STAR 原则包括四个关键要素：

- S（situation，情境）"那是一个怎样的情境？什么因素导致这样的情境？在这个情境中有谁参与？"

- T（task，任务）"您面临的主要任务是什么？为了达到什么样的目标？"

- A（action，行动）"在那样的情境下，您当时心中的想法、感觉和想要采取的行为是什么？"

- R（result，结果）"最后的结果是什么？过程中又发生了什么？"

图 4-5 中虚线框起来的部分即为回答要求，按照 STAR 原则可将其拆分为以下四点。

S：这一事件发生的背景或情境。

T：这件事是什么。

A：事件的基本过程、您在其中的作用和采取的行动、参与的其他人、您与这些人的关系、遇到了什么困难、您是如何克服的、您当时的想法。

R：事情的最终结果、您对事情结果的感受等。

下面我们来看一下该案例中访谈对象是如何按照该原则进行结构化回答的：

第一次给昆曲的老师磨课（任务），我记得他的作品磨了两个多小时，让你感觉是他对教学方法、信息技术什么都不知道，什么都不会。这个老师就一直跟我说"孙老师，我们就是口传心授的"，最后他就反反复复强调昆曲的教学就是口传心授，我说"你有没有其他教学方法？有没有一些内容可以融入信息技术？"他都不知道的。那么，我就只有根据他的情况，引导他如何通过巧妙的教学设计，运用科学合理得当的教学方法，那么同样是这个内容，我会比别人教的效率更高，学生学得更好，再高一个层次，就是让学生对这个学科、对这门课更热爱、更喜欢，那么你就是成功的老师，对吧？说得很白就是这样子。磨了这次课以后，这个学校的校长就抓住我了，说："孙老师，我们基础差的你要给我磨的。"可是我不懂昆曲，我一点都不懂（情境）。那么这课怎么磨的呢？我第一次到他们学校磨课，他们先教我，这门课是教哪些内容、分布在几个学期、大概有哪些剧目。然后我再帮他梳理，那门课是昆曲剧目课，是5个学期，我帮他梳理，你每个学期应该上什么内容，然后他选的是第一学期，第一学期里面，因为我们专业课比赛是16课时，他16课时划分不开，就划分了20课时的内容，然后就再给他选这个里面20课时是哪一段，就这样一步一步，每次都是他先教我，我再告诉他怎么做，如何设计，如何讲课，应该有哪些点放进去。实际上是他来教你专业的东西，你来给他教学法的这种指导（行动）。后来一直到国赛，得了二等奖，这个是我一手打造的作品。但是我感觉不在于比赛的结果，在于这个过程我们的老师得到了磨练，然后从教学相长的角度，其实我也对指导老师更有信心，跨那么大的界我都能跨过。所以，现在各学校各种作品让我来看，我都能够说出一二三。我一直工作蛮忙的，没有什么业余的时间去欣赏昆曲什么的。自从搞了那个作品，我去年就去看了一本浸润式的昆曲戏，我就有感觉，而且我一听就知道这个是很有层次化的一套，就能听懂了，甚至于我可以去上一门欣赏课，这个就是我们职教教研员跨界指导带来的好处（结果）。

与观察法相同，研究中具体选用哪一类型的访谈法需要根据研究目的、研究计划以及现实情况确定。一种访谈方式可以同时属于不同的访谈类型，如《整合技术视角下小学语文教师教学反思的影响因素研究》[1]一文中的访谈方式，既属于结构化访谈，也属于个别访谈、面对面访谈。在论文写作中不需要将所有的访谈类型都写出来，只写比较有代表性的即可，该案例中就只写了结构化访谈。如果访谈类型不明显，也可以不做区分，直接统称为访谈法。

第二节　什么情况适用访谈法

一、访谈法的适用情况

还记得第二章问卷调查法第二节提到的故事吗？

> 一位同学去疗养院做调查，想要了解老人们在疗养院的生活如何。她给十几位老人发了问卷，最后只收回来五份，而且问卷的答案五花八门，根本没法进行研究。

前面已经讲解了为什么这位同学的研究不适合用问卷调查，那应该采用什么方法进行该研究呢？用访谈法行不行？先不着急回答，我们先来看看访谈法适用于什么情况。

---

[1] 孟翀. 整合技术视角下小学语文教师教学反思的影响因素研究 [D]. 长春：东北师范大学，2021.

1. 需要深入调查的研究

访谈法最大的特点就是能跟访谈对象实时的互动交流，如果对访谈对象的回答有任何的疑问，可以当场提出并让访谈对象进一步地解释。如果认为某个回答不够充分，也可以不断地进行追问。而问卷调查法和观察法就做不到这一点。因此，当需要深入了解某个主题、问题或现象时，访谈法是最合适的选择，可以提供详细和深入的信息。比如《义务教育阶段家长的教育焦虑纾解研究》[①]一文，想要研究如何缓解家长的教育焦虑，那首先需要了解焦虑的原因，而原因可能来源于方方面面，无法在问卷的选项中列出所有的可能。观察法也不行，因为只能观察外显行为而无法洞察家长的内心。此时就需要采用访谈法，通过和家长深入的沟通交流，通过他们的表达来分析焦虑的原因、程度等。

2. 质性研究

质性研究是一种以理解和解释现象为目的的研究方法，关注的是研究对象的意义或主观体验而非数量上的统计分析。到底怎么理解质性研究呢？想象一下，你和朋友们正在讨论你们最喜欢的冰淇淋口味。每个人都可能会分享自己的观点，比如"我最喜欢的是巧克力味，因为它很甜而且有巧克力碎片""我喜欢草莓味，因为它有新鲜的草莓香味"。在这个例子中，大家并没有用数字来衡量自己对冰淇淋的喜爱程度，比如"我给巧克力味打9分"，而是通过描述自己的感受和理由来表达个人喜好。这就是质性研究的一个简单例子。

质性研究关注的是人们的想法、感受、经验和看法。它不依赖于数字或统计数据，而是通过收集和分析文字、图片、声音等非数字信息来理解研究对象。质性研究的一些常见方式包括：民族志、访谈、观察、叙事研究、内容分析等。质性研究可用于深入理解人们的经历和观点，以及这些经历和观点是如何形成的。通过质性研究，我们可以更好地理解人们的内心世界和他们如何看待周围的世界。

访谈法之所以适合质性研究，是因为它可以深入了解被访谈者的观点、经验和感受，通过对描述性访谈内容的整理分析，能够揭示潜在的关系，帮助研究者构建出更全面、细致的概念或模型。比如《整合技术视角下小学语文教师教学反思的影响因素研究》[②]一文中，想要研究小学语文教师整合技术教学反思影响因素的内涵，以及影响因素之间的定性关系，先通过结构化访谈得到不同教师的访谈数据，再进行编码，最后绘制出影响因素定性结构关系模型。

---

① 刘明珠. 义务教育阶段家长的教育焦虑纾解研究［D］. 重庆：西南大学，2023.
② 孟翀. 整合技术视角下小学语文教师教学反思的影响因素研究［D］. 长春：东北师范大学，2021.

3. 文化程度较低或特殊人群的研究

访谈法以口头交流为基本形式，不受书面文字的限制，适用于多种访谈对象。对于文化程度较低的人群或者一些特殊的对象如盲人、残疾人等，都可以通过谈话来获得信息。一般来说，只要语言没有障碍，都可以作为访谈对象。在这一点上，访谈法具有问卷法所不具备的优势。比如《我国成年盲人阅读现状及发展研究》[①]，研究对象是盲人，就适合采用访谈法进行调查。

4. 小规模调查研究

由于访谈过程耗时耗力。除团体访谈外，一名访谈人员一次最多只能访谈一名对象，由于访谈人员有限，访谈法只能进行小规模的调查研究，上文中提到的论文，无一例外都是小范围研究。这一特征和第三章的观察法是类似的。

了解完访谈法的适用情况之后，我们再来一起分析一下故事中这位同学的研究是否适合用访谈法。

首先，该研究需要深入调查。老人们的生活如何涉及方方面面，包括物质生活、精神生活、日常感受等很多方面，如果老人觉得生活得不好，原因可能也有很多，只有通过跟老人深入交谈才能了解到具体情况。

其次，该研究属于质性研究。这一点在问卷调查法部分我们也提到过，这位同学想要调查老人的生活如何，她感兴趣的并不是老人生活质量的客观数据，而是老人的主观意见，比如是否喜欢这个疗养院，为什么喜欢／不喜欢，在这里居住感受如何等，并不需要量化的数据，直接沟通就能得出答案，显然访谈法比问卷法更适合。

再次，老人属于特殊人群。疗养院中有十几位老人，为什么只有五位填写了问卷呢？也许很多老人不识字、眼神不好或者已经无法提笔写字，进行问卷调查就很受限制。但大部分老人还是能够正常交流的，那么访谈法就比问卷法要有效得多。

最后，该研究属于小规模调查研究。疗养院总共十几位老人，样本量不多，一周左右的时间就能访谈完，所以从调查规模来看，采用访谈法也是合适的。

二、访谈法的局限性

任何一种研究方法都不是完美的，访谈法也不例外。请大家先读一读下面这个小故事，尝试着分析一下这个不成功的研究案例体现了访谈法的哪些局限。

一位研究生想要了解高中生对学校封闭式管理的认同情况，于是选取了当地一所封闭式管理的高中进行调查。他在每个年级都选取了 3 名学生，表示希望能跟他们进行一个小时的访谈，结果高一年级有 3 名同学接受了访谈，高二有年级 2

[①] 赵芸琳. 我国成年盲人阅读现状及发展研究 [D]. 长沙：湖南师范大学，2021.

名同学接受了访谈，高三年级的学生没人愿意接受访谈。在访谈时，尽管他一再强调访谈的内容只供研究使用，不会透露给学校和老师，这5名学生还是非常拘谨，规规矩矩地回答问题。由于该研究生没有访谈经验，不会深入追问，整个访谈一度陷入尴尬。最后的结果也不出所料，5名同学都对学校的封闭式管理非常认同。事实果真如此吗？后来这位研究生又设计了一份简单的匿名问卷，抽取了每个年级各三个班进行调查，结果发现其实超过半数的学生并不认同学校的封闭式管理模式。

读完这个故事，你发现访谈法的局限性了吗？

1. 缺乏隐秘性和匿名性

访谈多数情况下需要与访谈对象面对面直接交流，因此，在访谈过程中被访者可能会感到不自在，因为他们需要公开表达自己的观点和经验。这可能导致他们隐瞒某些信息或不完全真实地回答问题。尤其是面对敏感话题时，比如案例中研究的是对学校的封闭式管理是否认同，对学生来说，这属于敏感话题，所以尽管访谈者一再强调不会将谈话内容透露给学校和老师，学生还是怕有被老师问责的风险，所以可能不敢表达真实想法。

2. 耗时耗力，效率较低

与其他研究方法相比，访谈法需要访谈者和访谈对象都付出更多的时间和精力。上述案例中为什么高三的同学不愿意参加访谈，但是愿意填写问卷呢？很可能是因为一个小时的访谈时间太长，怕耽误学习，而问卷只需要课间十分钟左右就能填好。而且，访谈数据比较复杂，处理和分析的过程也相对较慢。

3. 研究范围受限

由于时间和访谈者数量的限制，访谈法不能进行大范围研究，所以研究结论的普适性没有问卷调查法好。如果访谈对象样本数量过少，偶然性太强，也可能会导致研究结论的偏差。例如，上述案例中想要调查高中生对学校封闭式管理是否赞同，显然高一、高二年级的5名学生并不能代表全校。这5名同学回答的都是认同，虽然有可能是因为访谈缺少隐秘性所以没说实话，也有可能是因为这5名学生恰好都赞同封闭式管理。所以访谈法的研究范围受限也可能导致研究结论的偏差。

4. 对访谈者要求高

有效的访谈需要访谈者对研究主题有深入的了解，同时具备良好的沟通技巧、提问能力和倾听能力。对于经验不足的访谈者来说，很难顺利地进行访谈并获取有价值的信息，就像上述案例中的研究者一样。

除了以上的局限性之外，该研究采用访谈法进行调查没有成功还有一个很大的原因。研究者的目的是调查学生对学校封闭式管理的认同情况（比如认同／不认同的占比，是否与年级相关等），而并不需要深入地了解为什么认同／不认同，所以，从本质上来说，这是一个量化研究，不适合用访谈法，用问卷法就可以解决问题。

2.1 想一想

请结合对问卷调查法、观察法以及访谈法的学习，简单作一个比较，说说什么时候适合用访谈法。

2.2 练一练

1. 请判断下列情况是否适合用访谈法，并尝试解释原因。

（1）学校想要调查学生喜爱的阅读书目类别以便设立学校阅读角。

（2）大学生社交焦虑的个案研究。

（3）调查 ×× 市小学生作业量是否超负荷。

（4）研究教师鼓励式教学是否能够提高学生的课堂积极性。

（5）了解专家对于生成式人工智能在教育方面应用的看法。

（6）教师对增加课后服务时长这一举措的想法。

2. 尝试自拟一个适合用访谈法的选题。

（答案见本章最后）

第三节　访谈法的流程是什么

脱离实践的理论往往让人难以理解。为提高理解的有效性，本节基于已有实践研究《职教教研员职业能力模型构建及应用研究》[①]，系统梳理访谈法的应用流程，如图4-6所示。

---

① 王会莉. 职教教研员职业能力模型构建及应用研究［D］. 上海：华东师范大学，2022.

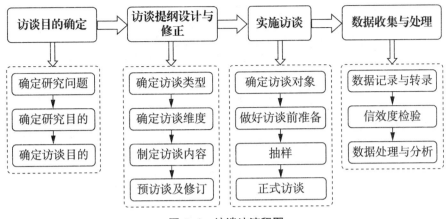

图 4-6 访谈法流程图

一、访谈目的确定

在访谈开始之前，我们首先要做的是确定访谈目的。访谈的目的就是通过访谈法来实现部分或全部研究目的，它奠定了整个访谈的整体基调。访谈提纲的设计以及后续访谈的实施都需要根据访谈目的来确定。

确定访谈目的的过程是：先明确研究问题和研究目的，然后确定利用访谈法能解决哪些问题，实现哪部分研究目的。

本案例的研究问题：职教教研员这个职业群体应具备的能力要素是什么。

本案例的研究目的：构建职教教研员职业能力模型。

作为一种质性研究的方法，访谈法能够通过与被试交谈得出想要的信息，并且能够通过对访谈资料进行编码处理，找到各要素之间的关联，初步构建出相应的模型。要想得到最终的科学模型，还需要做问卷调查进行验证分析。因此本案例中访谈目的是：从受访职教教研员提供的信息中提炼出关键行为背后的能力要素和特质，初步构建职教教研员职业能力模型。

二、访谈提纲设计与修正

访谈提纲是访谈内容的概括，在整个访谈过程中起到指导作用，因此，设计一个好的访谈提纲是非常重要的。访谈提纲的设计与修正包括以下几个步骤。

1. 确定访谈类型

访谈类型的选择需要根据研究目的、研究问题、研究计划以及实际情况而定。本案例中，需要构建职教教研员职业能力模型，因此选用了关键事件访谈法（半结构化访谈），从访谈对象所提供的关键事件中提炼职业能力要素。从访谈形式来看，由于访谈对象涵盖了不同地区的教研员，因此采用面对面访谈为主、电话或网络访谈为辅的访谈方式，对各访谈对象进行深入访谈。

2.确定访谈维度

访谈提纲维度的确定方法大致与调查问卷相同，比如基于理论、基于政策、基于已有研究或者专家指导等方式确定维度。除此之外，访谈提纲的维度还可以来源于问卷调查的结果，目的是对问卷的内容做进一步的深入了解。

本案例采用的是半结构化访谈中的行为（关键）事件访谈法，访谈提纲的维度是比较模糊的。在正式访谈中，只是让访谈对象回忆感到具有成就感（或挫折感）的关键事件，并没有具体的问题。但它的答题维度非常清晰，要求访谈对象根据 STAR 原则，从情境、任务、行动、结果四个维度进行回答。

3.确定访谈内容

访谈内容包含指导语、访谈问题、结束语等（详见本章第四节）。本案例的正式访谈提纲并未设计具体的问题，我们重点来看一下预访谈提纲的问题是如何设计的。在预访谈提纲中，研究者结合职教教研员、机构管理人员、行政管理人员及学校教师四类人群工作的实际情况，将 STAR 工具中所提供的四个维度的基本问题（如表 4-1 所示）进一步细化，在每个维度设定了 3~5 个不等的具体问题，共设计了四份不同问题的提纲，引导访谈对象呈现职业行为当中关键事件的发生背景、来龙去脉、个人在其中的角色、作用和体会等。

表 4-1 关键事件访谈法的 STAR 工具

情境（situation）	任务（task）	行动（action）	结果（result）
1.那是一个什么样的事件？	1.您面临的主要任务是什么？感到最大的困难是哪方面？	1.当时您心中的想法、感觉和具体采取的行动是什么？	1.最后的结果是什么？ 2.结果是如何发生的？
2.发生这件事的原因是什么？周围的情形怎么样？	2.为了达到什么样的目标？ 3.您当时首先做了什么？在处理整个事件的过程中，都采取了什么行动步骤？	2.请描述您在整个事件中承担的角色。	3.您得到了什么样的反馈？ 4.在这件事上，您认为自己存在哪些优点或缺点，这些优缺点对您在本岗位上的工作有什么样的影响？ 5.您从此事之中得到的体会是什么？

4.预访谈及修订

为了保证访谈效果，需要提前进行预访谈，目的是熟悉访谈流程、规避可能发生的问题以及修改完善访谈提纲等。本研究先选择 5 名职教教研员作为访谈对象，实施了预访谈。

实践证明，预访谈是非常有必要的，尤其是对于首次使用事件访谈法的研究者来说，尽管访谈提纲已经拟定好，但对于不同访谈对象，开场白的设定以及问题的呈现顺序都是要随机应变的。预访谈促进了访谈者对于访谈流程的熟悉，在一定程度上提升了访谈者的技巧和策略。

在预访谈基础上，研究者对访谈提纲做了局部调整。就调整之后的提纲内容请7位职教教研员进行审核，征求他们的意见。每名教研员都从个人工作实践的角度对访谈问题提出了意见。研究者在综合几位教研员的意见之后，对原有问题的表述方式、用词等方面进行了修改完善，以确保在正式访谈过程中能达到最佳效果。修改之后的访谈提纲增加了个人的基本情况部分和"对职教教研员这个职业的看法"的开放式问题，并且将预访谈提纲中从四个维度提问关键事件改为让访谈对象按照 STAR 原则描述3件工作中的成功事件和遗憾事件，如图4-5所示。

三、实施访谈

1.确定访谈对象

实施访谈首先要确定访谈对象，访谈对象的选择取决于研究问题是关于谁的。本案例研究的是职教教研员职业能力模型构建及应用，因此选择职教教研员作为访谈对象，符合研究问题的相关性。选择样本时男女性别比例则不作限制，选择机会平等。为了体现职业教育的特点，公共基础课教研员、兼职教研员以及刚入职一年以下的职教教研员均不在访谈调查范围之内，正式访谈对象限定为研究职业教育专业课的资深专职职教教研员。

2.做好访谈前准备

做好访谈前的准备主要包括征得访谈对象的同意，提前协商好时间、地点以及访谈方式，培训访谈人员，准备录音笔等访谈设备，等等。本案例中对于这一部分用了一句话概括"与访谈对象达成一致意见的基础上"进行正式访谈。在论文写作中最好写得详细一些以保证严谨性。

3.抽样

抽样主要考虑三个方面：抽样范围、抽样方式、抽样数量。（详见本章第五节）

抽样范围：为了使选取样本能够代表较高水平职教教研员的能力，本案例访谈的对象主要选取东部地区的上海、浙江、江苏和中部地区的河南。为涵盖不同区域范围的职教教研员，本研究选取的职教教研员主要是省级、市级和县级职教教研员。

抽样方式：访谈法的抽样方式基本上都是目的性抽样和滚雪球抽样。本案例根据研究需要以及研究实际能够满足条件的具体情况，先采取目的抽样法，通过导师或同学推荐选取了12名访谈对象，然后通过让访谈对象推荐的"滚雪球"抽样方式又选取了 8 名访谈对象。

抽样数量：抽样数量并不是固定不变的，可根据研究目的灵活调整。本案例中，研究者根据"在一般的访谈研究中，被试的人数往往是 15 ± 10 个"的原则将本研究的正式访谈对象确定为 20 个。

4. 正式访谈

在预访谈基础上，对访谈提问技巧进行了刻意练习后，研究者于 2021 年 1 月到 7 月期间开始了正式访谈。其中，16 名职教教研员的访谈均为面对面、一对一的深度访谈，2 名职教教研员通过当面访谈和微信语音电话补充访谈的方式完成了整个访谈，2 名职教教研员则由于疫情原因通过微信语音电话方式开展了访谈。访谈实际时长从 45 分钟到 2 小时 30 分不等，整个访谈过程进行了全程录音。

正式访谈的基本过程和主要步骤如下：

（1）告知访谈对象访谈的目的及主要内容。

（2）询问访谈对象个人基本信息及主要工作职责等信息。

（3）按照访谈提纲对访谈对象进行提问，适时对关键问题进行追问，确保访谈对象报告的每一个故事的所有要素都能完整地得以呈现。

（4）访谈结束，及时整理录音资料并做好文本转录工作。

（5）及时向访谈对象索取相关岗位职责、年度工作计划及工作总结、重要工作专项总结材料等，以此作为研究的补充材料。

（6）对于一些有疑问的内容，再采取微信语音、电话等方式进行补充访谈。

四、数据收集与处理

1. 数据记录与转录

本案例中，使用两种录音设备对访谈过程进行记录，每做完一个访谈，就对访谈录音进行文本转录，忠于访谈对象原意是文本转录的最基本要求。由于访谈对象提供的信息资料多，为便于高效率地完成文本转录工作，研究者采用科大讯飞录音笔，自带音频转文本功能，可以在访谈录音时，自动完成文本转录工作。

研究者在结束当天访谈以后，再次回放访谈录音资料，对使用录音笔出现的转录错误进行修正。当发现有不清楚或无法确认的情况时，尽快联系访谈对象进行核实和更正，确保文本资料数据的真实和准确。最后以 word 文档的格式呈现了 20 份转录文本。

2. 信效度检验

访谈法作为一种被广泛使用的研究方法，也一直因为访谈对象提供信息和访谈者分析信息的主观性受到质疑，因此，信度和效度是访谈法运用中不可或缺的指标。一般来说，访谈法常用的信效度检验方式包括"编码一致性检验"以及"三角检验法"（详见本章第六节）。本案例在正式分析前进行了编码一致性检验，确保不同访谈资料编码的一致性。

3. 数据处理与分析

访谈资料整理完成后，数据收集的任务结束，进入统计分析阶段，即扎根（详见本章第六节）。在扎根过程中，如何保证访谈对象所提供的资料与研究者进行的编码分析之间的客观性和科学性是最重要的环节。要对访谈文本资料进行深层次阅读，尽力捕捉访谈者提供信息背后的意图。保持开放的态度，不带有个人偏见和预先设定，从客观数据资料出发，尽量采用访谈对象的语言来表达其核心观点和意见。本案例在此前提下对访谈材料进行了反复归纳、整合，最终形成核心编码 14 个。

3.1 想一想

同样都是询问，在应用流程方面访谈法和问卷调查法有什么相同和不同之处？

3.2 练一练

请任意找两篇采用访谈法的论文，根据本节所学知识，尝试在论文中标出访谈法的每一步流程。

（答案见本章最后）

第四节　如何设计访谈提纲

在访谈刚开始时，无论访谈者还是访谈对象都可能因为紧张而不知从何说起，这时候就需要访谈提纲来作为提示。在访谈过程中，如果访谈对象谈的内容离主题很远，则可以按照访谈提纲的内容及时将访谈对象拉回到访谈主题上来。最重要的是，提前设计好的访谈提纲是有内在逻辑的，每一个问题之间相互衔接和关联，可以有效避免访谈的杂乱和零碎。总而言之，访谈提纲是十分重要的。

一、访谈提纲由哪些部分构成

访谈提纲最基本的内容包括四部分：标题、指导语、访谈问题、结束语（如图 4-7 所示）。部分访谈提纲中还包括研究背景介绍以及对问题的解释说明。

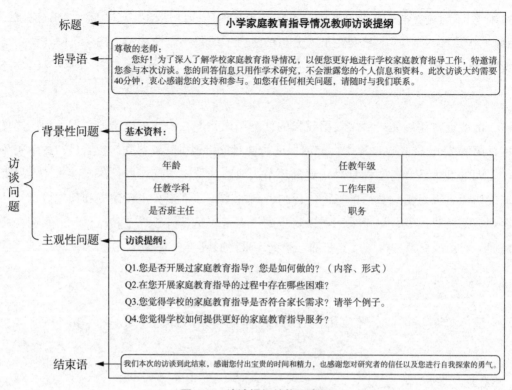

图 4-7　访谈提纲结构示意图

1. 标题

访谈提纲的标题设计方式与调查问卷和观察量表相同，包括访谈对象和访谈内容两方面。比如图 4-7 中的"小学家庭教育指导情况教师访谈提纲"，明确了访谈对象为"教师"，访谈内容为"小学家庭教育指导情况"。

2. 指导语

访谈提纲的指导语设计与调查问卷相同，需要表明访谈的目的、对访谈对象的意义以及访谈时长、匿名性等问题。例如图 4-7 中的指导语，首先表明访谈的目的"了解学校家庭教育指导情况"；其次表明研究对访谈对象的意义"以便更好地进行学校家庭教育指导工作"；再次说明了访谈的匿名性"您的回答信息只用作学术研究，不会泄露您的个人信息和资料"；此外还说明了访谈的时长"大约需要 40 分钟"，让访谈对象有心理预期；最后还表达了感谢以及可以提供力所能及的帮助。整个指导语清晰简洁，也非常有礼貌，能够在一定程度上增加访谈对象的配合程度。

3. 访谈问题

访谈问题一般包括两部分，一是背景性问题，即访谈对象的个人基本情况，包括性别、年龄、职业、工作年限等。二是主观性问题。主观性问题是访谈提纲的核心，是研究问题的具体化，可以是开放或半开放式的。本案例中的背景性问题是关于教师年龄、任教情况的询问；主观性问题采用完全开放式的问题，对教师的家庭教育指导情况进行非结构化访谈。

4. 结束语

在结束访谈时，要向访谈对象表示感谢。例如"本次访谈到此结束，感谢您付出的宝贵时间和精力"。

二、访谈提纲的维度如何确定

设计结构化和半结构化访谈提纲时首先需要确定维度，其目的是为预先设计问题做准备。维度确定方法大致与调查问卷相同，比如基于理论、基于政策、基于已有研究或者德尔菲专家指导等方式（详见第一章问卷调查法第四节）。除此之外，访谈提纲的维度还可以来源于问卷调查的结果，目的是对问卷调查的结果做进一步的深入探究。以下将解析两个比较典型的论文案例，以便理解访谈提纲维度确定的方法。

1.《对青少年社交焦虑个体的深度访谈》[①]

该案例采用半结构化访谈的方式，对北京市三所中学、两所大学的 9 名学生进行访谈，目的是了解社交焦虑的青少年个体的日常心理状态，对引起青少年社交焦虑的重要影响因素进行深入挖掘和分析。访谈提纲的维度来源如表 4-2 所示，根据已有研究确定访谈内容的 5 个维度。

表 4-2　访谈提纲维度来源依据

依据	具体依据	维度
已有研究	结合以往研究中社交焦虑及其相关影响因素	（1）与社交焦虑有关的认知和事件
		（2）成长过程中重要的羞耻经历
		（3）对父母及教养方式的评价
	研究者对青少年进行心理咨询和治疗的实践	（4）对自我的认识和评价
		（5）与同性、异性同学以及朋友的关系

2.《高中历史教学中生活情境的创设研究》[②]

该案例采用半结构化访谈的方式，对在校高一至高三学生进行访谈，目的是了解学生对于生活情境教学的体验、意见或建议，从而更好地发现目前生活情境创设中的相关问题。访谈提纲的维度来源如表 4-3 所示，根据调查问卷编制访谈提纲。

---

① 李波，马长燕. 对青少年社交焦虑个体的深度访谈［J］. 北京理工大学学报（社会科学版），2004（6）：37-39.

② 程珊珊. 高中历史教学中生活情境的创设研究［D］. 苏州：苏州大学，2023.

表 4-3 访谈提纲维度来源依据

依据	维度
调查问卷	（1）学生对生活情境的态度 （2）学生对于教师进行生活情境创设过程的感受和体验 （3）学生对于教师创设生活情境的意见或建议

值得一提的是，有相当多的论文对访谈提纲的维度未做说明或描述模糊不清，部分论文直接写"根据×××制定访谈提纲"，比如《大学生社交媒体使用和错失焦虑的关系：人际压力的中介作用及干预》[①]一文仅说明"在阅读大量质性研究相关文献的基础上，针对研究三的主要研究目标，设计访谈提纲"；《图书馆机器人服务用户体验影响机理研究》[②]一文仅说明"在大量文献调研和前期研究的基础上，设计初步访谈提纲"；《普通师范生对融合教育教师的角色认知及影响因素研究》[③]一文仅说明"访谈提纲主要基于对已有研究成果和问卷调查结果编制而成"。以上论文虽然都写明了维度来源，但维度具体是如何划分的并没有提及，这是不规范的。在论文写作中，应当详细地说明维度来源以及维度是如何划分的。

三、访谈的问题如何设计

1. 问题的类型

访谈问题一般分为背景性问题和主观性问题两大类。背景性问题即访谈对象的个人基本情况，包括性别、年龄、职业、工作年限等，具体询问哪些方面根据实际情况而定。背景性问题的目的一是为了更好地了解访谈对象，以便提出更有针对性的问题；二是为了便于后续分析和比较数据。需要注意的是，非特殊情况下尽量不要询问如收入、政治倾向等涉及个人隐私或敏感性的问题。

主观性问题是访谈提纲的核心，是研究问题的具体化，可以是开放或半开放式的。主观性问题可以分为主要问题、追踪问题以及探测性问题[④]。

主要问题是将研究维度细化为一个个访谈对象能够听明白的问题句子，以此为引，与访谈对象展开讨论。主要问题的设计需要做到三点：一是要紧扣研究问题，不能太过宽泛；二是能够完全涵盖研究问题；三是具备一定的深度，有深入讨论的空间。比如要研究学生的创新思维的培养，可以设置这样一个主要问题，"您认为教师在促进学生创新思维方面扮演了怎样的角色？"

① 罗汐月. 大学生社交媒体使用和错失焦虑的关系：人际压力的中介作用及干预［D］. 重庆：西南大学，2023.
② 李立睿，张嘉程，邓小昭. 图书馆机器人服务用户体验影响机理研究［J］. 图书情报工作，2024，68（12）：43-55.
③ 陈梦丽. 普通师范生对融合教育教师的角色认知及影响因素研究［D］. 上海：华东师范大学，2023.
④ 赫伯特·J·鲁宾. 质性访谈方法：聆听与提问的艺术［M］. 卢晖临，译. 重庆：重庆大学出版社，2010.

如果说主要问题是访谈提纲的骨骼，那么追踪性问题和探测性问题是访谈提纲的血肉，用于深入挖掘信息，对主要问题的回答起到一个补充说明的作用。要想提出有效的追踪问题，研究者需仔细聆听并准确理解访谈对象的意思，并在此基础上围绕其提及的内容进行提问，以便深入挖掘更多细节。比如在上个主要问题中访谈对象提到了通过设计各种项目和活动激发学生的创新思维，那就可以接着追问"您提到了通过项目和活动来激发学生的创新思维，您具体是如何实施的？"追踪性问题可以出现在访谈过程的任何时候，但注意两点：一是不要打断对方的回答，即使你对某句言论非常感兴趣也要等对方说完后再追问；二是在对方明显不愿继续该话题时最好不要再追问。

探测性问题是鼓励访谈对象继续阐述当前话题的一类问题，旨在让访谈对象完整表达他们的想法，补充遗漏的信息，或者对所述内容提供更详尽的解释。主要问题和追踪性问题都和研究目的紧密相关，但探测性问题在不同的访谈提纲中可以通用。严格来说，探测性问题并不是问题，只是一种通过询问或肯定的方式来引导访谈对象继续往下说的一种表述，比如，"后来呢？""你是怎么知道的？""好像确实是这样"等，甚至可以是肢体语言，比如微笑着点头等。

在半结构化访谈或非结构化访谈中，只需要提前设计主要问题，在访谈时再根据具体情况提出追踪问题和探测性问题，如以下访谈片段所示。

培养学生创新思维主题访谈片段

访谈者（I）：在当前的教育体系中，您认为教师在促进学生创新思维方面扮演了怎样的角色？（主要问题）

访谈对象（O）：我认为教师不仅是知识的传递者，更是引导者。我们通过设计各种项目和活动，鼓励学生提出问题并寻找解决方案，而不是仅仅记忆事实。

I：您提到了通过项目和活动来激发学生的创新思维，您具体是如何实施的？（追踪性问题，抓住兴趣点，引导教师进一步谈论该话题）

O：当然可以。比如在科学课上，我让学生设计一个实验来测试植物生长对光照的反应。他们需要自己提出假设，选择合适的材料，然后进行实验，最后分析数据并得出结论。

I：听起来很有趣。您能再补充些细节吗？（探测性问题，鼓励教师继续说，挖掘更多细节）

……

访谈提纲中的封闭式问题

在部分访谈提纲中，还会出现完全封闭式问题，即给出问题和选项，访谈对象需要在选项内选择。这种类型的问题本质上和结构化调查问卷的问题是一样的，具体如何设计详见问卷调查法第四节。

2. 问题的表述

除"单一性"外，调查问卷中对问题表述的要求几乎完全适用于访谈法，比如清晰明了、通俗易懂、中立客观、避免双重否定、避免敏感性及隐私问题等。问卷问题要求单一性是因为被试不能同时回答两个问题，但访谈问题不要求单一性，因为访谈是实时沟通，可以对子问题分别进行说明。除此之外，访谈问题的表述还应当做到以下几点：

（1）问题不要太久远。访谈中的问题应该聚焦于近期的事件、经历或感受，这样可以确保访谈对象的记忆是新鲜的，从而提供更准确和详细的信息。久远的问题可能导致访谈对象记忆模糊，影响回答的可靠性。例如，询问访谈对象"您能回忆一下您十年前第一次教学时的情景吗？"除非发生了令人记忆特别深刻的事，否则十年前的事大部分教师应该都记不清了。

（2）不要提访谈对象无法作答的问题。问题设计应当避免超出访谈对象知识范围或经验，否则会让对方感到不舒服，还可能导致访谈陷入僵局。比如说你的访谈对象是一位科学家，你可以询问他关于最新研究成果的问题，而不是要求他对政策制定发表意见。这就要求你对访谈对象的背景有足够的了解，以便提出他们能够回答的问题。

（3）少问是否类问题。是否类问题通常只能得到简单的肯定或否定回答，而没有进一步的解释或讨论，限制了回答的深度和广度。使用开放式问题，能鼓励访谈对象详细阐述他们的观点。比如当你问"你同意这个观点吗？"通常得到的回答是"同意"或"不同意"，大多数访谈对象都不会主动地说出更多的信息；但如果你问"你对这个观点有什么看法？"就会得到更详细的回答。

（4）问题尽量具体。所谓具体就是要限定范围，在问题中设定时间、地点、人物、角度或情境，可以促使访谈对象提供更具体的细节。比如说如果询问"您如何设计课程来提高学生的参与度？"这就让老师可能无法回答，因为不同的课时可能有不同的设计方式，但是如果换成"请分享一个您最近一次实施的课程设计案例，说说您是如何设计该课程来提高学生参与度的？"，这种问法就会具体很多，访谈对象也好回答。

（5）不要提前预设。这一点非常重要。预设访谈对象一定会从某个方面回答问题往往会忽略其他可能的回答。比如说让学生去访谈一位留学十年的博士回国的感受，大多数学生都会提前预设该博士回来之后会很不适应，就此设计了很多与不适应国内生活相关的问题，然而事实却是该博士表示没有任何的不适应，学生准备的问题根本用不上，访谈陷入尴尬。因此，不要提前预设访谈对象的想法和回答。

3. 问题的数量

一个好的访谈提纲不仅要关注提问问题本身，还要关注问题的数量。准备的问题不能太少，万一某个问题不合适，访谈到后面可能就会没话说。而如果准备的问题太多，访谈者有可能急于把所有准备好的问题问完，无法让访谈对象尽量拓展回答。如果太快地问完十几个问题，可能每个问题回答的深度都不够。有经验的访谈者准备的主要问题一般在10个左右，具体的需要根据访谈目的和实际访谈时间的长短进行增删。

4. 问题的顺序

问题的顺序一般情况下也是提问的顺序，对访谈的顺利进行也非常重要。可从以下几个方面考虑设计问题的顺序。

（1）由易到难。从简单、不需要太多思考的问题开始，帮助访谈对象逐渐适应访谈的节奏和氛围。这样做可以让访谈对象感到舒适，愿意分享信息，同时也为访谈者提供了一个了解访谈对象基本态度和信息的机会。随着访谈的进行，可以逐渐提出更复杂或深入的问题，这样可以帮助访谈对象逐步深入思考，同时也可以避免在访谈初期就遇到障碍。

（2）由近及远。前面我们提到过访谈提纲的设计最好不要涉及太久远的问题，但如果确实有必要，那就要从访谈对象最近的经历或最熟悉的话题开始提问，然后再逐步过渡到更久远的话题。这是由于人们总是对最近发生的事情记忆深刻，而对久远的事情比较淡忘。通过对近期事情的提问，作为一种内容提示，可以带动访谈对象记忆的活跃。

（3）由开放到具体。从开放性问题开始可以帮助访谈对象展开思路，而随后的具体问题则可以获取更详细的信息。开放性问题通常范围更大一些，可展开的角度也比较多，不限制回答的内容，允许访谈对象自由表达自己的观点和感受，例如"您认为内卷现象对您的生活产生了哪些影响？"具体性问题则需要更明确的回答，通常是针对特定的事实、事件或细节，例如"您能分享一次您在工作中感受到内卷压力的具体经历吗？"。

（4）按重要性排序。根据问题的重要性或对访谈目的的贡献来安排问题的顺序。最重要的问题应该放在前面，以确保即使时间有限，也能讨论到最关键的议题。而且由于访谈的时间长，最开始时访谈对象是精力最充沛也是最愿意配合的，能最大化地获取信息，越往后访谈对象可能会越疲惫，所提供的信息就会越少。

实践出真知——尝试自己模拟访谈

在充分考虑以上几点要求后我们已经得出了一份相对比较完整的访谈问题提纲。在进行下一步操作之前，我们可以自己或者找一个朋友模拟一下访谈过程，先站在访谈者的角度读一遍问题，看是否通顺，是否清晰地表达出自己的意思。然后再站在访谈对象的角度对问题一一进行回答，看是否都能回答出来，是否达到自己想要的效果等。当你不再停留于理论层面而是去实践，就会发现一些实际存在而又一直忽略的问题。

四、访谈提纲的信效度如何保障

同问卷调查法和观察法一样，要想保障访谈提纲的信效度，也离不开专家审核和预访谈。流程基本类似，此处不再赘述。专家审核的目的是对访谈提纲维度、结构、表述以及是否覆盖研究问题等方面进行审核并提出意见；预访谈的目的是依据预访谈过程中出现的问题和结果，对初版访谈提纲进行修改和调整。

五、访谈提纲如何修正

访谈提纲的修正主要涉及两方面，一是问题表述方面的调整；二是问题的增加、删除和修改。

（1）问题表述的调整。首先是问题本身，如果问题的表述太复杂或者有歧义，就需要简化语言，明确问题的重点，避免否定或双重否定式的句型；其次要考虑访谈对象的水平，如果问题描述得太专业，访谈对象水平偏低，对问题有诸多不理解，那么就要尽量用直白的语言描述问题，如果实在无法描述，也可以对某些专业词汇作出解释。

（2）问题的增删及修改。比如经过德尔菲法多轮审核后发现某个问题与主题不甚相关，或者有多个问题重复冗余，则删除该问题；又比如访谈结果表明问题不足以覆盖主题，则需要增添一些与主题相关的问题；再比如在预访谈中发现问题的开放性不足，访谈对象无法展开回答，访谈不够深入，这时就需要增加问题的开放性，去掉一些限制性的词语。

> **4.1 想一想**
>
> 1.访谈提纲的设计和调查问卷有什么异同点？
>
> 2.下面给出的两种问法哪个更好一些？为什么？
>
> "您认为学校的新课程改革存在问题吗？" VS "您怎么看待学校的新课程改革？"

第五节　如何收集数据

一、如何选择访谈对象

选择合适的访谈对象是访谈成功的前提，直接影响到研究结果的可靠性和有效性。下面我们将通过一个案例来讲解如何选择访谈对象。

请先阅读下面的案例，思考一下，本案例中选择访谈对象时考虑了哪些方面，可能有哪些欠缺？

案例：《研学导师胜任力模型的构建及行为特征研究》[①]

为了使本文的研究成果具有一定的适用性和普遍性，笔者选取不同地区、不同公司、不同水平、具有代表性的 14 位研学导师作为访谈对象，进行行为事件访谈。为了便于比较分析，综合考虑访谈对象的工作年限、经验、成就、学历、评价等因素，将访谈对象分为绩优组和普通组，其中绩优组 7 人、普通组 7 人，男性研学导师和女性研学导师分别为 7 人，以此来保证访谈的合理性和有效性。14 位访谈对象的基本情况如下：

表 4-4　访谈对象基本情况介绍

编号	性别	年龄	工龄	专业	学历	表现
01 尹 ×	男	26	6 年全职	旅游管理专业	本科	优秀
02 雷 ××	女	22	3 年兼职	环境设计专业	211 硕士	普通
03 方 ××	女	20	2 年兼职	旅游管理专业	大专	普通
……						

下面我们来一起分析选择被试时需要考虑的内容。

---

① 李晨晨. 研学导师胜任力模型的构建及行为特征研究［D］. 武汉：华中师范大学，2020.

1．研究问题的相关性

研究对象的选择应与研究问题紧密相关，这是所有研究都必须遵守的，在问卷调查法和观察法部分我们也已经反复强调了这一点。本案例的研究问题是研学导师的行为特征是什么、胜任力指标有哪些，想据此构建胜任力模型。因此，选择研学导师作为访谈对象是合理的。

2．代表性

本案例选取了不同地区、不同公司、不同水平的访谈对象，绩优组和普通组各7人，男女也各7人，比例平衡，范围较广，能够在一定程度上代表研学导师这一群体。

3．样本大小

访谈样本的大小需要根据研究目的、研究性质以及访谈者人数等实际情况而定，并没有一定之规。一般情况下样本数量在5~25的范围之内都是比较合理的。本案例选取了14位访谈对象，符合要求。

4．选择机会平等

同观察法一样，访谈法的选择机会平等是有条件的，即符合条件的对象被选中的机会是均等的。一般会采用目的抽样或滚雪球抽样的方式。本案例中没有说明这14位访谈对象是通过什么方式得来的，在很多论文中也出现过这个问题，各位读者在论文写作时应注意写明。

除了以上几点外，还要考虑访谈对象的可获得性、自愿性等方面。本案例中的研学导师是指在研学旅行过程中，负责带领学生、组织活动、引导学生学习的专业人员，在城市中小学较为常见，可获得性强。在正式研究前，研究者向研学导师发放了《研学导师访谈预约信》，强调了自愿参与此次访谈，满足自愿性要求。整体来看，本案例除了未提及抽样方式外，其余的访谈对象的选取原则都满足了，基本符合要求。

二、访谈者需要作何准备

1．提前培训

与问卷调查法和观察法不同，访谈法对于访谈者的要求非常高。前者相对来说比较程序化，后者则非常灵活，需要访谈者控制整个流程，既要保证访谈气氛融洽又要保证访谈的深度，还要能处理访谈中的突发情况等，良好的访谈技巧和控场能力至关重要。因此，在正式访谈之前，访谈者一般都需要提前进行练习，如尝试自问自答或找人模拟完整的访谈流程等。

2．选择好访谈工具

访谈一般是现场笔录或者录音后期转录，现在后者用得更多一些。最好准备两台录音设备同时录音，以防止意外发生。也可以进行录像，但这可能会使得访谈对象不自然，非必要情况最好不要采用。

3．提前预约

访谈的时间、地点、方式都需要提前进行预约说明，并尽量以访谈对象的意愿为主。还可以给访谈对象写一封预约信，如图 4-8 所示，简要介绍一下访谈的背景和内容，让访谈对象熟悉一下问题，稍作准备。预约信的内容一定要言辞恳切，以使对方更愿意接受访谈，必要时也可以给予一些酬劳。临近访谈前最好再次确认访谈对象是否方便以防临时出现其他状况。

研学导师访谈预约信

亲爱的研学导师：

您好！我叫李晨晨，是华中师范大学教育经济与管理专业的研究生。我诚挚地邀请您参与我的一个匿名调查。重点说明的是，我与贵公司没有任何关系或者利益往来，请您放心参与访谈。我的研究选题是研学导师的胜任力特征研究，访谈主要关注您在研学旅行带团过程中典型事件的具体情况。

在访谈中您的所有回答我将完全保密，录音内容仅用于论文研究，部分资料会做书面记录，如果访谈涉及一些您不想谈论的人、地方或者机构的名字，您可以选择用符号或字母米代替。

我希望与您进行一次面谈或者微信语音访谈或者电话访谈。对于您贡献的时间和精力，我将给予一定的酬劳，约50元/小时。如果您有任何问题或疑虑，请告诉我。

访谈者（签名）：×××

华中师范大学公共管理学院

学号：××××××

随函附上访谈中将要涉及的问题：

1.您的个人基本信息。

2.请谈谈您研学工作中曾经发生的比较成功的三个事例。

3.请您谈谈做研学导师过程中比较遗憾的三件事。

4.您认为您个人的哪些特点对您做好这份工作起了非常重要的作用。

图 4-8　访谈预约信示例

4．拒绝应对

并非所有目标对象都会接受访谈，因此，我们要准备好被拒绝的应对之策。首先要问清拒绝接受访谈的原因，如果是时间不方便，可以改约时间；如果是对研究主题不感兴趣，要耐心地解释研究目的以及对访谈者有什么益处；如果访谈对象坚持拒绝，则不要过多纠缠，礼貌告辞。

三、如何抽样

访谈法的抽样主要考虑三个方面：抽样范围、抽样方式以及抽样数量。

1. 抽样范围

虽然访谈法是小范围研究，但是抽样的范围应该尽量广一些，最好能够涵盖不同地区、不同性别、不同水平的人群，可以采用电话访谈、网络访谈的方式弥补访谈者无法跨地域访谈的问题。

2. 抽样方式

与量化研究不同，访谈法注重的是对访谈对象个人经验信息的深入挖掘，访谈对象的数量一般都比较少，因此不必采取概率抽样的方式，而是采用非概率抽样，以选取可以提供最大信息量的访谈对象。访谈法最常用的非概率抽样方式是目的抽样。比如《整合技术视角下小学语文教师教学反思的影响因素研究》[①]一文，"为了抽取到能够最大程度上反映研究问题以及具有丰富研究价值信息的访谈对象"，采用目的抽样的方法抽取了三名小学语文教师。如果访谈对象不容易获得，有时还可以采取滚雪球抽样。比如《向阳而生：精英高校寒门学子积极情感能力的生成机制研究》[②]一文，鉴于访谈对象身份的复杂性与敏感性，该案例一方面借助网络问答社区"知乎"，以"寒门学子在精英高校的就读体验"为题广泛搜索并联系符合条件的受访者，另一方面采用目的性抽样与滚雪球抽样相结合的方式确定访谈对象。

 小贴士

概率抽样和非概率抽样

概率抽样：所有符合条件的研究对象被选中的概率都相同。

非概率抽样：按照研究目的抽取能够提供最大信息量的研究对象，研究对象被选中的概率不同。

概率抽样的优势在于更具随机性和代表性，通常用于问卷调查等样本量较大的情况；非概率抽样的优势在于能够选择最符合要求的样本，通常用于访谈等研究对象数量较少且需要深入挖掘信息的情况。

3. 抽样数量

抽样数量也就是选择访谈对象的数量。选择多少个访谈样本最合适也是个关键问题，样本的覆盖面会影响数据的饱和度，继而会影响结果的准确性。前面已经提到过样本数量在5~25个是比较合适的，在抽样的时候可以稍微多抽一点，防止拒绝访谈的

---

① 孟翀.整合技术视角下小学语文教师教学反思的影响因素研究［D］.长春：东北师范大学，2021.

② 田贤鹏，曲俊利.向阳而生：精英高校寒门学子积极情感能力的生成机制研究——扎根理论的质性分析［J］.高校教育管理，2024，18（04）：78-88.

人数太多造成研究样本量过低。对于样本数量是否符合要求，可以用一个简单的方法去验证：信息饱和性。简单来说，就是看后面样本的回答里是否还有新信息出现，如果没有再获得新信息，就说明信息已经饱和了，样本数量就达到要求了。

四、正式访谈需要注意什么

访谈法受人为因素的影响较大，因此在正式访谈时尤其需要注意一些问题，以便最大限度地保证访谈的信效度，保证数据的有效性。

1. 访谈开始前

（1）着装得体、准时到达。这样既可以展示出访谈者对访谈的重视和对访谈对象的尊重，也体现了研究者的专业性，有助于建立良好的第一印象。

（2）拉近与访谈对象的关系。可以先进行简单的自我介绍、寒暄或者介绍自己的研究课题等，缓解访谈对象的紧张情绪，建立起信任感，使访谈对象更愿意分享。

（3）强调保密原则。在进行问答环节之前，最好再次当面强调访谈的保密原则，让访谈对象相信本次访谈确实不会对他们造成任何影响，以免访谈对象不敢表达自己的真实想法。

2. 访谈过程中

（1）少说多听。访谈者应该更多地扮演倾听者的角色，而不是主导谈话。通过开放式问题引导访谈对象表达，而不是过多地插入自己的观点。

（2）注意肢体语言。访谈者的肢体语言，如面部表情、姿态和手势，都会影响访谈的氛围和访谈对象的舒适度。保持积极的肢体语言，如保持眼神交流、点头表示理解等，可以鼓励访谈对象继续分享。

（3）不要打断对方。当访谈对象在讲述时，要给予他们充分的时间来表达自己的想法。尽量避免打断他们，以免打断访谈对象的思路，影响分享的信息的完整性。

（4）学会控场。有的访谈对象可能非常健谈，但由于时间有限，也不能让访谈对象过度发挥；而有的访谈对象则比较沉默寡言，这就需要访谈者对其进行适当的引导（注意是引导而非诱导）。当然也要适度地容忍对方的沉默，因为有时候沉默是在思考和组织语言，所以不要急于打破沉默。如果话题偏离了研究主题，也需要访谈者及时将访谈拉回正轨。

（5）记录。不要频繁地在访谈对象说话时低头记录，会显得很不专业也很不尊重，可以在征得访谈对象同意的前提下用录音机进行记录，或者可以配备一个专门的记录人员进行笔录。

3. 访谈结束时

访谈结束时，应注意礼貌感谢访谈对象的分享。礼貌地结束可以留下良好的印象，有助于后续可能的合作或跟进。如果需要进一步的访谈，也可以在结束时与访谈对象约定再次访谈的时间。

5.1 想一想

　　1.假如你想做一个关于大四毕业生就业焦虑的访谈，预计访谈10个人，目前你只访谈了5个人，但发现新信息已经不再出现，请问你是否需要继续访谈？为什么？

　　2.为什么访谈法不采用概率抽样？

5.2 练一练

　　尝试设计一份访谈预约信，用于邀请中学教师参与关于"教师职业倦怠"的研究访谈。

（答案见本章最后）

第六节　如何处理数据

一、数据的转录与编码

1. 数据的转录

转录有两种方式：人工转录和计算机处理软件。人工转录有利于访谈者更好地理解访谈内容，但是工作量比较大，适用于访谈对象数量较少的研究。计算机处理软件比较高效，方便对材料进行分类和重新归档，适用于访谈对象数量较多、访谈材料数量庞大的研究。转录内容是否全面和准确对于研究结果的影响很大，需要注意以下几点：

（1）尽量将音频或视频的内容逐字转录以保证原话的完整性和准确性。

（2）对非言语的信息（如笑声、叹息）和说话者的变化（如沉默、停顿、语速变化）也应当作出记录。

（3）对访谈文本进行匿名化处理，去除或替换可能识别个人身份的信息以保护访谈对象的隐私。

（4）在文本内容的适当位置加上适当的标点符号，并将文本分成合理的段落，以便于后续的阅读和分析。

（5）对重要的语句或段落进行标记，以便于后续的编码和检索。

（6）转录完成后，进行仔细校对，检查语法错误、错别字、不一致之处等。

转录文本片段示例[①]：

> **访谈者**：那您觉得您的性格方面对情绪方面有影响吗？
>
> **访谈对象**：有影响，我本来就有点感性，想的也比较多一些，所以一般我开心、难过、生气都会直接和学生说，但是不会分享自己的焦虑嘛，他们会觉得这个老师没能力。分享开心、生气是对应着他们的行为的，比如说你们今天回答问题很积极，让我感到很开心。但也不会有太情绪化的表达，都还是带着教育性质的。
>
> **访谈者**：哦，那就是跟学生相关，会跟他们直接讲，其他方面还是自己处理，不表现出来。
>
> **访谈对象**：是的，差不多。
>
> **访谈者**：那学校层面呢？
>
> **访谈对象**：可能就是每天在学校可以看到日出日落，心情也会很好。
>
> **访谈者**：是工作环境比较好吗，还是对教师工作性质比较满意呢？
>
> **访谈对象**：工作环境。
>
> **访谈者**：那看来那边还是很安逸哟。
>
> **访谈对象**：哈哈哈哈，一般（笑）。

2. 数据的编码

数据的编码是指对采访过程中获得的大量信息进行简化，以便于后续的分析和使用。通俗来说就是阅读所有的材料，根据自己的理解和定义，对相关概念、主题、事件等材料进行统一的简单概括，比如说原始语句"我很喜欢我们的学校，因为它很开放并且鼓励创新"可以编码为"对学校的积极评价"。由于人工编码比较费时费力，常用专门的定性分析软件（如 NVivo、Atlas.ti 等）来辅助编码工作（可在 B 站搜索相关的软件使用教程）。

二、如何进行信效度检验

访谈法最常用的信效度检验方式包括"编码一致性检验"以及"三角检验法"，除了这两种常用的检验方式外，还有"侦探法""证伪法""反馈法""参与者检验法""比较法"等，本书将详细介绍两种常用检验方式，其他检验方式可参考《质的研究方法

---

① 改编自：王亚男.生态理论视角下中学英语教师的情绪劳动策略研究［D］.重庆：西南大学，2023.

与社会科学研究》① 一书。

"编码一致性检验"是通过比较不同编码者之间的编码结果，评估编码的一致性程度。研究者首先需要从数据集中随机选择一部分样本，然后让两位或多位编码者在不了解彼此编码结果的情况下，独立对这些样本进行编码。完成独立编码后，利用 SPSS 中的 Kappa 值来比较不同编码者编码结果的一致性程度，–1 表示评分员之间完全不一致，1 表示评分员之间完全一致（一般 Kappa ≥ 0.85，认为检验结果一致性很好；0.6 ≤ Kappa<0.85，认为检验结果一致性较好；0.45 ≤ Kappa<0.6，认为检验结果一致性一般；Kappa<0.45，认为检验结果的一致性差）。如果发现编码结果存在分歧，编码者需要进行讨论，以达成共识，并需要重新审视数据或调整编码方案。这个过程可能需要重复进行，直到编码者之间的一致性达到一个可接受的水平。

以下案例节选自《基于反思性实践理论的项目化学习活动设计与实施》。②

考虑到每个人对信息的理解不同，在编码时容易掺杂主观因素，从而产生编码差异问题，因此所有的对话记录均由两位具有认知网络分析经验的编码员进行编码。两位编码员在编码之前先进行深度交流，对活动过程进行了解熟悉，直到两人对反思广度与深度编码框架的含义理解达成一致后再进行编码。具体来说，两位编码员先对 30% 的反思文本进行编码，过程采用背对背编码，中途不能进行相关交流，然后将编码结果进行比对，SPSS 的一致性检验结果的一致性为 0.893，大于 0.7，表明两个编码员的编码是有效的。接下来，两位编码员对不一致的编码部分进行协商讨论，并完成剩下 70% 文本的编码。

编码一致性检验的优点在于有效地规避了编码者的个人理解偏差，从而提高编码的客观性和可靠性。

"三角检验法"也称"相关检验法"，就是使用多种方法或数据源来验证和交叉验证研究结果的一致性和可靠性，简而言之就是"相互印证"。比如可以采用"方法三角"进行检验，即通过对比访谈法与观察法、问卷调查法、内容分析法等其他方法的数据，看是否保持一致来进行检验。

以下案例节选自《小学高段学生眼中的课堂"边缘人"研究》。③

本研究将访谈、观察中搜集获取的数据和信息进行相互比对和印证。首先，通过对小学高段学生进行初步访谈（方法 1：访谈法），了解其对自身和其他同学课堂学习的认知和感受。然后，通过课堂观察（方法 2：观察法），直观地获取课

① 陈向明.质的研究方法与社会科学研究［M］.北京：教育科学出版社，2000.
② 朱玲.基于反思性实践理论的项目化学习活动设计与实施［D］.金华：浙江师范大学，2023.
③ 应裕.小学高段学生眼中的课堂"边缘人"研究［D］.金华：浙江师范大学，2023.

堂当中所访谈对象的表现，为下一步的访谈提供佐证。最后，通过对小学高段学生的试卷、作业本和课本的分析（方法3：内容分析法），力求在访谈中能够尽可能地触及他们的真实感受和情感体验，避免对小学高段学生们真实内心的忽视。综上所述，三种研究方法之间就形成了相互检验的关系。

也可以采用"数据源三角"的方法进行检验，也就是通过多个渠道来获取信息用于相互印证。

以下案例节选自《初中英语教师信息技术应用能力影响因素的扎根理论研究》[①]。

> 在本研究中除了进行访谈资料的收集（数据1），为尽可能多渠道对访谈结果进行检验，力求结论的最大真实度，笔者还将在访谈中的发现在日常观察中进行检验（数据2）；同时，选择在课前英语教师的备课、课中授课、课后的辅导和反思等不同阶段对英语教师信息技术的应用进行研究（数据3）；此外，对同一现象或者问题，访谈不同的英语教师、学校领导等（数据4），进行对比证实。

此外，还可以采用"时间三角""地点三角"来进行检验，即在不同的时间、地点采用同一方式对同一对象进行研究。这种方法的核心优势在于能够提供多重视角，从而确保研究结果的稳定性和可靠性。

三、数据的分析与呈现

数据的分析方式一般包括直接分析和扎根两种。直接分析就是字面意思，直接分析访谈材料，提炼核心内容。在论文中的呈现方式就是给出一段访谈材料，根据材料进行相应的分析。这种方式用得比较少，而且不够严谨，一般会与问卷调查的结果结合起来进行分析。本书以《教育学硕士生创新能力的影响因素研究》[②]为例重点讲解一下第二种方式——扎根。

扎根的操作程序就是对资料逐级登录，简单来说就是一个不断提炼、概括、归纳的过程。其中包括三个级别的编码：一级编码（开放式登录）、二级编码（轴心式登录）、三级编码（核心式登录）。

1. 一级编码

一级编码的任务是将收集的资料打散，赋予概念，再以新的方式重新组合。在这个阶段，研究者需要对原始数据进行详尽的分析，识别，从而产生初步的概念类属并对其加以命名。通过反复阅读、比对和修改，最终形成若干个一级编码。这个过程要求研究者保持开放性，不受现有理论的限制，以确保新概念的生成。例如该案例中访

---

① 陈润兰. 初中英语教师信息技术应用能力影响因素的扎根理论研究 [D]. 银川：宁夏大学，2023.
② 黄旭. 教育学硕士生创新能力的影响因素研究 [D]. 大连：辽宁师范大学，2023.

谈资料"我就比较注重一些新的研究工具，我们是在课上学习了 Nvivo 这个软件的一些操作流程，然后我比较感兴趣，后期就自学了"，这句话的核心意思为"对研究工具感兴趣，自学软件"，可以把它作为该句访谈资料的标签。在贴标签的基础上，继续分析和归纳，将标签定义相同的归为一类概念。一级编码就是将这些定义相同的标签范畴化，用一个词来概括，本案例中这一类标签概括为"学习兴趣"，如表 4-5 所示。

表 4-5 一级编码示例（节选）

一级编码	标签	原始数据
学习兴趣	对研究工具感兴趣，自学软件	我就比较注重一些新的研究工具，我们是在课上学习了 Nvivo 这个软件的一些操作流程，然后我比较感兴趣，后期就自学了。
专业认同	喜欢该专业，对专业发展有信心	我是跨专业读的教育学，我当时跨专业就是比较喜欢教育学，想了解这一领域的专业知识。后来成功上岸，跟着导师学习之后，发了一篇文章，也是得到了老师的认可。在那之后也是对自己的专业发展有了信心。
就业期望	提升学历，方便就业	我最初考研是因为在大环境下，找工作太难了，找一份体面的工作更是难上加难。那我就想通过提升学历这一途径找个编制内的工作，所以我读研期间的大量精力都放在事业编的考试上。

2. 二级编码

二级编码的任务就是将开放编码得到的概念进行不断比较、归类，建立联系，这种联系可以是因果关系、语义关系、情景关系等。根据这些联系将某一些概念归为一个关系类属，一般将这个类属称之为"主轴"或者"轴心"，最终形成若干个二级编码。该案例中通过一级编码得出了"学习兴趣""专业认同"等概念，而这些概念又都属于内部动机，因此二级编码就是统一将其概念化为"内部动机"的关系类属，如表 4-6 所示。

表 4-6 二级编码示例（节选）

二级编码	一级编码
内部动机	学习兴趣、专业认同
外部动机	读博期望、就业期望、评奖激励、专业发展前景

3. 三级编码

三级编码的任务就是在二级编码的基础上再次进行概括，形成核心类属。核心类属应当具有高度的概括性，能够将所有的其他类属串联成一个整体。例如该案例中，二级编码形成了"内部动机""外部动机"等类属,而这些类属又都属于学习动机的范畴,因此可以将其统一概括为"学习动机"这一主范畴。

经过三级编码的过程后,形成了学习动机、学习投入、自我效能感、硬环境和软环境五个主范畴,将五个主范畴再进一步归纳和分析,还可以提炼出两个影响教育学硕士生创新能力的核心范畴,即个人层面和环境层面。最终的编码结果如表4-7所示。

表4-7 三级编码示例(节选)

核心范畴	三级编码	二级编码
个人层面	学习动机	内部动机 外部动机
	学习投入	行为投入 认知投入 ……
	自我效能感	成败经验 ……
环境层面	硬环境	教学设施 ……
	软环境	导师指导 ……

这一部分的目的是让大家对访谈数据的扎根过程有一个大体的认识和了解,如有研究需要,可参考《质的研究方法与社会科学研究》[①]一书,学习具体的编码过程。

6.1 想 — 想

1. 数据转录和编码过程中,如何处理和解释非言语信息(如笑声、叹息等)?请讨论这些信息对研究结果可能产生的影响。

2. 数据分析过程中,研究者如何避免因为个人偏见而影响数据解释的客观性?请提出有效的解决方案。

6.2 练 — 练

请任选一个感兴趣的主题,自行组织一次访谈,并对访谈内容进行转录和编码,展示一级编码、二级编码和三级编码的过程。

(答案见本章最后)

---

① 陈向明 . 质的研究方法与社会科学研究 [M]. 北京:教育科学出版社,2000.

第七节 如何分析涉及访谈法的论文

通过前面几节的学习，大家已经掌握了访谈法的基础理论知识，本节的目的就是教会大家如何利用所学知识系统地解析一篇涉及访谈法的论文。遵循支架式教学的理论，笔者为大家提供了一个解析论文的框架，如表4-8所示。该框架包括四个组成部分：要素（论文需要解析的结构）、标准（评估研究质量的指标）、评估（是否达到相应的标准）、建议（有哪些需要改进的地方）。大家可以以此为支撑对论文进行拆解分析。

表4-8 论文解析框架

要素		标准	评估	建议
研究问题		（1）是否明确研究问题 （2）是否说明问题的来源 （3）研究问题是否有价值 （4）核心概念是否有操作性定义		
研究目的		（1）是否明确研究目的 （2）是否明确访谈目的		
研究方法		（1）是否明确研究方法 （2）研究方法是否适切 （3）是否明确访谈法的类型		
访谈提纲设计与修正	制定访谈提纲	（1）访谈提纲的维度来源是否说明 （2）维度划分是否清晰 （3）访谈问题的形式是否说明 （4）具体问题的编制是否介绍 （5）问题数量是否合适 （6）问题是否清晰合理、有针对性		
	预访谈	（1）预访谈对象与访谈对象是否同质 （2）是否介绍预访谈的过程		
	修订访谈提纲	（1）是否详细介绍如何修订		
访谈实施过程	确定访谈对象	（1）是否明确选择该对象的原因 （2）是否具有代表性 （3）是否提供了访谈对象的基本信息（非姓名等隐私信息）		
	访谈前的准备	（1）访谈的时间、地点、方式是否确定 （2）是否培训访谈者		
	抽样	（1）是否明确抽样方法 （2）抽样方法是否适切 （3）抽样的范围、数量是否合理		

要素		标准	评估	建议
	正式访谈	（1）是否符合伦理规定		
数据收集与处理	转录与编码	（1）是否有无效数据的剔除 （2）转录方式是否介绍 （3）编码工具是否详细介绍 （4）编码过程是否规范		
	信效度检验	（1）是否进行信效度检验 （2）是否详细介绍信效度检验过程		
一致性问题		（1）研究目的与方法的一致性 （2）研究目的与访谈目的的一致性 （3）研究目的与抽样的一致性 （4）研究目的与访谈维度的一致性 （5）提纲设计与研究结果的一致性		

可以扫描图 4-9，这是两个解析论文的示例。示例 1 是按照这个表格框架来解析论文[①]的示例，示例 2 是按照框架的"要素"和"标准"，直接在论文中标注，如有不符合标准的地方直接在原文[②]旁边补充。

图 4-9

7.1 练一练

1. 请模仿书中提供的拆解案例，任选一篇自己感兴趣的涉及访谈法的论文，尝试进行解析。

2. 请结合当下热点，自拟一个适合访谈法的选题，尝试用访谈法做一个完整的研究，并撰写调查报告。

（答案略）

---

① 李静 . 安吉游戏实践园教师解读幼儿"游戏故事"的视角研究［D］. 上海：华东师范大学，2023.
② 田俊，田文汇，王萱，等 . 中小学教师在线教学胜任力模型构建与应用—— 一项基于行为事件访谈的混合研究［J］. 中国电化教育，2023（10）：126-133.

2.1 想一想

首先，与问卷调查法相比，访谈法更具有灵活性、深入性和对意义进行解释的空间。比如，问卷调查只能询问调查对象是否赞同电子设备进入课堂，而访谈法却可以继续追问为什么赞同 / 不赞同，深入地了解原因；而且与自填式调查问卷相比，访谈法的有效率高很多。

其次，与观察法相比，访谈法可以深入地了解访谈对象内心的想法和情感，而不是仅仅停留在行为表面，比如观察到一位教师上课总爱提问后两排的学生，但只通过观察无法了解教师的意图，这时就可以通过访谈法来与教师进行直接沟通。

综合来看，访谈法最大的优势就是能深入了解信息，而这恰好是问卷调查法和观察法所欠缺的，因此访谈法常和问卷调查法或者观察法结合使用，以提供更全面的研究结果。

2.2 练一练

1.（1）不适合。首先全校学生的阅读喜好统计范围太大，使用访谈太过麻烦；其次不必深入调查，因为只需要了解学生喜爱的书目类别即可，不需要深入了解原因等其他内容，因此更适合采用问卷调查法。

（2）适合。首先个案研究范围小、针对性强；其次大学生社交焦虑的原因复杂多样，无法全部预设；再次焦虑属于内在的心理表现，不一定有外显的行为表现，无法观察，只能通过询问当事人才能了解其所思所想；综合来看采用访谈法是合适的。

（3）不适合。首先调查的目的是了解小学生的作业量，属于量化研究；其次该研究只需要简单的统计，不需要深入调查；再次，全市小学生范围太大，访谈法难以实施。因此更适合采用问卷调查法。

（4）不适合。首先判断一种教学方法是否提高了学生的课堂积极性应该使用实验法。其次，若想了解学生的课堂积极性，也可以用观察法。如果采用访谈法，不可能访谈全部的学生，而个别学生并不能代表整体，而且学生的课堂积极性是否提高这个问题，学生自身可能也无法给出准确的答案，但是课堂积极性强弱是有外在行为表现的，是可观察的。

（5）适合。首先该研究需要深入调查，需要充分了解专家的看法和意见；其次该研究属于质性研究；再次，专家人数有限，属于小规模调查，没有受到范围限制。综合来看采用访谈法是合适的。

（6）适合。首先该研究需要深入调查；其次每位教师的想法不同，无法全部预设；再次教师的想法是一种内在的心理表现，无法通过观察外显行为进行研究，只能通过询问当事人才能了解其所思所想；综合来看采用访谈法是合适的。

2. 略。

3.1 想一想

相同之处：

（1）都需要明确研究的问题和目的。

（2）都需要提前进行预调查。

（3）确定维度的方式相同。

（4）问卷与访谈提纲的修订方式相同。

（5）被试确定原则相同。

（6）都需要进行信效度检验。

不同之处：

（1）问题设计不同，包括问题的类型、数量、开放程度等方面。

（2）抽样方式不同，问卷调查更多地使用概率抽样，访谈使用非概率抽样。

（3）数据统计分析方式不同，问卷调查得到的数据可以直接进行处理，用 SPSS 分析即可，访谈得到的数据需要先进行文本转录再分析；前者属于量化分析，后者属于质性分析。

3.2 练一练

略。

4.1 想一想

1.（1）相同之处：

● 结构：都包含标题、指导语、问题、结束语等。

● 维度：都需要提前确定维度且确定维度的方式基本相同。

● 问题表述原则：问卷问题和访谈问题的表述都应当清晰明了、通俗易懂、中立客观、避免双重否定、避免敏感性及隐私问题。

（2）不同之处：

● 问题的数量：问卷问题的数量可以多一些，总数在 50 个以内即可；访谈提纲主要问题的数量在 10 个左右，不能太多。

● 问题的开放程度：问卷问题是完全封闭的，一般限定性问题较多，有确切答案，只能在限定范围内选择。访谈问题是开放或者半开放的，限定性问题较少，一般不设计答案、不限定范围，访谈对象自由发挥的空间较大。

2. 第二种问法更好。理由如下：

（1）第一种问法有诱导倾向，即学校的新课程改革存在问题。看似开放，但实际上可能限制了访谈对象的回答范围，因为它预设了一个评价框架。访谈对象会努力地思考学校的新课程改革是否存在问题、存在哪些问题，而不会思考学校的新课程改革有哪些好的方面。第二种问法更加中立，给了访谈对象更多的发挥空间，访谈对象可以很自然地想到好的方面和不足之处并加以论述。

（2）第一种问法未能较好地打开话题。虽然该问题不是"是否"类问题，但导致的结果类似，访谈对象很有可能只回答有问题或者没问题，不会继续展开，而第二种问法必须谈一谈自己的看法，相对而言获得的信息肯定也更多。

4.2 练一练

略。

5.1 想一想

1. 不需要再继续访谈。本书在抽样数量部分提到过对于样本数量是否符合要求，可以用信息饱和性去验证。5 个人虽然看起来样本数量不多，但是新信息已经不再出现了，信息饱和，说明样本数量就达到要求了。

2. 首先，概率抽样依托于数量庞大的被试群体，但对于访谈来说，可访谈的对象数量是有限的；其次，访谈需要得到访谈对象的许可，是一个双向选择的过程，无法做到真正意义上的随机。

5.2 练一练

略。

6.1 想一想

1.（1）非言语信息的处理与解释

● 处理：对于笑声、叹息、肢体动作等非言语信息，应当如实记录，不要省略。在对应的语言后面加括号标注即可。

● 解释：非言语行为的含义往往依赖于上下文。因此，在解释这些行为时，需要考虑它们出现的语境，包括之前的言语内容、访谈者的反应、社会文化背景等。

对转录后文本最好进行多次审查，以确保非言语信息的准确记录和解释。

（2）非言语信息对研究结果可能产生的影响

● 情感表达：非言语行为如笑声、叹息等可以表达参与者的情感状态，这对于理解他们的观点和态度至关重要。例如，笑声可能表明参与者对某个话题的轻松态度，而叹息可能表示不满或挫败感。

● 数据解释的深度：非言语信息的分析可以增加研究的深度，提供更全面的理解。它们有助于揭示言语内容背后的含义，有时甚至可以与言语内容形成对比，揭示隐藏的意图或信念。

● 研究结果的可靠性和有效性：正确处理和解释非言语信息可以提高研究结果的可靠性和有效性，忽视这些信息可能导致误解或不完整的结论。

2. 可以使用编码和分析工具，采用 NVivo、Atlas.ti 等质性研究软件，提供客观的编码和分类系统，帮助研究者系统化地组织和分析数据，减少主观性的影响。或采用"编码一致性检验"或"三角检验"等方式进行信效度检验，保证数据的一致性、有效性和准确性。

6.2 练一练

略。

第五章

实验法

第一节 什么是实验法

很多妈妈都希望孩子多吃饭、长得高。为了让孩子多吃饭，妈妈也常煞费苦心，会细心地观察是爸爸做饭孩子吃得多，还是妈妈做饭孩子吃得多。其实在这个过程中，妈妈就采用了实验法。如果实验结果证明爸爸做饭孩子吃得多，那就让爸爸多做饭，如果是妈妈做饭孩子吃得多，那就妈妈多做饭。

在实验法中，有主试、被试、自变量、因变量、无关变量之分。妈妈和爸爸是主试，是实验的实施者；做饭的人是自变量，妈妈做饭还是爸爸做饭是自变量的不同水平；孩子是被试，是实验中被观察测量的对象；孩子的饭量是因变量，它会随着做饭人的变化而发生变化；孩子是否吃过其他食物、肠胃消化是否正常等属于无关变量，是指可能影响孩子饭量的、除了做饭人以外的其他影响因素。

在实验法中，我们也需要做一些假设，比如，妈妈会作出如下三种假设。

> 假设 0：妈妈做饭还是爸爸做饭对孩子饭量没有影响。
> 假设 1：爸爸做饭时孩子吃得更多。
> 假设 2：妈妈做饭时孩子吃得更多。

接下来就需要验证假设是否成立。首先需要让爸爸和妈妈分别做饭，然后收集孩子饭量的数据，重复多次试验后，对数据进行统计分析从而得出结论。可能有人会有疑问，孩子是否提前吃过其他食物、肠胃消化是否正常等（无关变量）是不是也会影响他们的饭量呢？答案是肯定的。因此，我们还需要将这些影响因素也考虑进来，既要保证孩子在饭前没吃过其他东西，又要在孩子肠胃消化正常的时候收集孩子饭量的数据，然后再去验证做饭人的变化对孩子饭量到底有没有影响，如果有影响，那继续判断到底是爸爸做饭吃得多还是妈妈做饭吃得多。这就是实验法。

用书面的语言来讲，实验法就是指针对某一问题，提出一个假设，通过人为操纵和控制一个或多个自变量，来验证其与因变量之间的因果关系，从而验证假设是否成立，得出科学结论的研究方法。在实验中，研究者需要控制无关变量，通过测量和统计分析，判断假设是否成立，从而得出实验结论。最后，研究者需要将实验的过程、结果和结论详细报告出来，以供他人评判和验证。

实验法的范围很广泛，可以分为自然科学实验和教育实验两大类，前者一般以物为研究对象，后者一般以人为研究对象。除特殊说明外，本书提到的实验法默认都是教育实验法。

第二节　实验法有哪些类型

根据条件的不同，实验法可以分为不同的类别。在教育实验中最常见的有以下几类，如图 5-1 所示。

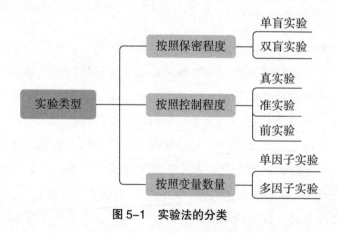

图 5-1　实验法的分类

一、按照保密程度分类

为了减少实验中的偏见和误差，提高研究结果的可靠性和有效性，通常会采用单盲实验或双盲实验，它们的主要区别在于主试和 / 或被试是否知道实验条件的分配情况。

1. 单盲实验

单盲实验是指被试不知道自己被分配到了实验组还是对照组，不知道自己接受的处理是什么，但主试知道。这种设计旨在减少由于被试知道自己的分组情况而可能产生的偏见。举个简单的例子，假如研究一种药物对患者的作用效果，在患者不知道自己吃的是真药还是安慰剂的情况下，让其反馈治疗效果，而医生知道他吃的是真药还是安慰剂。这样，就可以降低患者的情绪心态、心理暗示等因素带来的影响，便于评判药物真实的效果。有些教育研究采取了单盲实验，比如《促进计算思维发展的学习设计模型开发》[①]，在该研究中，所有被试学生都在不知情的状态下进行实验活动，可以有效地避免被试期望效应。

2. 双盲实验

双盲实验指的被试和主试都不知道自己在实验组还是对照组，也不清楚自己正处于实验过程中。与单盲实验相比，双盲实验设计不仅能减轻被试的期望偏见，还能减少主试的偏见。主试可能会无意识地受到自己期望的影响，这会影响他们对数据收集、记录和分析的客观性。比如，上文提到的单盲试验，虽然在一定程度上减少了患者的心理因素影响，但医生知道患者吃的是真药还是安慰剂，那么医生与患者沟通时的语言、表情等都有可能对患者传递出某种信息，影响患者的用药效果。而双盲实验先将真药和安慰剂混合并编号再进行发放，医生和患者都不知道吃的是真药还是安慰剂，在此情况下对治疗效果进行观察记录，最后再对照编号查看哪些是真药的效果，这样评判结果就客观得多。

例如，在《学校体育"同伴教育"模式对城市少儿"伙伴危机"的实验干预研究》[②]一文中，实验的目的是研究体育中"同伴教育"活动对少儿处理"伙伴危机"的影响。实验对象为济南市 × 学校 3~6 年级随机抽取的 2 个班级。为了避免学生的正常活动受到影响，同时避免教师对实验组的额外关注指导以及测试人员进行测试和数据分析时产生主观偏差，采用了双盲实验的方法，整个实验过程不向学生、指导老师、班主任及测试人员等透漏实验目的。

二、按照控制程度分类

按照控制程度的不同，可以分为真实验、准实验、前实验。为了便于大家理解，我们先通过生活中的一个实例来体会一下三者之间的差别，具体分析可参见表 5-1。

　　　某饭店有一道招牌炒菜很受欢迎，某一天厨师发现这道菜少放油好像更好吃，为了验证少放油是否更符合食客的口味，他设计了三种不同的实验，具体如下。

① 陈兴治，董玉琦，杨伊. 促进计算思维发展的学习设计模型开发——基于上海市实验学校的实践［J］. 全球教育展望，2024，53（06）：115-127.
② 李双军. 学校体育"同伴教育"模式对城市少儿"伙伴危机"的实验干预研究［J］. 山东体育学院学报，2013，29（02）：49-54.

（1）真实验设计：在大街上随机选取了50人（均知情同意），25人作为实验组尝试少油版本，25人作为对照组尝试原来的正常版本。厨师两次做的时候食材、烹调步骤、设备都一样。菜量、调料用量等都用仪器精准测量，除了食用油之外，其他用量完全相同。

（2）准实验设计：在店里随机选取了50名客人（均知情同意），25人作为实验组尝试少油版本，25人作为对照组尝试原来的正常版本。厨师两次做的时候食材、烹调步骤、设备都一样，具体菜量和调料用量不限。

（3）前实验设计：在厨房让自己的4个徒弟尝试，先尝试正常版本，再尝试少油版本，厨师的食材、烹调步骤、设备等都不做限制。

表5-1　三种实验在各个维度的区别

	真实验	准实验	前实验
是否存在自变量	✓	✓	✓
案例分析	自变量均为油量的多少		
自变量是否可操纵	✓	✓	✓
案例分析	炒菜放的多少厨师可以自由控制		
是否随机选择被试	✓	✓	✗
案例分析	在大街上随机选取了50人作为被试	在店里随机选取了50名客人作为被试	直接让4个徒弟做被试，因此不是随机选取
是否完全随机	✓	✗	✗
案例分析	在大街上随机选取被试，完全随机	店内随机选取被试，客人可能偏好该店原来的招牌炒菜风格（即正常油量），因此不完全随机	直接指定被试，完全不随机
是否设置对照组	✓	✓	✗
案例分析	被试50人，25人为实验组，25人为对照组		4个徒弟先尝试正常版本再尝试少油版本，没有分实验组和对照组
是否控制无关变量	✓	✓	✗
案例分析	厨师两次做的时候食材、烹调步骤、设备都一样		厨师的食材、烹调步骤、设备等都不做限制
无关变量控制是否严格	✓	✗	✗

	真实验	准实验	前实验
案例分析	菜量、调料用量等都用仪器精准测量，除了食用油之外，其他用量完全相同	具体菜量和调料用量不限	厨师的食材、烹调步骤、设备等都不做限制
是否可以进行因果推断	✔	✔	✘
案例分析	严格遵守了随机选取被试、分组、控制无关变量等实验原则，完全可以根据实验结果下结论哪个版本的炒菜更好吃	符合最基本的实验原则，但不是非常严格。因此在因果推断上不如真实验设计那么强，但仍然可以根据实验结果下结论哪个版本的炒菜更好吃	缺乏对照组，没有随机分配、没有控制无关变量，干扰较多，因此即使四个徒弟都表示少油版更好吃，也不能轻易下结论，而应该再进行一次准实验或真实验来验证

下面我们来具体地看一下这三种实验方式。

1. 真实验

真实验又称科学教育实验，需要严格遵循随机选择与分配被试、准确操纵自变量、完全控制无关变量等实验原则。这类实验非常严谨，因而能够准确地反映变量之间的因果关系，具有较高的内在效度和外在效度。由于真实验的要求比较高，因此更常见于生物、化学、医学等自然科学实验中。本书主要用于教育研究所用，此处不再详细解释真实验。感兴趣的读者可以参考自然科学方面的论文进行学习。

2. 前实验

前实验又称前科学教育实验，是一种初步的、短期的、小规模的实验，通常在进行正式的、长期的、大规模的实验之前进行。前实验在方法上不需要严格遵守实验原则，比如随机选择研究对象、设置对照组、控制无关变量等。因此，这类实验通常用于研究的初步阶段或无法进行严格控制的实验，不能用于验证科学结论。有时，前实验的目的是测试和优化实验设计，识别可能的问题或改进点。例如，一位教师想要尝试一种新的教学方法对学生数学成绩的影响。在正式实施前，首先对班级学生进行一次数学测验，然后在班级中用新的教学方法授课一周。一周后对班级学生再次进行一次数学测验。根据两次测验的结果判断该教学方法是否有效。在这个例子中，该教师就没有严格遵守实验的相关原则。首先该教师直接选择了自己班级的学生作为研究对象，并没有随机选择研究对象；其次，该教师也没有设置对照组；再次，该教师并没有对学生最近的辅导情况等进行调查，没有控制无关变量，无法排除其他因素（如学生知识量的增加、其他教学活动等）对成绩变化的影响，因此效度不高。前实验一般情况下常用于教学实践研究中，具体的实施过程可参考《VR辅助口译教学效果及影响因素研究》[①]等文进行学习。

3. 准实验

准实验与真实验最大的不同是没有严格随机选择被试，没有像真实验那样完全控制误差来源，只是尽可能予以条件控制。虽然准实验不完全符合真实验的严格标准，但仍然可以作为判断两种变量之间是否存在因果关系的依据。准实验是在教育的实际情境中进行的，因而外在效度比较高。比如说同样是评估新的数学教学方法对学生数学成绩的影响，与前实验相比，准实验较好地控制了无关变量，并设置对照组，保证了实验结果的内外效度。我国大多数学校开展的教育实验都是此类实验。例如《以教育戏剧提升小学生英语综合语言运用能力的实验研究》[②]《生成式人工智能支持的教师评语研究：基于初中数学课堂的实践探索》[③]《4-6岁儿童模式能力发展及其干预研究》[④]等采用的都是准实验。在本章第四节将详细地讲解准实验的实施过程。

小贴士 ✓

在教育研究中，虽然理论上倾向于采用真实验来确定因果关系，但由于教育实验的研究对象是人，无法完全控制无关变量，加上实际操作中各方面资源的限制，使得完全随机化的真实验很难实施。因此，教育领域大多数实验实际上都是准实验。

三、按照变量数量分类

根据变量（也称因子）的数量可以区分为单因素实验和多因素实验。二者的区别就是前者只涉及一个自变量，后者涉及两个或两个以上自变量。比如你想尝试做一款新的蛋糕，看看不同的面粉（如全麦面粉、白面粉）会对蛋糕的质地和口感产生什么影响，其他所有的成分和步骤都保持不变，这就是单因素实验。如果你不仅想改变面粉的类型，还想同时改变烘焙时间，那么就可以分成如下几组：全麦面粉＋烘焙1小时；全麦面粉＋烘焙40分钟；白面粉＋烘焙1小时；白面粉＋烘焙40分钟。观察这些因素如何共同影响蛋糕的质量，这就是多因素实验。

---

① 胡萍萍，夏蓉. VR辅助口译教学效果及影响因素研究［J］. 外语电化教学，2023（03）：86-92+125.
② 韩雪. 以教育戏剧提升小学生英语综合语言运用能力的实验研究［D］. 重庆：西南大学，2019.
③ 罗恒，廖小芳，茹琦琦，等. 生成式人工智能支持的教师评语研究：基于初中数学课堂的实践探索［J］. 电化教育研究，2024，45（05）：58-66.
④ 田方. 4-6岁儿童模式能力发展及其干预研究［D］. 上海：华东师范大学，2021.

1. 单因素实验

单因素实验，也称为单变量实验，研究者只关注一个自变量（因子）对因变量的影响。尽管只有一个自变量，但自变量可以有多个水平或条件。例如，如果自变量是"学习时间"，用 A 来表示。研究者可能会设置几个不同的学习时间长度作为自变量的不同水平，比如 A1=20 分钟、A2=40 分钟、A3=60 分钟，然后观察这些不同的学习时间如何影响学习效果。

由于只有一个自变量，数据分析通常比较简单，可以使用方差分析等统计方法来确定自变量的不同水平是否对因变量有显著影响（详见本章第六节）。

2. 多因素实验

多因素实验，也称为因素设计或多变量实验，它允许研究者同时考察两个或更多自变量（因子）对一个或多个因变量的影响。与单因素实验不同，多因素实验可以揭示不同自变量之间以及自变量与因变量之间的交互作用。在多因素实验中，每个自变量都可以在多个水平上变化，从而创建多个处理组合。多因素分析通常采用多因素方差分析（MANOVA），以分析多个自变量和交互作用对因变量的影响。具体案例如下。

研究教学方法和学习风格对考试成绩的影响

研究背景：假设教育研究人员想要了解不同的教学方法（如传统讲授和互动讨论）和班级规模（如大班与小班）如何影响学生的考试成绩。

自变量：

（1）教学方法（两种水平）：A1 传统讲授、A2 互动讨论

（2）班级规模（两种水平）：B1 大班、B2 小班

因变量：学生的考试成绩。

实验设计：实验存在两个自变量，每个自变量分别有两个水平，则共有四种处理组合：A1B1、A1B2、A2B1、A2B2。研究人员将学生随机分配到四个不同的组合组中。例如，一组学生在大班接受传统讲授，二组学生在大班接受互动讨论，以此类推。在指定的教学方法和班级规模的条件下，对每个组进行教学。在教学结束后，对所有学生进行相同的考试。

数据分析：

（1）使用多因素方差分析检验教学方法和班级规模对考试成绩的影响。

（2）检验两个主效应（教学方法和班级规模的独立效应）。

（3）检验交互效应（教学方法和班级规模是否相互作用，共同影响考试成绩）。

可能的结果：

（1）主效应显著：表明教学方法或班级规模单独对考试成绩有显著影响。

（2）交互效应显著：表明教学方法和班级规模存在某种交互作用，共同影响考试成绩。

尽管根据条件的不同可以将实验划分为不同的实验类型，但事实上，这些类别并不是独立存在的，而是互相交叉的。

2.1 想一想

1. 单盲实验和双盲实验有什么好处？为什么？

2. 用自己的话描述真实验设计、准实验设计和前实验设计的主要区别。

3. 判断下列研究属于哪一类型实验设计？说说你的理由。

（1）A 教师想要评估一种新的在线学习平台对提高学生参与度的效果。在自己所任教的学校随机选取了两个班级，一个班级使用新平台，另一个班级继续使用传统教学方法。研究者控制了其他可能影响参与度的因素。教师知道实验设计、学生不知道。（真实验 / 准实验 / 前实验）（单盲 / 双盲）

（2）一位营养学家想要研究不同的运动计划（无运动、中等强度运动、高强度运动）对学生体质指数的影响。（单因素 / 多因素）

（3）某数学教师想要研究课后作业对学生数学成绩的影响，因此，她先测试了学生的数学成绩，在接下来的一个月内都不布置课后作业，再测试学生成绩，看是否有波动。（真实验 / 准实验 / 前实验）

（答案见本章最后）

第三节　什么情况适用实验法

作为科学研究的重要方法之一，实验法在探索自然规律、验证科学假设、推动教育进步等方面发挥着不可替代的作用。但并非所有研究问题都适合采用实验法。接下来我们通过两个案例来探究实验法在不同情况下的应用，并分析其适用与不适用的具体条件，旨在帮助各位读者能够更加科学、合理地使用实验法进行研究。

一、实验法的适用情况

请大家阅读下面这两个案例，思考一下，该案例中的研究适合采用实验法吗，为什么？

案例 1

在一所中学，校长注意到学生在数学科目上的成绩普遍不高。为了提高学生的成绩，学校决定进行改革，换一种新的教学方法来改善学习效果。

为了验证新的教学方法是否更有效，校长进行了一项实验。首先在初一年级随机选取了两个水平相近的班级，在多次考试中平均分差值都在 1 分以内，A 班级采用传统教学方法，B 班级采用新教学方法。除了教学方法不同之外，其余的条件保持一致，所有学生都不参加额外辅导，两个班级的数学老师授课的水平相当。在实验开始之前对两个班级进行了相同的数学测试，平均分非常接近。在经历为期一个月的实验之后，再次对两个班级进行了测试，发现采用新教学方法的 B 班学生的平均成绩比 A 班高很多，经过一个学期的教学，实验组的学生在数学测试中的平均成绩显著高于对照组。由此，校长得出结论，新的教学法在提高学生数学成绩方面更为有效，可以在学校开展改革。

案例 2

电子产品的普及可能正在改变学生的生活习惯，尤其是在学习和睡前时间管理方面。因此一位研究者想要调查小学生晚上玩电子产品是否会对学生学习成绩产生不良影响。于是研究者随机挑选了一个小学，随机选取了 2 个水平相近的六年级班级进行实验，班级的授课老师和学习进度也相同。实验开始前，研究者对两个班级的学生进行了一次成绩前测，以评估他们的学习水平。在接下来的一个月里，A 班在家长和教师的配合下，避免让学生晚上放学回家后接触电子产品，而 B 班学生则没有这样的限制，但是需要家长记录孩子玩手机等电子产品的时长。但是实验并没有按照预期进行。

首先，限制电子产品使用在 A 班学生中引起了不满，一些学生吵着结束实验，影响了正常的教学；其次，家长的合作程度也参差不齐，一些家庭难以执行电子产品使用的限制，父母还会带头玩手机；再者，有的学生被家长没收手机、电脑后偷偷玩平板，还有学生甚至跑到别的同学家里玩；此外，由于电子产品使用的监控主要依赖家长报告，很多家长工作忙碌，根本顾不上记录数据。

一个月后，研究者对两个班级进行后续测试，结果其实早就可以预料，两个班级的学习成绩并没有显著差异，玩电子产品没有影响成绩，然而事实真的如此吗？

相信各位读者在阅读案例时已经充分思考了前文中的问题，我们先不揭晓答案，以《交互式电子白板在小学课堂教学中的应用效果研究》[①]为例，一起来看看实验法的

---

① 周晶.交互式电子白板在小学课堂教学中的应用效果研究［J］.中国现代教育装备，2012（16）：14-16.

适用条件有哪些。

1. 因果关系研究

探究因果关系的研究即验证一个变量 A 是否会导致另一个变量 B 的变化。它需要在严格控制的环境下，操纵相关变量，排除其他因素的影响，才能推断出 AB 之间是否存在因果关系。这个过程需要人为地操纵自变量进行实验验证，要有真实的数据支撑，因此因果关系研究适合采用实验法。例如本案例中，使用交互式电子白板就是"因"，学生学习成绩提高就是"果"，要想探究二者之间的因果关系是否成立，就需要设置不同的条件组合进行实验验证（一组使用交互式电子白板，另一组不使用），获取两组学生之间学习成绩差异的数据，以此来推断结论。

2. 条件可控

条件可控指的是实验中涉及的自变量、无关变量和相关条件都是可以操纵的，这是实验能够正常进行的前提。比如本案例的自变量为教师是否使用白板，无关变量包括学生的年龄、学习背景，教师的年龄、性别、经验水平，以及授课内容、授课时间，等等。这些变量都是可控的，都可以按照研究者的设计来安排。

3. 变量可测量

所谓的变量可测量指的是因变量有明确的测量指标，能够通过量表或者测试题等测量工具获得具体的数据。比如本案例的因变量为学生的学习成绩，可以通过考试测验来测量；再比如《虚拟数字人对用户在线学习效果的影响研究》[①]中的因变量为在线学习效果，可以通过调查问卷来测量。

4. 研究可重复

可重复性是科学研究的重要原则，也就是说其他研究者应该能够在相同的条件下重复实验并获得相同的结果。可重复性有助于验证实验结果的可靠性，并增强研究的可信度。例如本案例的实验条件在同类型的学校都能满足，可以重复进行实验验证。

了解完实验法的适用条件之后，我们再来一起分析前文的两个案例是否适合用实验法，满足或者没满足哪些条件。

首先，是否因果关系研究。案例 1 中校长想要研究的是新教学方法是否能够提高学生的学习成绩，采用新教学方法就是"因"，成绩是否提高就是"果"。同理，案例 2 中玩电子产品是"因"，成绩是否下降是"果"，二者都是因果关系研究。

其次，是否条件可控。案例 1 中研究的自变量为教学方法，因变量为学生的学习成绩，无关变量为年级、学生初始水平、教师教学水平、是否参加课外辅导等，这些

---

① 赵一鸣，郑乔治，沈校亮.虚拟数字人对用户在线学习效果的影响研究［J］.现代情报，2024（01）：24.

变量都是可以人为操纵和控制的。而案例 2 中的条件就很难控制了，由于研究的是学生晚上回家后的行为，研究者无法监督，家长也不能做到完全配合，小学生的自控能力又比较差，而且电子产品种类多，一一没收让学生完全不接触也不现实，所以条件不可控，不适合做实验研究。

再次，因变量是否可测量。案例 1、2 中的因变量都是学生的学习成绩，可以通过考试来测量，利用 SPSS 分析考试分数就可以推断出新的教学方法是否提高了学生的学习成绩。但由于案例 2 的条件不可控，所以即使可以测量成绩也没有参考价值。

最后，研究是否可重复。案例 1 的研究是在某一所中学进行的，但其中涉及的相关条件在其他学校都能满足，可以在其他的中小学重复试验。综合来看，该案例中校长采用实验法进行研究是合适的。而案例 2 由于条件不可控所以没法实施，更谈不上可重复实验了。

二、实验法的局限性

任何一种研究方法都不是完美的，都存在一定的局限性。因此，某些情况下并不适合采用实验法进行研究。请大家读一读下面的案例，思考该实验不被认可的原因有哪些。

在一所重视教育创新的学校中，教导主任注意到积极的师生沟通可能对学生的学业成绩有着显著的影响。为了验证师生沟通的有效性，教导主任召集教师设计了一个实验，实验设计要求教师将班级学生划分为两个组（两组成绩等水平相当，学生单盲）。对于实验组，教师需要故意冷落学生，减少与某些学生的沟通或沟通时比较严肃；而对于对照组则正常处理。然而，实验才开展了两天，就遭到了德育处主任的反对和家长的投诉。他们认为故意冷落学生不仅会影响学生的成绩，更会对学生的身心健康产生严重的不良影响。在为期两天的实验里，被故意冷落的学生开始感到困惑和沮丧，一些学生的课堂参与度和做题正确率出现了下降。教师也遇到了困境，他们在执行实验要求时感到道德上的冲突，他们认为故意忽视学生与他们的职业操守相违背。在重重压力下，教导主任开始重新审视实验设计，深刻认识到了自己的错误，要求立即停止故意冷落学生的做法，并对学生进行了心理疏导。

在探讨该案例之前，先来了解一下实验法的局限性有哪些。

1. 伦理限制

实验法在应用时必须遵守严格的伦理准则。研究者应保证实验对被试不会产生伤害。某些实验对被试产生的不良影响是不可逆的，需要很长一段时间才能消除或者无法消除，这些实验在伦理上是不被接受的。

2. 人为影响

一场实验的开展需要多人参与，研究者的实验设计是否合理，实验主试的主观偏见，被试是否严格按照要求进行实验，等等，都可能有意无意地影响到实验的实施和结果解读。一般来说可以采用单盲或双盲的实验设计来尽量减少人为影响，但很难完全避免。

3. 时间限制

有些因变量需要长期进行实验才能看出变化，短期效果并不明显。但大多数实验无法长期进行，这也在一定程度上限制了实验法的应用范围。

从以上谈到的三点局限来看，人为影响和时间限制都是可以在一定程度上调整的，但无论出于什么原因，实验伦理都是不能违背的。而上述的教导主任的实验之所以不被认可，恰恰就是违背了实验伦理。尽管他的出发点是好的，但是却忽略了最重要的以人为本的原则。相比于学习成绩来说，学生的身心健康才是更重要的。

3.1 练一练

1. 请判断下列情况是否适合用实验法，并尝试解释原因。

（1）探究新型教学软件对学生学习成绩的影响。

（2）研究考试环境（如噪音水平、是否有空调）对学生高考表现的影响。

（3）了解学生对学校食堂服务的满意度。

（4）探究教师的积极和消极反馈对学生自信心的长期影响。

（5）探究学生考试焦虑的影响因素。

（6）探究不同教学节奏（快速、适中、缓慢）对学生理解复杂概念的效果。

2. 尝试自拟一个适合用实验法的选题。

（答案见本章最后）

第四节　实验法的流程是什么

实验法的应用流程主要包括目的确定、设计实验方案、实施实验方案、数据收集与处理四大部分，如图5-2所示。本节基于《音—义连接经验对自然拼读教学法效果的影响》[①]一文，重点介绍准实验的应用流程。

[①] 姜莹，盖笑松，Jenny Thomson. 音—义连接经验对自然拼读教学法效果的影响［J］. 心理发展与教育，2024（03）：368–376.

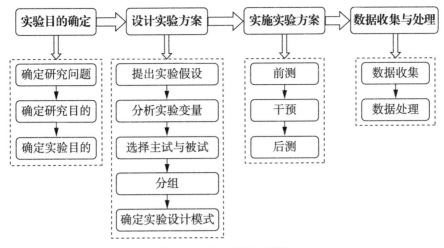

图 5-2　实验研究流程图

一、实验目的的确定

明确实验目的是开展实验的第一步，即通过实验收集什么数据、验证什么结论。实验目的是整个实验的基本纲领。实验的设计以及后续实施都需要根据实验目的来确定。

确定实验目的的过程是：先根据研究问题明确研究目的，然后确定利用实验法能解决哪些问题，实现哪部分研究目的。

本案例的研究问题是：单词音—义连接经验对非英语母语儿童英语拼读教学的效果如何？

本案例的研究目的是：检验非英语母语者的音–义连接经验对拼读教学法效果的影响。

实验法作为一种验证性的研究方法，可以通过设计实验来验证 A 对 B 的影响，因此采用实验法可以达到全部的研究目的，实验的目的是：检验非英语母语者的音–义连接经验对拼读教学法效果的影响。

二、设计实验方案

设计一个良好的实验方案是实验能够顺利实施的前提，也是实验最重要、最关键的环节，它确保了实验能够正常有序地开展。实验方案的设计包括以下几个步骤。

1. 提出实验假设

实验假设是一种具有推测性质的、可验证的陈述命题，可以是肯定的，也可以是否定的，它的目的是预测两个或多个变量之间的关系。假设通常是表示因果关系的语句，其表述方式如表 5-2 所示。

表 5-2　实验假设的表述方式

表述方式	格式	举例
直接陈述	A 可以 B	新教学方法可以提高学生的考试成绩
条件式陈述	如果 A 那么 B	如果采用新教学方法，那么学生的成绩将会提高
比较式陈述	A 比 B 更……	新教学方法比传统教学方法更能提高学生的成绩
差异式陈述	A 和 B 之间存在显著差异	新教学方法和传统教学方法在提高学生成绩方面存在显著差异

研究者通过设置一些条件进行实验，以检验假设是否成立。假设一般分为两种。

原假设：也称零假设，通常表示自变量对因变量没有产生预期的效果。

备择假设：与原假设相对，可以是一个或多个，它预测实验组和对照组之间存在显著差异，或者自变量对因变量产生了预期的效果。

（注：原假设并不必须写明，在论文写作中可以只呈现备择假设）

本案例采用了差异式陈述假设：有音—义连接经验的非英语母语儿童将在自然拼读教学法训练中受益更多。

2. 分析实验变量

实验法涉及的变量有很多，根据作用的不同，可分为自变量、因变量、无关变量、常量。

自变量是指研究者主动操纵或改变的实验条件。本案例的自变量为在拼读法训练前是否进行词汇音—义连接训练。

因变量是研究者要测量的变量，是实验结果的直接体现。研究者通过观察因变量的变化来评估自变量的效果。本案例中的因变量为单词拼读水平。

无关变量，也称干扰变量，是指除了自变量之外，所有可能影响因变量的变量。这些变量不是本实验所要研究的变量，研究者会尽量控制这些变量，以减少它们对实验结果的干扰。本案例中被试的年龄、身体状况、学习经历等都有可能对实验结果产生影响，在实施实验时都进行了控制。

常量是指在实验过程中保持不变的条件或值，比如 A、B 两厨师都使用同一个锅做饭，那么锅就是常量。例如本案例中的被试都来自长春双阳区的一所学校，那么这所学校就可以称为实验的常量。一般情况下不需要考虑常量，大家只需了解即可。

3. 选择主试与被试

主试是实验的操纵者和控制者，一般由研究人员和教师组成。尽管实验的研究对象是被试，但主试的选择对于实验的成败也有重大的关系。为最大限度地保证实验结果的准确性，主试要求在关键特征上相同。本案例中的主试比较特殊，采用的是计算机统一训练的方式，所有测试和训练程序均通过软件编程实现，实验组和对照组主试相同。

被试需要根据研究问题和内容来选择，在论文写作中需要写明选择被试的原因以及剔除原因。本案例研究的是单词音—义连接经验对非英语母语儿童英语拼读教学的效果如何，选择了长春双阳区一所小学四年级的126名汉语母语儿童作为被试。由于年龄、身体状况、学习经历差异可能会对实验的研究结果造成一定的影响，因此被试要求平均年龄为 9.59 ± 0.32 岁，均具备正常视力和听力，无智力或行为残疾，具备一年在校英语学习经历，基本掌握26个大小写英文字母的命名和书写，并能理解基本的问候和感谢用语。

研究经东北师范大学心理学院伦理委员会批准，并获得所有学生家长的书面知情同意书。符合实验伦理。

4. 分组

分组就是将选择好的被试按照一定的条件分为实验组和对照组。实验组是指需要接受干预（即接受自变量处理）的被试集合。实验组的目的是观察干预是否产生了预期的效果，比如提高学习效率、改善教学效果等。对照组是指不做改变，保持原状态的被试集合。对照组的作用是提供比较的基准，使得研究者可以比较实验组和对照组的结果，以确定是否是干预产生的效果。

一般情况下，实验组和对照组有五种划分方式，完全随机分组、分层随机分组、区组随机分组、整群随机分组以及配对分组（详见本章第五节）。本案例根据测验分数在三组中平衡了不同分数段的人数，且每组男女人数相同。整体来看应当是先按照性别进行区组随机分组，然后再按照成绩进行区组随机分组。

5. 确定实验设计模式

实验设计模式是指进行实验时采取的策略或安排，具体需要从三个角度考虑：一是自变量的数量，二是分组方式，三是因变量的测量。本案例采用的是单因素三水平被试间设计，即单因素等组前后测（详见本章第五节）。自变量的数量为一个，有三个水平；所有被试平均分为三组；对各组的因变量都进行了前测和后测，如表5-3所示。

表5-3 单因素组间设计

组别	前测（R）	实验干预（X）	后测（R）
实验组	R_1	X_1	R_2
积极对照组	R_3	X_2	R_4
消极对照组	R_5		R_6

注：R表示单词拼读水平测验，其中，R_1、R_3、R_5分别表示不同组别被试在实验前接受单词拼读水平前测，R_2、R_4、R_6分别表示不同组别被试在实验后接受单词拼读水平后测；X表示实验干预，其中，X_1表示对被试进行词汇音-义连接训练；X_2表示对被试进行了首音辨别训练；空白表示无实验干预。

三、实施实验方案

实验的实施过程可以概括为三个步骤：前测—实验干预—后测，如表5-3所示。

1. 前测

前测又称"试测"，是指在实验干预之前对被试实施的测试，目的是对因变量的初始情况进行测量。前测与实验目标有关，比如说本案例的实验目标是验证词汇音—义连接训练是否能有效地提高被试的单词拼读水平，那么前测需要测量的就是被试的单词拼读水平。

在进行前测之前，需要选择一个合适的测量工具。不同类型的实验数据测量方式也不同，量化数据常用问卷、试题或测试量表，质性数据通常会通过观察、访谈获取。本案例中的英语单词拼读水平属于量化数据，因此，本案例利用测试题对被试在实验前的单词拼读水平进行了测试，并根据英语水平匹配测验分数，排除了2个标准差以外的被试。

前测的作用有两方面：一是确定被试在实验开始时的初始水平或能力，评估实验干预前被试间可能存在的差异，剔除不符合要求的被试。二是为后测提供一个比较的基准，以更好地说明实验干预对被试某方面心理或行为变化的效应。

2. 实验干预

实验干预是指实施实验时对自变量的操纵，也就是让实验组接受自变量的处理而对照组不做任何改变。本案例中，主试操纵自变量，让实验组接受词汇音-义连接训练，让积极对照组接受首音辨别训练，消极对照组不接受任何训练。

在实验干预过程中，需要严格控制无关变量。这是确保实验结果有效性和可靠性的关键。

本案例对无关变量做了如下控制：

（1）所有被试具备正常视力和听力，无智力或行为残疾，并具有一年在校英语学习经历，且学习水平相近。

（2）同质性检验。采用单因素方差分析，确保三组英语水平无显著差异。

（3）性别及成绩。三组的男女比例相同，成绩均衡。

（4）所有测试和训练程序均采用C++编程并呈现，防止主试的主观影响。

小贴士

什么是同质性检验

同质性检验，也称方差齐性检验，是统计学中用来评估一组数据是否来自相同总体或是否具有相同分布特性的检验方法。这种检验有助于确定数据是否足够"同质"或相似，一般情况下，实验前测中实验组和对照组如果没有统计学差异（p>0.05）则认为二者为同质的，可以进行后续的分析与比较。

常用的检验方式有 Hartley 检验、Bartlett 检验、Levene 检验。

3. 后测

后测是指在实验干预之后对被试进行的测试，目的是测量因变量的变化情况。后测和前测的差距可以揭示实验干预导致的变化程度，用于评估实验干预的效果。

本案例在实验的最后一天采用 C++ 编程测试题对学生的单词拼读水平进行了后测。

小贴士✓

前测和后测的注意事项

实验的前测和后测如果使用相同的测量工具，容易导致练习效应（被试可能因为对问卷内容的熟悉而在后测中回答得更快或更准确，导致实验效果被高估）或疲劳效应（被试可能会因为重复填写相同的问卷而感到疲劳，导致他们在后测中的注意力和努力程度下降）。

解决方案：

（1）更换问卷或测试题。在后测中使用不同形式或版本的问卷，以减少练习效应。注意保持核心内容一致。

（2）调换问卷或测试题中题目的顺序。题目不变，打乱排列顺序。

（3）改变表述方式。通过改变问题的表述来减少参与者的熟悉感，如果是数学测验还可以更改题目的数据。

四、数据收集与处理

1. 数据收集

实验数据一般是在实验过程中通过前测和后测中的量表和测验来收集，某些研究还会配合访谈法、观察法等质性评估方法来收集数据（详见本章第六节）。本案例主要采取在前后测中通过电脑生成的测试题来收集量化数据。

2. 数据处理

作为量化研究，实验法的数据通常采用 SPSS 来进行处理，一般情况下，常用方差分析和 T 检验进行实验前后组内纵向对比以及实验后组间横向对比（详见本章第六节）。本案例主要采取了正确率百分比、单因素方差分析两种数据处理方式。

由于学生作答源于短时记忆，因此只有当正确率很高时，才表明其已建立起词汇的音—义连接。因此正确率百分比统计的目的是判断在拼读教学法前，各组被试是否建立起训练词的音—义连接关系。

单因素方差分析的目的有两个：一是判断三组进行的拼读教学法训练效果是否存在显著差异。二是判断三组之间的后测单词拼读水平成绩是否存在显著差异。整体的数据分析表明有音—义连接经验的非英语母语儿童在自然拼读教学法训练中受益更多，假设成立。

4.1 想 − 想

实验设计为什么要进行前测？前测要测什么？

4.2 练 − 练

1. 请任意找两篇采用实验法的论文，根据本节所学知识，尝试在论文中标出实验法的每一步流程。

2. 某研究者想要探究"项目式教学是否能提高中学生问题解决能力"，基于该主题他设计了一个实验，请你用直接陈述、条件式陈述、比较式陈述、差异式陈述等四种方式提出该实验的假设。

（答案见本章最后）

第五节　如何设计和实施实验

只知道实验的设计流程还不够，我们还需要知道实验是如何具体实施的。比如被试如何选择？如何分组？如何选择实验模式？如何收集数据？如果你还没有答案，那么接下来我们就一起学习。

一、如何选择主试与被试

1. 选择主试

在前面提到的问卷调查法、观察法、访谈法等研究方法中，强调的都是被试如何选取，并未对主试进行太多的介绍。这是因为这些方法中主试一般都是研究者本身，且对研究过程不会造成大的影响。而实验法则不同，教育实验中的主试一般由研究人员和教师或者其他专业人员组成，需要参与并主导整个实验的过程，直接影响实验的质量和结果的可靠性，因此实验法对主试的选择也有一定的要求。比如，我们要研究"多媒体教学工具对特殊儿童语言学习效果的影响"，我们需要选择什么样的主试呢？请思考下面几个问题：既然研究特殊儿童的语言学习，能不能让普通教师做主试呢？让一个年龄40+、有着丰富经验的女教师教授实验组，让刚入职的20岁男教师教授对照组，会不会对学习效果产生影响？还有，能不能让主试自己选择教哪一组别？能不能让学生自由选择自己喜欢的老师？

很显然，这些问题的答案都是否定的。总结一下，实验主试的选择一般需要满足以下要求：

（1）专业性。主试应该对实验涉及的领域有深入的了解，包括理论知识和实践经验。能够理解实验的过程和意图，能够按照要求配合对实验过程进行操纵和控制。

（2）相似性。为最大限度地保证实验结果的准确性，要求主试在可能影响实验的关键特征上相同或相似，比如年龄、性别、学历、经验等。

（3）随机性。主试必须随机分配，以确保实验组和对照组在实验开始前在统计学上是等价的，尽可能消除无关变量的影响。

2.选择被试

被试的选择在任何一种研究方法中都是极其重要的。下面我们通过一个案例来一起分析一下选择实验被试时需要考虑的内容。

案例：《四年级孤儿小学生品格优势识别的教育干预》[①]

根据李燕燕、刘开琼以及张楚等人对孤儿心理健康状况的调查，我们发现，四年级孤儿小学生心理健康水平低于其他各年级孤儿小学生，这一学龄阶段孤儿小学生的心理发展状况值得关注。同时，四年级小学生的认知理解能力已经明显好于小学低年级学生，可以确保其能够理解心理健康教育课程的教学内容。因此，本研究选择某省孤儿学校四年级小学生作为研究对象，采用整群随机取样法，随机抽取两个班，指定其中一个班为实验班，另一个班为控制班。由于实验班与控制班均有1名因智力较低而留级的学生，其识字能力较差，因此去除这两名学生的问卷。最终有效研究对象为实验班40人，其中男生23人，女生17人；控制班39人，其中男生21人，女生18人。

思考上述案例在选择实验被试时考虑了哪些方面？考虑是否充分？

（1）研究问题的相关性。被试的选择应与研究问题紧密相关，这一点是所有研究方法的共识。本案例研究问题是"四年级孤儿小学生品格优势识别的教育干预是否有

---

① 王江洋，李媛媛，高亚华，等.四年级孤儿小学生品格优势识别的教育干预［J］.辽宁师范大学学报（社会科学版），2019，42（05）：54-64.

效",研究对象是"某省四年级孤儿小学生",直接相关,符合要求。

(2)代表性。确保被试具有代表性,也就是需要具备与研究问题相关的关键特征,这也是所有研究方法中都提到过的,此处不再详细解释。本案例研究的是四年级孤儿小学生的品格优势识别和干预(所谓品格优势是指人格中的积极力量和正向特质),因此关键特征就是"四年级小学生""孤儿",所以本案例"选择某省孤儿学校四年级小学生作为研究对象"是具备代表性的。

(3)随机性。随机选择实验被试有两个好处,一是确保每个潜在参与者都有平等的机会被选择,以减少选择偏见;二是有助于确保研究结果的普遍性。通过随机分配学生到不同的实验组或对照组,可以减少其他变量的干扰,从而提高研究的内部效度(详见本章第六节)。本案例中"采用整群随机取样法,随机抽取两个班"符合随机选择被试的要求。

(4)样本大小。要考虑研究的规模和可行性,确定适当的样本大小。实验研究的样本不必过大,一般情况下一个班级左右的人数作为一组即可,具体需要根据研究问题和条件来确定。本案例研究的是四年级小学生品格优势干预相关的问题,随机选取两个班级"其中一个班为实验班,另一个班为控制班",样本量是比较合适的。

(5)可获得性。可获得性对于实验研究来说尤其重要,因为实验通常是需要维持一段时间的,在这个时间段内研究对象必须一直参与实验或随时待命,因此必须选择容易获得并能够方便参与的被试,否则可能会影响研究的正常实施。本案例"四年级孤儿小学生"是比较容易接触的群体,可获得性没有问题。

(6)自愿性。由于实验过程会对被试进行一定的干预,根据实验的伦理原则,必须保证所有被试自愿参与、知情同意,保证其权利和隐私受到尊重。本案例没有提及这一方面,作为期刊论文来讲,可能是由于篇幅限制没有写明,因此没有太大问题,但各位读者在论文写作时最好进行简单的说明。

(7)实验要求及限制:由于被试都是随机选取或招募的,比较混杂,需要根据学生的年龄、年级、学习水平、家庭状况、健康状况等设定筛选标准,对不合适的被试予以剔除。本案例中,以"智力较低而留级、识字能力较差"为剔除标准,去掉了两名留级的被试。

3. 抽样

实验研究常用的抽样方式为简单随机抽样、分层抽样和整群抽样。

简单随机抽样最为常用,适用于总体和个体之间差异不大、没有明显分层或群体特征的情况(如研究线上教学是否开启摄像头教学对学生注意力的影响,被试学生差异不大,可简单随机抽样)。

分层抽样适用于总体可以明确划分为几个不同的、具有独特特征的子集的情况(如研究不同年龄的教师提问次数是否有显著差异,需要对被试教师按照年龄分层抽样)。

整群抽样适用于有明显群体划分的研究。如研究少管所未成年人的心理评估与干预，被试属于非常明显的单独群体，可以随机选择一个少管所进行整群抽样。本案例中孤儿学校中的学生有明显的班级群体划分，因此采用"整群随机取样法"。

并非所有被试都是抽样选取，很多实验会采取主动招募志愿者被试的方式，这在教育心理学实验中尤为常见。比如《虚拟数字人对用户在线学习效果的影响研究》[1]《数学文化教学对小学生数学观影响的实验研究》[2] 等研究均通过主动招募来获得被试。

二、如何分组

抽取完被试之后，需要选择合适的分组方法将被试进行分组。分组就是将一大群被试按照被试的某个或某些特征分成几个小组。如图 5-3 所示。

图 5-3　分组示意图

1. 完全随机分组

完全随机分组又称简单随机分组，就是通过随机数字表、抛硬币、抽签、掷骰子、计算机产生随机数等方式将被试不加区分地随机分组，是实验研究中最简单也最为常用的一种方式。完全随机分组的适用条件是所有被试必须"同质"或者近似"同质"。所谓"同质"也就是说所有被试的年龄、学历、家庭情况及其他可能影响研究结果的关键特征是相同或相似的。

比如，前文我们提到的研究线上教学是否开启摄像头教学对学生注意力的影响，该研究中的被试就适合采用完全随机分组。假定被试池为 100 名学生，将学生编号为 1 到 100，然后用计算机随机抽取其中的 50 个编号，这 50 个编号对应的学生被分配到实验组，剩下的 50 名学生则成为对照组。

2. 分层随机分组

完全随机分组虽然简单、易操作，但并非适合所有研究。比如研究两种教学方式对学生学习编程速度的影响，其中自变量是两种教学方式，因变量是学生学习编程的速度。正常来讲，学习编程的速度应当只受到不同教学方式的影响，但由于男生和女

① 赵一鸣，郑乔治，沈校亮.虚拟数字人对用户在线学习效果的影响研究［J］.现代情报，2024（01）：24.
② 张辉蓉，张桢，裴昌根.数学文化教学对小学生数学观影响的实验研究［J］.教育研究与实验，2020（02）：70-75.

生可能思维方式不同，性别差异很可能导致学习速度不同。假定被试池中共有 60 名男生，40 名女生，用完全随机方法选取的被试实际性别分布可能如图 5-4 所示，与理想性别分布状态（图 5-5）有非常大的差异。在这种情况下，可能最终实验结果显示实验组与对照组学习速度确实有差异，但事实上，这种差异可能不是由教学方式引起的，而是由于性别分布不均衡所导致的。

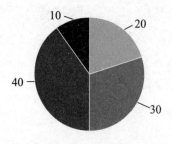

图 5-4　完全随机分配实际性别分布

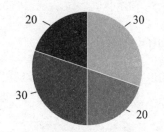

图 5-5　完全随机分配理想性别分布

这种情况可采用分层随机分组方式。

首先，需要按照性别因素进行分层，形成 2 个小组：一组有 60 名男生，另一组有 40 名女生。其次，在这 2 个小组中，将被试按照完全随机的方式分为实验组和对照组。最后，将所有的实验组和对照组合并，形成新的实验组和对照组。整个分层随机分组过程如图 5-6 所示。

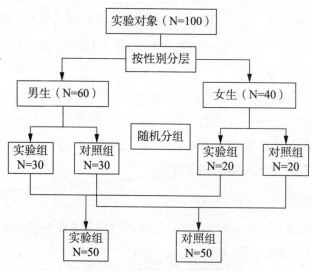

图 5-6　分层随机分组过程示意图

分层随机分组是根据一个或多个可能对实验结果产生重要影响的变量（如年龄、性别、文化程度等）将被试分成不同的层，然后在每个层内进行完全随机分组，形成小的实验组和对照组，最后所有小实验组融合成一个大实验组（对照组同）。这样做的目的是确保每个层内实验组和对照组在关键因素上的分布是相似的，从而减少这些变量对实验结果的潜在影响。

分层随机分组适用条件是研究对象存在明显差异，完全随机分组可能造成这种差异在不同组别中不均衡从而使研究结果出现偏差，当研究者已知某些因素可能会影响研究结果，并且希望在实验开始前就平衡这些因素时，分层随机分组是合适的。

3. 区组随机分组

还是上文的案例，即使经过分层随机分组之后排除了性别的影响，原始编程水平也可能影响学习速度，因为编程基础较好的学生可能学习得更快。同性别内完全随机分组也难以保证平均分配，这时又该怎么办呢？我们可以采用区组随机分组方式。

首先，还是按照性别因素进行分层（得到男生和女生两层）。其次，在男生和女生中，按照编程成绩区组分组（假设经分析发现每25名左右学生为一个成绩梯度，梯度内部成绩差异较小）。为方便起见，男生中前30名为一个区组，后30名为一个区组；女生中前20名为一个区组，后20名为一个区组。最终形成4个小组：第一组，成绩前30名的男生；第二组，成绩后30名的男生；第三组，成绩前20名的女生；第四组，成绩后20名的女生。之后在每个小组内将被试按照完全随机的方式分为实验组和对照组。最后，将所有的实验组和对照组分别合并，形成新的实验组和对照组。整个区组随机分组过程如图5-7所示。

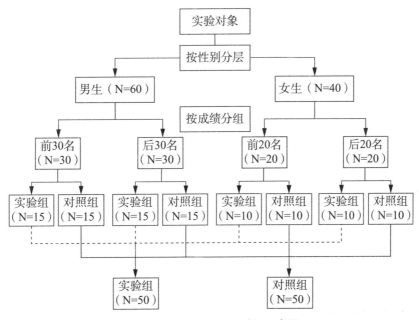

图 5-7 区组随机分组过程示意图

4. 整群随机分组

整群随机分组就是以现成的群体作为一个单元被随机分配，不考虑其中的单个个体。群组内的所有成员接受相同的实验条件，要么都是实验组，要么都是对照组。比如《小课间室内积极体育活动对初中学生社会交往能力的影响研究》[1]中，被试为×校初中的两个班级，随机分配其中一个班级为实验组，另一个为对照组。该案例之所以采用整群随机分组，是因为学生之间存在以班级为单位的自然聚集情况，很难随机分配每个个体。而且一般情况下班级与班级之间差异比较小，班内差异比较大，因此更适合以群体为单位分组。

整群随机分组适用于以下几种情况：个体之间存在自然聚集或群组结构的情况（如学校、社区、班级、医院病房等），且群体之间差异较小；由于伦理、资源有限或其他原因，难以对个体进行随机分配；当干预措施具有集体性质，是针对整个群组而非单个个体时，如学校教育项目或公共卫生干预。整群随机分组的一个关键优势是方便，适合大规模研究。然而，这种方法也有其局限性，比如被分配到不同组的整群之间可能有较大差异，从而需要更大的样本量来检测干预效果。此外，如果群体内部的同质性不高，整群随机分组可能会导致结果的偏差。

整群随机分组的过程非常简单，根据实验目的确定需要抽取的群组特征，据此随机抽取 2X 个群组，随机指定其中 X 个为实验组，剩下的 X 个为对照组即可。

5. 配对分组

配对是一种在实验前对被试进行预先选择和组合的方法，将被试按一定的相似条件配对（年龄、性别或其他关键特征，可以是多个特征），确保实验组和对照组在某些关键特征上的相似性。每一对中的一个成员被随机分配到实验组，另一个被分配到对照组，对配对后的相似对象进行不同的干预，以此来更准确地评估处理效果。配对分组对于减小实验组和对照组在实验开始前可能存在的差异是最有效的，常用于个体差异对实验结果影响比较大的实验。不过配对过程虽然比较简单，但需要反复地重复配对操作，因此只适合小样本研究。

比如《数学文化教学对小学生数学观影响的实验研究》[2]中学生一开始的数学观差异可能会对实验结果造成较大的影响，因此该研究先对四年级所有学生进行前测，抽取实验组以外的其余 42 名学生，按照数学观总分相差 3 分以内的原则与实验组学生一一进行配对组成对照组。也就是说，每将一个学生分配到实验组，研究者就会通过前测成绩找到一个分数相差不超过 3 分的学生分配到对照组。这样配对后，两组学生

---

① 黄小芳. 小课间室内积极体育活动对初中学生社会交往能力的影响研究 [D]. 重庆：西南大学，2023.
② 张辉蓉，张桢，裴昌根. 数学文化教学对小学生数学观影响的实验研究 [J]. 教育研究与实验，2020（02）：70-75.

的起点就比较接近，可以更准确地比较自变量的影响。此外，为了进一步检验配对分组后的成员是否均匀分布，该研究还在实验前对实验组与对照组进行配对样本检验，结果显示两组差异不显著，由此可见，配对分组的结果还是比较均衡的。

表 5-4　常用分组方式概括总结

分组方式	操作步骤	适用范围
完全随机分组	1. 编号 2. 获取随机数字 3. 根据数字随机分组	所有被试必须同质或者近似同质
分层随机分组	1. 确定分层变量 2. 分层 3. 层内完全随机分组 4. 相同组合并	实验对象存在明显分层 分层因素分布均衡可能影响实验结果
区组随机分组	1. 确定分组基线特征 2. 分成数量相同的组 3. 组内完全随机分组 4. 相同组合并	重要因素分层完毕后，剩下次要特征的不均衡仍有可能影响实验结果
整群随机分组	1. 确定群组特征 2. 随机分配 3. 随机确定实验组和对照组	自然群组结构 / 难以随机分配个体 资源限制 / 干预措施的集体性质
配对分组	1. 按相似条件配对 2. 随机平均分配每对中的成员	个体差异对实验结果影响比较大的小样本研究

三、实验设计模式如何确定

常用的实验模式有以下几个。

1. 单组前后测

为了便于讲解和理解，让大家在学习的时候易于区分，我们先了解几个代表符号。

> O——被试组　　　　X——自变量　　　Y——因变量
> XO_1——干预被试组 O_1　–——不做处理　　R——前测 / 后测

单组实验一般常见于前实验中，即在没有对照组的情况下，一个自变量 X 只在实验组 O_1 上施加作用。过程如下：第一，在进行实验干预前，进行前测 R_1，对因变量的初始情况进行测量；第二，进行实验干预 XO_1；第三，进行后测 R_2，根据两次因变量的测量结果的比较得出实验结论。

实验模式实例可参考《VR辅助口译教学效果及影响因素研究》[1]。该案例的实验对象为22名英语专业大四学生，自变量为是否使用VR辅助教学，因变量为口译教学效果。由于学生人数有限，以及教育公平相关伦理要求，该案例未采用对照组。在学期课程开始前被试先参加交传口译前测，经过一学期VR介入口译教学后再参加交传口译后测，操作过程如表5-5所示。

表5-5　单组前后测

组别	前测	实验干预	后测
O_1	R_1	XO_1	R_2
实验组22名英专生	交传口译前测	VR介入口译教学	交传口译后测

2. 单因素等组前后测

单因素等组前后测是指在自变量只有一个的情况下，两个或两个以上相似的组 O_1、O_2……之间的实验设计。过程如下：

第一，随机将被试分为实验组 O_1 和对照组 O_2。

第二，对所有组进行前测，R_1、R_2 分别表示 O_1、O_2 的前测结果。

第三，进行实验干预。O_1 作为实验组，接受实验干预 XO_1，O_2 作为对照组，不接受实验干预。

第四，对所有组进行后测。R_3、R_4 分别表示 O_1、O_2 的后测结果。

实验模式实例可参考《数字阅读：电子书对小学生语文阅读能力的影响》[2]。该案例的实验对象为D小学实验班60名学生，自变量为是否使用电子书阅读，因变量为语文阅读能力。研究者将60名学生随机分为两个组，一组作为实验组，一组作为对照组。实验开始前，先对实验组和对照组进行传统纸质阅读测试以保证两组阅读水平相近。之后，实验组使用电子书进行阅读学习，对照组使用纸质书进行阅读学习。每周进行一轮测试，测试题相同，测试短文提供电子版本和纸质版本，实验组阅读电子版本后作答，对照组阅读纸质版本后作答。操作过程如表5-6所示。

表5-6　单因素等组前后测

组别	前测	干预	后测
O_1 实验组	R_1	XO_1	R_3
	自编试题测试 （学生阅读纸质版本短文）	使用电子书阅读	自编试题测试 （学生阅读电子版本短文）

① 胡萍萍，夏蓉. VR辅助口译教学效果及影响因素研究［J］. 外语电化教学，2023（03）：86-92+125.
② 樊敏生，武法提，王瑜. 数字阅读：电子书对小学生语文阅读能力的影响［J］. 电化教育研究，2016，37（12）：106-110+128.

组别	前测	干预	后测
O₂ 对照组	R₂	–	R₄
	自编试题测试（学生阅读纸质版本短文）	不做处理，继续使用学校配发的纸质书	自编试题测试（学生阅读纸质版本短文）

3. 多因素等组前后测

多因素等组前后测和单因素等组前后测类似，区别在于后者只有一个自变量而前者有两个或两个以上自变量（X_1，X_2），且每个自变量都至少有两个水平（X_1：A_1A_2；X_2：B_1B_2）。不同自变量不同水平的组合被称为实验干预，在这种情况下实验干预有四种，分别为 A_1B_1、A_1B_2、A_2B_1、A_2B_2。这种设计用于评估多个独立自变量对因变量的影响，其操作过程如下：

第一，尽可能随机地将被试分组。分组数量≥自变量不同水平组合数量，即如果自变量不同水平组合有四个，那么就应当至少有 O_1、O_2、O_3、O_4 四个组别。

第二，对所有组进行前测，R_1、R_3、R_5、R_7 分别表示各组的前测结果。

第三，进行实验干预。O_1 接受实验干预 A_1B_1，O_2 接受实验干预 A_1B_2，以此类推。

第四，对所有组进行后测。R_2、R_4、R_6、R_8 分别表示各组的后测结果。

实验模式实例可参考《身体由我？肥胖谈论对大学生身体意象的影响》[①]。该案例以多因素实验设计的方式探讨生物因素、心理因素和社会因素对大学生身体意象的协同作用。由于自变量较多，该案例做了两个实验，我们主要分析实验 2 探讨肥胖谈论与自我接纳对大学生身体意象的交互作用。实验对象为 120 名大学生。采用 2×2 的多因素设计，自变量为肥胖谈论（水平 1：有肥胖谈论；水平 2：无肥胖谈论）和自我接纳（水平 1：高自我接纳；水平 2：低自我接纳），因变量为身体意象分值。

首先对被试进行自我接纳测验，按照测验分数区分高、低自我接纳被试并分组，最终被试分配结果为：

实验 A 组：有肥胖谈论 + 高自我接纳；

实验 B 组：有肥胖谈论 + 低自我接纳；

对照 A 组：无肥胖谈论 + 高自我接纳；

对照 B 组：无肥胖谈论 + 低自我接纳。

实验开始前，所有被试均接受身体意象前测。实验开始后，实验 A、B 组观看肥胖主题相关视频，之后主试与被试进行有关肥胖的谈论。对照 A、B 组观看旅游主题

---

① 王春梅，黄乐陶. 身体由我？肥胖谈论对大学生身体意象的影响［J］. 心理技术与应用，2024，12（02）：65–74.

相关视频，之后主试与被试进行有关旅游的谈论。谈论后再对被试进行身体意象后测。操作过程如表 5-7 所示。

表 5-7　多因素等组前后测

组别	前测	实验干预	后测
O₁ 实验 A 组	R₁ 身体意象前测	A₁B₁ 高自我接纳者观看肥胖主题视频， 参与肥胖谈论	R₂ 身体意象后测
O₂ 对照 A 组	R₃ 身体意象前测	A₁B₂ 高自我接纳者观看旅游主题视频， 参与旅游谈论	R₄ 身体意象后测
O₃ 实验 B 组	R₅ 身体意象前测	A₂B₁ 低自我接纳者观看肥胖主题视频， 参与肥胖谈论	R₆ 身体意象后测
O₄ 对照 B 组	R₇ 身体意象前测	A₂B₂ 低自我接纳者观看旅游主题视频， 参与旅游谈论	R₈ 身体意象后测

4. 时间序列设计

教育具有滞后性，同样地，有的教育实验也具有滞后性。比如，研究运动对青少年戒掉网瘾的效果。戒掉网瘾最重要的就是长期保持，因此要想更真实地反映实验效果，仅靠干预结束之后的一次观察测量是不够的。那么如何解决这个问题呢？这时候就需要采用时间序列设计实验，过程如下：

第一，随机地将被试分组。

第二，各组进行一次或多次前测。

第三，进行实验干预。

第四，各组在一定时间内多次跟踪测量，看干预后较长一段时间内的测试结果是否比较稳定。

概括地讲，时间序列设计就是对一个实验组进行长期、多次的反复测量，记录多次的实验结果，从而判断自变量是否真正地产生效果的实验设计模式。实验模式实例可参考《自闭症儿童养育者育儿自我效能感的整合性沙盘游戏干预研究》[①]。该案例的被试为在养育中因缺乏胜任感而主观感受痛苦且有意愿、有时间配合的养育者两名，自变量为"整合性沙盘游戏干预"，因变量为"育儿自我效能感"，具体操作过程及结果如表 5-8 所示。

---

① 刘畅. 自闭症儿童养育者育儿自我效能感的整合性沙盘游戏干预研究［D］. 大连：辽宁师范大学，2020.

首先，采用中文版《育儿自我效能感测量工具》对被试的育儿自我效能感进行测试，测试每周1次，共进行5周。

其次，对被试进行个体整合性沙盘游戏干预，每周1次，每5次干预之后采用中文版《育儿自我效能感测量工具》测量被试的育儿自我效能感水平，直至被试主诉已不再感到育儿自我效能感偏低且主试也认为可以停止干预为止。

表5-8　时间序列设计

被试	前测					第一轮实验干预	后测	第二轮实验干预	后测	第三轮实验干预	后测
	R1	R2	R3	R4	R5		R6		R7		R8
1	4.52	4.60	4.48	4.55	4.45	XO_1–XO_5	5.62	XO_6–XO_{10}	6.03	XO_{11}–XO_{15}	6.98
2	5.83	5.88	5.81	5.89	5.80	XO_1–XO_5	6.65	XO_6–XO_{10}	7.08	XO_{11}–XO_{15}	7.85

时间序列设计有其局限性，该实验设计所需的时间成本和人力物力成本比较高，不容易成功完成；而且多次反复实验容易造成被试的疲劳或者习惯化，从而影响实验效果。

除了常用的这些实验设计模式之外，还有拉丁方设计、所罗门设计、交叉设计等，感兴趣的读者可以在B站搜索进一步地学习。

四、实施实验的基本原则

1. 实验假设要清晰

实验假设是研究的出发点。前面我们提到过，实验假设其实就是一个命题，而命题就是陈述一个事实、观点或判断。因此，假设必须是具体的、可检验的，这样才能设计出合适的实验来验证。比如表5-9中，不管是"特定运动训练"还是"BMI"含义都是唯一的，BMI也是可以用公式来测量计算的，整个假设也是用肯定的表述，所以该假设是合理的。而反例中的表述就存在很多问题，"进行锻炼"，什么行为属于锻炼？"变得更健康"，什么才是更健康？这些都没有进行界定，而且也无法测量。此外"可能会"这个表述既不是肯定也不是否定，模棱两可，无论实验结果如何，都不能推翻这个假设。

表5-9　假设表述正反例

	假设表述
正例	接受特定运动训练程序12周后，个体的平均体重指数（BMI）会比未接受该训练的个体更接近正常值。
反例	进行锻炼的人可能会变得更健康。

2. 实验变量需明确

实验是客观的，要进行严格的操纵和控制。因此，自变量一般都是具体的（学习时间等），其意义、数量、水平都必须是确定的。因变量可能会出现比较抽象的概念（如教学效果、幸福感等），但也要通过具体可测的指标进行测量分析，否则就无法统计最后的结果。因此，实验变量必须明确，无法明确的变量不适合做实验研究。比如表5-9的案例中，正例假设中自变量为"特定运动训练"，因变量为"平均体重指数（BMI）"，两个变量都是具体、明确、可测量的。而反例中自变量为"进行锻炼"，但具体做哪些锻炼没有明确，无法准确地控制自变量；因变量为"变得更健康"，没有明确的测量指标，非常的主观，显然这种不明确的变量是无法开展实验的。

3. 实验设计要合理

首先要充分考虑实验的目的、条件、内容等，选择合适的实验模式，比如自变量有多少个？怎么分组？共有多少组别？选择哪种实验模式更合适？其次要随机选择被试，还要保证被试处于正常状态（避免恐惧、疲劳或紧张等）。此外，实验测量工具也要合理选择，质性数据和量化数据的测量需要采用不同的方式，应选取最恰当的方式以便减小误差。

4. 控制变量要严格

通常意义上控制变量都是指对无关变量的控制。要尽可能地将无关变量排除在外，对于无法排除的干扰，需要将其影响降到最小。控制无关变量的方法有很多，比如前文经常提到的随机化、双盲法、重复试验，等等。此外，还有恒定法、消除法、协方差分析法等，如表5-10所示。

表5-10　控制无关变量的方法

控制方法	定义与操作	举例
恒定法	恒定法涉及在实验过程中保持所有无关变量在恒定的水平上，也就是在所有组别中保持它们的一致性。	比如探究教室内的颜色对学生注意力的影响，那么墙壁颜色就是自变量。恒定法就是将所有参与实验的教室的装饰、光线强度和温度等无关变量恒定化，也就是教室内除了墙壁颜色其余都一样，以确保这些因素不会影响学生的注意力。
消除法	消除法是通过完全去除或排除潜在的无关变量来控制它们。通常在实验设计中难以实现，因为需要研究者识别和消除所有可能的外部影响。	比如研究传统讲授法和探究式教学对学生成绩的影响，那么教学方式就是自变量。消除法就是将其他无关变量比如授课内容的不同、教师的不同影响等消除，比如两个班级由同一个教师教授同一课时。

控制方法	定义与操作	举例
协方差分析	在数据分析阶段，使用统计方法将无关变量作为协变量，调整其对结果的影响。	比如比较三种语文阅读教学方法对初中学生语文阅读成绩的影响，在某校初二年级随机选择三个班接受这三种不同的阅读教学方法，并测量学生在实验前和实验后的语文阅读成绩。在这里，三个班的选择偏差可能会影响实验的内部效度，实验组后测的得分差异有一部分可能是受前测得分差异的影响，即前测时得分高，后测得分也高，反之亦然。因此，需要采用协方差分析控制语文阅读前测得分对语文阅读后测得分的影响。

5. 实验结果可重复

一个令人信服的实验必然是可重复实现的，如你在 A 学校验证了一种新的教学方法能显著提高学生的数学成绩，那么理论上同等条件下在 B 学校也同样能够实施这个实验并且应当得到同样的结论。如果在 B 学校实施相同的实验，但得到的结果与 A 学校相反，那么这个实验结果的可靠性就值得怀疑。

6. 伦理问题最关键

教育实验研究一般都是以人，尤其是学生为研究对象，必须坚持以人为本的原则，尽可能避免造成不良影响。比如要做到保护参与者的隐私，对收集的个人信息进行保密处理，未经允许不得泄露；参与者在参与实验前应被充分告知实验的目的、过程、潜在风险和益处，在完全知情同意的基础上参与实验；实验要合理地评估风险，不能影响学生的身心健康，等等。

5.1 想一想

请阅读下面的案例，分析一下该案例在实验对象选择方面考虑的是否周全，并给出你的理由。

研究问题：是否可以通过训练有效地减轻初中三年级学生考试焦虑的程度。

实验对象：选取太原市某中学初三年级学生作为实验对象，初三年级学生即将面临着初中学业水平考试，学习压力非常大，导致他们的考试焦虑程度也非常高，因此他们的心理健康状况是非常值得我们关注的。本次实验前，我们选用《中学生考试焦虑量表》对学生先进行一个入组前的筛选测试，本次研究主要对学校初三年级在校生 212 人进行随机筛选。本次入组的同学均通过测试，考试焦虑得分均大于 50，同时为了减少其他因素的干预，所有入组的同学均报告自己没有严重的心理疾病或者身体疾病，以免这些成为较大的干扰因素。按照入组条件，在男女比例尽量相同的情况下，将实验对象分为4组，每组30人，其中包括三个实验组与一个对照组。

5.2 练一练

1. 判断下列实验研究更适合采用哪种分组方式。

（1）研究不同时间段（上午/下午）上体育课对学生的体育热情是否产生影响。

（2）探究特殊教育环境中多感官干预对自闭症儿童社交技能的影响。

2. 判断下列实验研究属于哪种实验设计模式。

（1）研究者对某班级的学生进行了一次教学方法的干预，并在干预前后进行了测试，没有设置对照组。

（2）研究者评估了两种不同教学策略（A和B）和两种不同的学习环境（1和2）对学生学习成绩的影响，被试平均分为四个组，每组接受不同的处理。

（3）研究者对一个班级的学生进行了为期一年的多次教学干预，并在每个月结束时进行测试，以评估教学干预的长期效果。

3. 假设你要进行一个教育干预研究，目的是评估一个新的教学方法对学生数学成绩的影响。说明如何设计这个实验，包括被试的选择、分组、干预措施、实验模式以及如何确保实验的有效性和伦理性等。

（答案见本章最后）

第六节　如何收集和处理实验数据

一、如何保证实验数据的有效性

保证实验数据的有效性就是保证实验的效度。实验效度反映了实验的真实性、准确性和有效性程度，是衡量实验是否可靠的一个关键指标。实验效度包括内在效度和外在效度。为了便于大家理解，先给大家提供一个简单的类比。

班级要举行一个绘画比赛，老师想知道哪种颜色的画笔能让孩子们的画作最漂亮。这里就涉及了实验的两个重要概念：内在效度和外在效度。

内在效度：在绘画比赛中，老师想知道是不是因为用了某种颜色（比如绿色）的画笔，大家的画才变得更好看。内在效度就是要确定如果画变好看了，真的是因为用了绿色的画笔，而不是其他原因，比如那天心情特别好，或者画画时光线特别好，等等。

外在效度：就像是考虑班级的绘画比赛结果能不能代表全校的绘画情况。外在效度就是要确定如果班级的绘画比赛结果说绿色的画笔最好，那这个结果是不是也能适用于其他班级，甚至其他学校的学生。

简单来说，内在效度就是确定我们的实验结果是不是真实反映了我们想研究的东西，没有被其他因素干扰。而外在效度就是确定我们的实验结果能不能推广到更广泛的情况。就像绘画比赛一样，如果画作漂亮确实是因为画笔颜色，不是其他偶然因素影响的，那么内在效度就很高；如果这个结果也能适用于其他班级，那么外在效度就很高。

如果说内在效度奠定了研究的基础，那么外在效度就拓展了研究的范围，二者同等重要，缺一不可。不同的是，二者存在方向上的差异，前者侧重深度而后者着重广度。下面我们来从理论的角度区分一下内、外在效度以及它们的影响因素。

1. 内在效度

内在效度主要衡量实验准确程度的问题，即实验设计能否有效地控制变量，从而判断实验结果是否可靠。比如说，如果一个实验设计，除了研究者所控制的实验变量外，还有其他变量也影响因变量的变化，研究者就无法正确解释所得的实验结果，那么该项实验设计的内在效度就很差。

比如，一项研究要测量室温与问题解决能力之间的关系。在保持问题难度不变的情况下，进行了如下实验操作：将一组被试 60 人安排在摄氏 20 度的房间中，然后升温至 30 度，再升至 35 度，每一温度下都给出问题让被试解决，并测量他们的成绩。结果显示：温度上升时成绩就下降。实验结果很明确，但结果的解释却出现了不确定性，因为成绩的下降可能是温度上升引起的，也可能是被试在连续作业中产生疲劳引起的，这两种解释就使内在效度受到了影响。而后研究者对实验进行了改进：在每种温度下使用一个独立的被试组，以期排除疲劳因素的影响。首先将第一组 20 人安排在 20 度条件下参加实验，接着是第二组 20 人安排在 30 度条件下参加实验，最后的一组 20 人安排在 35 度条件下参加实验。结果仍显示"温度上升时成绩下降"，此时才能证明问题解决能力确实与室温有关。

具体细分的话，内在效度可分为设计效度、实施效度、统计检验效度、内部一致性等。实验研究中，影响这些内在效度的因素主要有：样本分组不均衡、主试不对等[①]、被试的自然成长、前测对后测的影响、未严格控制无关变量、测量误差等。(具体

---

① 主试不对等是指实验中不同组别的主试在实施实验操作时存在差异。

分类及影响因素可参考《教育实验内部效度三题》[1]）

2. 外在效度

外在效度直接影响结果的可推广性，即实验结果是否适合于推广应用，能否做到对同类事物现象作解析、预测和控制。如果实验结果只适用于某一范围（如环境、学科、性别等）而不能推广到其他同类事物现象，则表明其外在效度比较差。

比如，北京市 × 小学开展了这样一项实验，研究小学生在课堂上使用平板学习是否会提升学习效率。过程如下：选取北京 × 小学六年级学生 100 人，随机分为两组，实验组在课堂上使用平板学习，对照组不使用。两组初始学习成绩相当，教学内容进度相同，教师水平相同。最终实验数据表明课堂上使用平板学习确实会提高学习效率。然而，该研究忽视了两个很大的问题：一是抽样样本为六年级学生，不能代表所有的小学生，低年级小学生有可能因为不会使用平板或自控力差而降低学习效率，所以样本不具备代表性；二是北京市的小学生通常拥有较好的学习资源和家庭条件，而农村学校或城镇普通小学的学生可能没有同样优越的学习环境或对电子设备的熟悉度，因此研究结果可能无法推广到其他类型的学校。以上两点就导致该研究的外在效度不高，需要在更多样化的教育环境中抽取更多的样本进一步验证教学工具的有效性。

具体细分的话，外在效度可以分为总体效度和生态效度。实验研究中，影响这些外在效度的因素主要有：被试缺乏代表性、抽样范围不合理、样本数量太少、实验环境过于苛刻等。（具体分类及影响因素可参考《教育科学研究方法》[2]）

在进行实验设计时，必须考虑使实验效度达到一定的要求。那么，如何才能提升内、外在效度，保证实验的有效性？综合来看，可以从以下几点入手：

（1）提前培训实验人员。提前培训主试（如有需要被试操作的地方也要提前培训被试）以及其他实验相关人员，避免实验过程出现操作不当等问题。

（2）进行最佳实验设计。被试的选择、抽样（方式、数量、范围）、分组方式、实验设计模式、测量工具等都应当结合研究目的按要求进行合理选择。

（3）进行最佳实验控制。运用盲法（单盲、双盲），避免主观影响；运用恒定法、消除法、协方差分析法等充分控制无关变量；实验环境要尽可能地贴近生活，避免出现控制过度、脱离实际的情况。

（4）严格遵守实验原则。

（5）重复测量。对相同参与者进行多次测量，以评估干预的一致性。

（6）跨情境验证：在不同的条件或情境下重复实验，以验证结果的一致性。

下面我们来看两篇论文案例。

---

[1] 杨银付.教育实验内部效度三题［J］.教育研究与实验，1991（01）：55-59.
[2] 胡中锋.教育科学研究方法［M］.北京：中国人民大学出版社，2018.

在《角色互换游戏对幼儿亲社会行为的影响：亲子关系和教养方式的作用》[①] 一文中，研究者提出在未来的实验中可以采取"跨情境验证"的策略来提升外在效度。一开始实验中角色互换游戏只呈现了两个，未来可采用一系列的角色互换游戏来作为实验材料，可以更好地模拟幼儿在不同社交场景下的行为，同时考察其对亲社会行为的叠加效应，从而使得研究结果更具有普遍性。

在《核心素养背景下高中数学探究式教学策略研究》[②] 一文中，研究者采用"进行最佳实验控制"的策略来提升内在效度。研究者提出在课时安排、教学内容上保持一致，授课教师均为同一人，前、后测测试卷保持同质，且测试卷子均由高一年级组数学教师共同批改。从多个角度严格控制无关变量，从而使得研究结果更加准确、可靠。

> **◀ 小贴士 ✓**
>
> 教育实验中容易出现的几种效应，为保证实验数据的信、效度，需要尽量避免该效应的产生。
>
> （1）霍桑效应：师生意识到正在开展实验，产生新奇感与优越感，从而以积极态度大力投入，表现会比平时更好。
>
> （2）约翰·亨利效应：对照组得知将与实验组比高低，从而激发好胜心和学习热情，使得成绩比实验前有显著提高。
>
> （3）皮格马利翁效应（罗森塔尔效应）：教师对学生的先入为主的主观看法会影响学生的自信与进步。

二、如何收集数据

收集实验数据实际上应当记录所有实验条件和变量，包括任何可能影响实验结果的因素。本书只讨论对于实验干预效果数据的收集。

干预效果其实就是因变量的变化情况，收集干预效果数据的方式很多种，首先要判断干预效果数据是质性数据还是量化数据，然后才能使用适当的工具和技术进行数据收集。量化数据（如学习成绩、身体指标等）可采用量表和实验设备作为测量工具，质性数据（如心理状态、攻击行为等）可通过量表、观察等收集数据。

1. 量表测量

测量一般用于量化数据，实验常用的测量工具包括问卷、量表、心理测试、试题

---

① 孔艳琪.角色互换游戏对幼儿亲社会行为的影响：亲子关系和教养方式的作用［D］. 重庆：西南大学，2023.

② 赵雅倩.核心素养背景下高中数学探究式教学策略研究［D］. 昌吉：昌吉学院，2023.

等。比如《初一孤儿学生品格优势教育干预及其对心理健康的促进》[①]一文中，就采用了"中学生品格优势问卷""生活满意度量表""抑郁量表"来收集数据，测量学生干预后的心理健康状况。需要注意的是，任何工具都不可能做到100%的准确，因此需要合理选择、设计和正确使用测量工具，如问卷设计的合理性、测验试题设计、评分标准的掌握，等等，尽量使误差降到最低限度，以减少测量误差对实验结果的干扰。

2. 仪器测量

在教育心理学实验中，还常用到各种设备仪器（如传感器、记录器、计算机软件等），比如有些实验会涉及被试身体的生理反应，可能需要收集心率、血压、脑电波等生理数据。

3. 观察

在观察法中，我们提到过实验观察，事实上，实验观察可以说是实验研究的一部分。通过在实验进行的过程中观察、记录被试的行为表现变化从而获取数据资料。

三、如何进行数据的统计处理

实验数据统计处理的办法通常是用描述性统计的方法把反映结果的原始资料用列表加以表示，再选择适合论证实验目的的统计方法对有关资料进行统计和处理。一般常用T检验、方差分析、卡方检验等几种统计方式。[②]

（1）T检验一般用于自变量只有两个水平时，检验自变量的两个水平对因变量的影响。判断标准为：$P>0.05$表示两组间没有显著差异，即自变量对因变量没有影响；$P<0.05$表示两组间存在显著差异，即自变量对因变量有显著影响。

（2）方差分析一般用于自变量有两个以上水平时，检验不同水平的自变量对因变量的影响，常用的有单因素方差分析、多因素方差分析和重复测量方差分析。具体如下：

● 单因素方差分析适用于只有一个自变量的情况，其判断标准为：$P>0.05$表示各组间没有显著差异，即自变量对因变量没有影响；$P<0.05$表示各组间存在显著差异，即自变量某水平对因变量有显著影响。

● 多因素方差分析适用于有多个自变量的情况，检验因变量是否受到不同自变量及其交互作用的影响。其判断标准为：P值判断标准同单因素方差分析；F值用来检验因素交互作用对因变量影响的程度。F值越大，表明交互作用对因变量的影响越显著。

● 重复测量方差分析适用于判断各组组内前后测是否存在显著差异。其判断标准

① 王江洋，刘小萌，高亚华，等.初一孤儿学生品格优势教育干预及其对心理健康的促进［J］.辽宁师范大学学报（社会科学版），2023，46（06）：91-101.
② 可参考：周俊.问卷数据分析（第2版）［M］.北京：电子工业出版社，2020.

为：如果实验组 P>0.05，表示组内前后测结果没有显著差异，即自变量对因变量没有影响；反之，实验组 P<0.05，表示组内前后测结果存在显著差异，即自变量对因变量有显著影响。如果对照组 P<0.05，表示对照组组内前后也有显著差异，说明因变量的变化不是由自变量引起的，而是可能受到其他未控制因素的影响。

（3）卡方检验一般用于检验两个分类变量之间是否存在显著的关联性。其判断标准为：p<0.05，则认为两个分类变量之间存在显著关联；p>0.05，则认为两个分类变量之间不存在显著关联。

例如《4-6 岁儿童模式能力发展及其干预研究》[①] 一文，研究问题为"教育干预是否能够促进儿童模式能力的发展"，实施处理前后对被试施测采用同一份《早期数学能力测试（第三版）》测查儿童的数概念与运算能力及模式能力。最终数据采用 T 检验、重复测量方差分析、卡方检验三种统计方式进行处理。T 检验的目的是检验各组在前测和后测中能力各维度的组间差异；重复测量方差分析的目的是检验各组在前测和后测中能力各维度的组内差异；卡方检验的目的是判断两个实验组儿童在模式抽象和核心单元识别任务上的错误类型方面，以及模式抽象的自我解释方面是否存在显著差异。

四、实验结论如何撰写

撰写实验结论就是根据实验统计数据说明假设是否成立，并讨论结果的意义、限制以及未来研究方向等。实验结论的撰写并不难，但要注意实验结论可能存在多种情况。

证实假设：实验结果与研究假设一致，表明自变量对因变量有预期的影响。

证伪假设：实验结果与研究假设相反，表明自变量对因变量没有预期的影响。

部分证实假设：实验结果部分支持研究假设，表明自变量对因变量有一定影响，但这种影响可能不如预期的强烈或在某些条件下才成立。

部分证伪假设：实验结果部分反对研究假设，表明自变量对因变量的影响存在，但与预期的方向或强度等不符。

有读者可能还是不理解，到底什么是部分证实假设，什么是部分证伪假设，我们来看个简单的例子。

案例 1——部分证实假设：一个研究旨在探究音乐训练对儿童语言能力的影响。研究假设为接受音乐训练的儿童在语言能力上会有显著提高。实验结果显示，接受音乐训练的儿童在某些语言能力方面（如音节识别）确实有所提高，但在其他方面（如词汇量）则没有显著差异。这种情况下，可以得出结论认为实验部分证实了假设，即音乐训练对语言能力的影响存在，但仅限于特定领域。

---

① 田方 . 4-6 岁儿童模式能力发展及其干预研究［D］. 上海：华东师范大学，2021.

案例2——部分证伪假设：假设研究者想要探究高强度体育活动是否能缓解高中生的学业压力，并假设高强度体育活动能够显著缓解高中生的学业压力。实验结果表明，高强度体育活动确实能缓解高中生的学业压力，但这种影响在不同性别的学生中表现不同。男生的学业压力水平显著下降，而女生的学业压力水平反而上升。这种情况下，可以得出结论认为实验部分证伪了假设，因为干预的效果与预期的一致性在性别这一条件下出现了差异。

一般情况下，论文中最常见的是证实假设和证伪假设。如果出现部分证实或证伪假设，可以抽取其中某些维度再进行实验验证。总之，实验结论的撰写是一个综合性的过程，它要求研究者不仅要关注实验数据的统计意义，还要考虑多方面因素。

6.1 想一想

1. 在实验设计中，以下哪项不是影响内在效度的因素？

A. 分组不均衡　　　　　　　B. 主试不对等

C. 实验环境过于苛刻　　　　D. 未严格控制无关变量

2. 在实验设计中，以下哪项是影响外在效度的因素？

A. 被试缺乏代表性　　　　　B. 抽样范围不合理

C. 实验设计不合理　　　　　D. 样本数量太少

3. 判断下列实验研究应当采取哪种数据收集方式？

（1）研究课后作业的有无对学生成绩的影响。

（2）研究教师提问方式对学生课堂积极程度的影响。

6.2 练一练

1. 假设你要探究教师不同类型的反馈（积极反馈、消极反馈）对学生的学习成绩的影响，谈一谈应当如何收集和处理数据？

2. 假设你正在进行一个关于教学方法对学生创造力影响的研究，讨论如何提高该实验的内在效度和外在效度。

（答案见本章最后）

第七节　如何分析涉及实验法的论文

通过前面几节的学习，我们已经掌握了实验法的基础理论知识，本节的目的就是如何利用所学知识系统地解析一篇涉及实验法的论文。

遵循支架式教学的理论，我们先提供一个解析论文的框架，如表 5-11 所示。该框架包括四个组成部分：要素（论文需要解析的结构）、标准（评估研究质量的指标）、评估（是否达到相应的标准）、建议（有哪些需要改进的地方）。可以基于此对论文进行拆解分析。

表 5-11　论文解析框架

要素		标准	评估	建议
研究问题		1. 是否明确研究问题 2. 是否说明问题的来源 3. 研究问题是否有价值 4. 核心概念是否有操作性定义		
研究目的		1. 是否明确研究目的 2. 是否明确实验目的		
研究方法		1. 是否明确研究方法 2. 研究方法是否适切		
设计实验方案	实验假设	实验假设是否合理、表述是否明确		
	实验变量	1. 自变量是否可操纵 2. 因变量是否可测量 3. 是否控制无关变量 4. 无关变量的控制方式是否详细说明 5. 是否采取措施保证实验效度		
	确定被试	1. 是否说明选择该被试的原因 2. 被试选择是否恰当 3. 被试或监护人等是否知情同意 4. 是否剔除不适合的被试		
	抽样与分组	1. 是否明确抽样方法 2. 抽样方法是否适切 3. 抽样数量、范围、比例等是否合理 4. 分组方式是否恰当 5. 分组结果是否均衡		
	实验设计模式	1. 是否提前确定好了实验的时间、地点 2. 实验设计模式是否合理 3. 实验设计模式是否有详细说明		
实施实验方案	前测	1. 是否对实验组和对照组进行同质性检验 2. 前测是否与实验目标一致 3. 测量工具是否合适		
	干预	1. 干预是否符合伦理原则 2. 是否控制期望效应（设计单双盲实验）		
	后测	1. 测量方式是否相同 2. 是否有效规避了练习效应和疲劳效应		

要素		标准	评估	建议
数据收集 与处理	数据收集	1. 数据收集方式是否合理 2. 实验数据是否有效		
	数据处理	采用了哪些数据处理方式（感兴趣的话可以详细分析一下数据处理步骤）		
一致性问题		1. 研究目的和研究问题的一致性 2. 研究目的与实验方法的一致性 3. 研究目的与实验目的的一致性 4. 研究目的与被试选择的一致性 5. 研究目的与抽样的一致性 6. 实验目的和内容的一致性 7. 实验设计和研究结果的一致性 8. 研究目的与数据处理方法的一致性		

可以扫描图 5-8，这是两个解析论文的示例。示例 1 是按照这个表格框架来解析论文[①]的示例，示例 2 是按照框架的"要素"和"标准"，直接在论文中标注，如有不符合标准的地方直接在原文[②]旁边补充。

图 5-8

7.1 练－练

1. 请模仿书中提供的解析案例，任选一篇自己感兴趣的涉及实验法的论文，尝试进行解析。

2. 请结合当下热点，自拟一个适合实验法的选题，尝试用实验法做一个完整的研究，拟定实验设计方案并撰写实验报告。

（答案略）

---

① 黄小芳.小课间室内积极体育活动对初中学生社会交往能力的影响研究［D］.重庆：西南大学，2023
② 吴坚豪，周婉婷，曹超.生成式人工智能技术赋能口语教学的实证研究［J］.中国电化教育，2024（04）：105-111.

参考答案

1.1 想一想

主试：王老师；被试：两个班级的学生；自变量：教学方法；因变量：学生的英语成绩；无关变量：学生的英语基础、是否参加课外辅导

2.1 想一想

1. 单盲实验可以有效地避免被试期望效应，减少由于被试知道自己的分组情况而可能产生的偏见。而双盲实验中被试和主试都不清楚实验内容，被试也不清楚自己的分组，这种设计比单盲实验更能减少实验结果中的偏见，能最大限度地减少主试和被试的主观影响，相对来说评判结果就更客观。

2. 略。

3.（1）准实验、单盲实验。首先该实验设计符合随机选择被试、控制无关变量等基本的实验原则，也有实验组和对照组，但被试在 A 教师任教的学校内选择，不完全随机，因此属于准实验。A 教师作为实验的主试，知道实验的内容，但学生不清楚，因此属于单盲设计。

（2）单因素实验。该实验研究的自变量为不同强度的运动计划，尽管该变量有三种水平，但自变量只有一个，即因子只有一个，所以属于单因素实验。

（3）前实验。该实验没有随机选择被试和控制无关变量，也没有实验组和对照组之分，因此属于前实验。

3.1 想一想

1.（1）适合。首先，属于因果关系研究，不同教学软件的使用是"因"，学生的学习成绩能否提升是"果"。其次，条件可控，不同教学软件的使用可以由教师操控，其他无关变量如性别、成绩分布均衡等也可以得到控制。再次，学生学习成绩是可以用试题测量出来的，能得到量化数据。最后，该实验研究可重复，在任何一个学校中都可以实施。满足实验法的适用条件，因此适合用实验法。

（2）不适合。尽管理论上满足开展实验的条件，但是违背了伦理道德。高考对学生至关重要，如果不良的考试环境对学生的成绩产生了影响，对学生来说是不可逆的伤害，因此不适合用实验法。

（3）不适合。该研究不属于因果关系类研究，没有自变量和因变量。属于调查研究，更适合采用问卷调查法。

（4）不适合。尽管该研究理论上满足开展实验的条件，但教师如果刻意地对某些学生进行积极反馈，对某些学生进行消极反馈，这是不公平的，而且也有可能对消极反馈组的学生造成心理伤害，违背了伦理道德，因此不适合用实验法。

（5）不适合。该研究不属于因果关系类研究，没有自变量和因变量。属于调查研究，更适合采用访谈法。

（6）适合。首先，该研究属于因果关系类研究，教学节奏是"因"，学生理解复杂概念的效果是"果"。其次，该研究条件可控。教师可以把握教学节奏和控制无关变量。再次，学生理解复杂概念的效果可以在教师讲解相关知识之后用试题进行测试，因变量可测量。最后，该实验在任何班级都可以重复进行。满足实验法的适用条件，因此适合用实验法。

2. 略。

4.1 想一想

（1）进行前测的原因和目的：

- 基线数据：前测为研究者提供了实验开始前被试的基线数据，这有助于了解被试在没有接受实验干预前的状态，能更好地说明干预对被试某方面心理或行为变化的效应。

- 确保等价性：通过前测，研究者可以评估不同实验组（如实验组和对照组）在实验开始前是否在关键变量上具有可比性，确保实验组之间的等价性。

- 评估干预的需要：前测结果可以帮助研究者判断是否需要进行干预，以及干预的紧迫性。

（2）前测与实验目标有关，一般情况下，前测测量的是因变量的水平。

4.2 练一练

1. 略。

2. 直接陈述：项目式教学可以提高中学生问题解决能力。

条件式陈述：如果采用项目式教学，那么中学生问题解决能力将会提高。

比较式陈述：项目式教学比传统教学方式更能提高中学生问题解决能力。

差异式陈述：项目式教学和传统教学方式在提高中学生问题解决能力方面存在显著差异。

5.1 想一想

本案例考虑到了以下方面：

（1）研究问题的相关性：本案例研究问题是"是否可以通过训练有效地减轻初中三年级学生考试焦虑的程度"，研究对象是"初中三年级学生"，被试选取"太原市某中学初三年级学生"直接相关，符合要求。

（2）随机性：本案例提到使用随机筛选的方法从212名在校生中选取研究对象，这有助于减少选择偏差。

（3）样本大小：本案例的被试从全校212名初三学生中选择，经筛选后得到120名学生样本，样本量是比较合适的。

（4）可获得性：本案例的被试"初三学生"是比较容易接触的群体，可获得性没有问题。

欠考虑以下方面：

（1）代表性：本案例选取了特定地区（太原市某中学）的初三年级学生作为研究对象。该群体因为即将面临重要的学业水平考试，学习压力和考试焦虑程度较高，因此在研究考试焦虑问题上具有一定的代表性。然而，由于样本只限于一所学校，可能无法代表所有初中三年级学生的情况。

（2）自愿性：本案例中没有明确提到是否所有参与研究的学生都是自愿参与的，也没有提及是否获取了学生的知情同意。

（3）实验要求及限制：本案例对入组的学生进行了筛选，要求考试焦虑得分大于50，并且报告自己没有严重的心理疾病或身体疾病。这些要求有助于控制实验中的无关变量，但也可能会排除一些需要关注的因疾病而焦虑的学生群体。

5.2 练一练

1.（1）分层随机分组。本研究的自变量是时间段（上午或下午），而因变量是学生的体育热情。而学生的性别有可能对实验结果产生较大影响（比如男生有可能更喜欢上体育课），为了避免性别这样的无关变量的干扰，最好以性别为分层依据进行分层随机分组，以保证男女比例在各组均衡分布。

（2）探究特殊教育环境中多感官干预对自闭症儿童社交技能的影响，适合采用整群随机分组。本研究的自变量是多感官干预，因变量是自闭症儿童的社交技能。由于研究环境是特殊教育环境，被试的关键特征是是否具有自闭症，其他的如年龄、性别等对研究不会产生太大影响，因此不需要分层或区组分配。同时自闭症儿童不易接受外界事物，出于伦理道德的考虑，最好不要将其原本的班级打乱，而且班级群体之间本来差异也不大，不会对实验造成影响。基于以上几点，最好以班级为单位进行整群随机分配。

2.（1）单组前后测。该研究设计只涉及一个组别（班级），在干预前后进行测量，没有使用对照组进行比较，符合单组前后测设计的特点。

（2）多因素等组前后测。该研究设计涉及多个自变量（教学策略和学习环境），共设置了四个人数相同的组别接受不同的组合处理，因此属于多因素实验。同时每个组别都有前后测，符合多因素等组前后测设计的特点。

（3）时间序列设计。该研究设计涉及对同一组别在不同时间点进行多次测量，以观察干预效果随时间而产生的变化，以评估干预的长期趋势和稳定性，符合时间序列设计的特点。

3. 略。

6.1 想一想

1. C。样本分组不均衡、主试不对等、未严格控制无关变量等通常都是影响内在效度的因素。实验环境过于苛刻通常被视为影响外在效度的因素，因为它可能限制了结果的普遍性或推广性。

2. A、B、C、D。被试缺乏代表性、抽样范围不合理、样本数量太少、实验设计不合理都可能同时影响内在效度和外在效度。这些因素既可能削弱结果的准确性，也会限制结果的普遍性。

3.（1）因变量为学生的成绩，属于量化数据，因此，可以通过测试题进行测量，通过测试题的分数来分析实验干预的效果。

（2）因变量为学生的课堂积极程度，属于可观测的行为，因此可以设计一个观察表来观察学生的课堂行为，根据观察数据分析实验干预的效果。也可设计一个问卷，供学生自我汇报课堂积极程度，但学生有可能错误判断自己的积极程度，导致数据偏差。

6.2 练一练

1. 略。

2. 略。

第六章

行动研究

第一节　什么是行动研究

李老师是一名初中数学老师。他发现学生上课时总是无精打采，对数学提不起兴趣。李老师意识到，如果长期这样下去，学生的学业成绩和学习态度都将受到不良影响。因此，李老师决定采取一些改进行动。经过一番查阅和思考，他制定并实施了如下方案：

（1）明确问题：怎样提高学生对数学课的学习兴趣并进而提升其数学成绩？

（2）收集信息：通过问卷调查、班会和访谈等方式，收集学生对数学课的看法和建议。

（3）制定策略：根据收集到的信息，李老师咨询了一些教学设计专家，设计了一系列教学策略，如引入数学游戏、让数学与生活实际结合、让学生参与课程内容的制定，等等。

（4）实施策略：将这些策略进行整合并在数学课堂上实施。

（5）观察记录：在实施过程中，仔细观察学生的反应，并记录哪些教学策略受到欢迎，哪些效果不明显。

（6）反思调整：根据观察结果进行评估反思，并根据反思结果调整教学策略。

（7）再次实施：将调整后的教学策略再次在课堂上实施，同时继续观察记录。

经过几周的反复实践，李老师不仅找到了提高学生兴趣的有效方法，还提高了自己的教学技能，教学质量显著提升。李老师的探索过程就是行动研究的过程。

行动研究强调研究与实践的一体化，不仅关注问题的解决，也注重在此过程中促进研究者的专业发展和自我提升。通常行动研究是指以实际工作者作为研究者，针对教育实践中的具体问题，在真实的情境中通过"计划、行动、观察、反思"四个环节的循环迭代寻求解决方案的研究。

事实上，行动研究严格来讲并不是一种研究方法，而是研究的一种途径或方式，我们称之为"研究范式"。它不局限于某一固定的研究方法，而是根据实际需要，综合运用质性、量化等多种技术和方法进行研究。

 小贴士

表 6-1　行动研究与传统学术研究的对比

	行动研究	传统学术研究
研究者	一般为一线教师，直接参与教学实践	一般为专业的学术研究者，不一定直接参与教学实践

	行动研究	传统学术研究
研究问题	由教师本人发现并提出的、教育情境中的实际问题	研究者所选课题大多偏理论
研究目的	求善：改进教学实践，解决教学问题	求真：发现规律，提供理论指导
研究情境	教师实际工作情境	在人为控制条件下进行
研究被试	教师自己的学生，与研究者有直接联系	根据条件选取，与研究者可能没有密切关系
研究过程	强调在行动中进行研究，开放灵活，常采用螺旋上升的模式	更侧重于严格的实验设计和方法论
研究方法	采用"计划—行动—观察—反思"的循环模式，在此过程中综合运用多种方法，质性与量化研究相结合	更侧重于某一种或几种特定的研究方法，研究方法一般使用一次，不反复迭代
研究应用者	研究者即应用者，研究结论直接应用于实践	研究者不一定是应用者，研究结论间接应用
研究应用范围	局限于展开该研究的特定情境	具有普遍性，可广泛应用

第二节　行动研究有哪些类型

行动研究根据研究目的、研究者、研究侧重点等方面的不同都会有所变化，其应用较为灵活。根据不同的分类标准，教育行动研究可以划分为不同的类别。在教育行动研究中最常见的就是按照研究者及研究者之间的关系分类。具体可分为独立模式、支持模式和合作模式行动研究。[①]

我们通过一个学校教育改进计划的案例来通俗地解释这三种模式的行动研究。

本章第一节提到李老师的数学课堂上学生的学习兴趣不高，成绩也不理想。李老师想采用行动研究去解决这个问题。那么他可以采用三种模式。

独立模式：李老师决定自己独立研究这个问题，他开始收集学生作业和考试成绩，观察课堂互动，并根据自己的教学经验，设计了一套新的教学策略来提高学生的参与度和成绩。在这个过程中，李老师没有与其他教师或外部专家合作，完全依靠自己的判断和决策来实施和评估教学改进策略。

支持模式：假设李老师在尝试独立改进教学后，意识到需要一些外部的专业知识和资源。这时，他联系了校外的教育顾问张博士，张博士提供了一些理论指

---

① 陈向明．质的研究方法与社会科学研究［M］．北京：教育科学出版社，2000：451.

导和研究工具，帮助李老师更好地理解问题并设计改进措施。然而，实施这些措施和评估结果的主导权仍然掌握在李老师手中，张博士只是提供支持和建议。

合作模式：在张博士的支持下，李老师的研究有了一些进展，好几个同事也表示班级存在同样的问题。于是李老师和张博士以及其他教师组成了一个团队，共同面对学校数学教学中的问题。他们一起确定研究问题，设计研究方案，实施教学策略，并共同评估结果。每个团队成员都参与到整个研究过程中，共享责任和成果。这种模式下，李老师不再是唯一的行动者，而是团队合作的一部分。

通过这个实例，我们可以看到三种行动研究模式的主要区别在于研究者的独立性、合作程度以及外部支持的深度。独立模式依靠单个教师的独立研究，支持模式中外部专家提供辅助，而合作模式则是教师和外部专家共同参与研究过程。

一、独立模式行动研究

独立模式行动研究是指一位教师或研究者独自发现问题、解决问题的过程。独立模式行动研究可以通俗地理解为"个人项目"。在这种模式中，行动研究完全由教育者自己来完成。这就要求教育者具备较强的研究能力和自我反思能力。

例如《基于 ABL 教学模式的看图写话教学设计研究》[1]一文，该案例的研究者本人即为教师，也是教育行动研究的实践者和反思者，自主设计并实施了基于 ABL 教学模式的看图写话教学设计全过程。

二、支持模式行动研究

支持模式行动研究是指校内教师和校外专家等人员共同进行研究，其中一方是研究的主体，另一方提供咨询、建议，无相关责任。支持模式行动研究可以通俗地理解为"导师指导项目"。在这种模式中，研究主体一方是行动的主角，另一方扮演的是"顾问"的角色，他们不会直接参与到实际的教学或行动中，只提供理论、方法或经验等方面的支持。

例如《表现性评价应用于数学问题解决的行动研究》[2]一文，参与行动研究的主体是教师，外部专家参与讨论并提供帮助。专家具有更丰富的研究经验，其对探究主题或行动研究的认识，可能会突破教师个人思考上的盲点，促进问题的解决。因此，让外部专家作为支持者参与到研究中，形成了一种"外控型支持式"[3]的教育行动研究，在整个过程中，教师负责表现性评价方案的设计与实施，研究者仅限于提供理论、经验方面的支持。

---

[1] 孙晋. 基于 ABL 教学模式的看图写话教学设计研究 [D]. 大连：辽宁师范大学，2023.
[2] 张一旦. 表现性评价应用于数学问题解决的行动研究 [D]. 上海：华东师范大学，2018.
[3] 卢家楣. 教育科学研究方法 [M]. 上海：上海教育出版社，2012：214.

三、合作模式行动研究

合作模式行动研究是指一个群体、团队进行研究，所有成员均完全参与其中，所有成员同责。合作模式行动研究可以通俗地理解为"团队项目"。在这种模式中，所有的研究者，不管是校内的教师、学生，还是校外的专家，都平等地参与到研究中来。大家一起讨论问题、设计解决方案，并且共同实施和评估，强调团队精神和共享智慧。

例如《幼儿园新教师班级管理能力提升的行动研究》[①]采取了多人合作的参与式行动研究模式，由研究者、被试、指导者、观察者等组成行动研究共同体。实践问题由幼儿园教师和园方领导协商后提出；高校研究者予以建议和指导，设计方案；行动方案实施由幼儿园教师完成。在实践过程中，校外研究者与合作教师共同探讨，不断对行动方案进行调整与修订，最终达到提高幼儿园新教师的班级管理能力的研究目标。

合作模式的行动研究最好对每个人的分工予以明确说明，比如在《随班就读学生替代性评估实施路径的行动研究》[②]一文中，由于替代性评估的实施需要多方面人员的参与合作，因此采用了合作模式行动研究。研究团队人员主要包括：研究者、专家、校长、资源教师、科任教师等共8人，并将不同人员在各环节的实施中发挥的作用以表格的方式呈现出来，如表6-2所示。

表6-2　研究团队基本信息

人员	专业背景	学历	任务
研究者	特殊教育	硕士	整个研究的组织与实施
资源教师	特殊教育	本科	疑似个案的评估与筛查
J 教师	数学	本科	提供个案信息，参与调整性学业质量标准制定、策略运用与试卷编制
H 教师	语文	本科	
K 教师	数学	本科	
Y 教师	语文	本科	
专家	融合教育	博士	提供专业建议与意见审查
校长	数学	本科	负责行政决断与工作督导

行动研究的具体分类可参考《什么是"行动研究"》[③]《教育行动研究的类型分析》[④]《质的研究方法与社会科学研究》[⑤]。一般情况下，在写作时对行动研究的类型可以不做区分，直接写明采用行动研究范式即可。

---

① 廖丽莉.幼儿园新教师班级管理能力提升的行动研究［D］.重庆：西南大学，2023.
② 齐锦涛，魏寿洪，李文冉.随班就读学生替代性评估实施路径的行动研究［J］.中国特殊教育，2024（06）：17-25.
③ 陈向明.什么是"行动研究"［J］.教育研究与实验，1999（02）：60-67+73.
④ 赵明仁，王嘉毅.教育行动研究的类型分析［J］.高等教育研究，2009，30（02）：49-54.
⑤ 陈向明.质的研究方法与社会科学研究［M］.北京：教育科学出版社，2000.

1. 判断下列研究属于行动研究的哪种模式，说说你的理由。

（1）王老师在教授物理课程时发现学生对实验部分的兴趣不高。为了提高学生的兴趣，王老师决定自己设计一系列新的实验活动，并在课堂上实施。同时依靠自己的经验和对学生的了解来评估这些活动的效果。

（2）赵老师在教授历史课程时，注意到学生对某些历史事件的理解存在困难。赵老师联系了历史系的李教授，希望得到一些教学上的建议。李教授提供了一些教学资源和方法。在虚心接受了李教授的建议之后，赵老师顺利地完成了教学活动的设计、实施和评估。

（3）陈老师在教授英语课程时，发现学生的口语表达能力有待提高。陈老师决定与学校的英语教研组合作，共同开发一套口语训练课程。教研组的老师们一起设计课程内容，陈老师在课堂上实施这些课程，并与教研组的其他成员一起评估课程效果。

（4）吴老师在教授化学课程时，注意到学生对实验操作的掌握不够熟练。吴老师决定自己研究一下如何提升学生的实验操作能力，并设计了一系列的实验操作训练。在实施这些训练后，吴老师还邀请了几位化学专业的研究生来观察学生的实验操作，并提供反馈。

2. 如果你是一名老师，你会选择哪种行动研究的模式来解决学生抵触每周数学小测的问题？请说明理由。

3. 请讨论在行动研究中，外部专家的支持是否总是必要的，以及它可能带来的潜在问题。

（答案见本章最后）

第三节　什么情况适用行动研究

行动研究作为一种研究方法，其核心在于通过行动解决实际问题，强调研究过程的反思和调整。行动研究在教育领域具有广泛的应用，但并非所有研究问题都适合采用行动研究方法。接下来，我们将通过几个案例来探讨行动研究在不同情境下的应用，并分析其适用与不适用的具体条件，帮助读者更加深入地理解行动研究的特点和局限，从而在实际研究中做出更加明智的选择。

一、行动研究的适用情况

请大家阅读下面这个案例，思考一下，为何该案例中的研究适合采用行动研究？

数学作业风波

江老师去年秋季任教五年级数学课，期中考试他所教的班级平均分全年级倒数第一。起初江老师认为练习不足是主要问题，因此增加了作业量。然而，成绩未见提升，学生反而对数学课更加抵触。是不是方法有问题？带着疑问，江老师进行了大量文献阅读并向专家咨询，随后决定专注于提升数学作业的质量和效果。他收集了学生反馈，了解到学生对单调重复的作业感到乏味。于是江老师调整作业结构，进行了为期两周的实践。在实施过程中，他密切观察学生作业正确率，并根据学生表现及时调整难度。两周后对学生进行周测，根据学生成绩及反馈对作业结构进行调整，然后再次进行实践。经过一学期的努力，江老师最终确定当模仿性练习与创造性练习的比例为7:3，普通题与拔高题的比例为6:4时，学生的练习效果最好。在这种练习模式下，江老师的班级在年级统一测试中排名升至年级第二。这一成效证明了精心设计作业结构、提升练习效果的重要性。江老师计划在未来的教学中继续扩大实验成果，减轻学生负担，进一步提升教学质量。

相信各位读者在阅读这个案例时已经充分思考了它是否适合采用行动研究，我们先不揭晓答案，一起来看看行动研究的适用情况有哪些。

1. 解决实际教育问题

行动研究着重于解决教师在教学实践中遇到的现实问题，而非纯理论探讨。研究过程紧密围绕教育问题展开，通过实际行动来探索解决方案。教师参与行动研究，一般是以本校、本年级或本班级为研究对象，所以研究成果往往适用于自己特定的工作范围之内，并不一定具有普遍的应用价值，但对于特定情境的改进具有直接意义。

2. 真实自然的教育情境

行动研究起始于教育工作者在实践中遇到的真实问题，在实际环境中进行研究可以确保解决方案能完全适用于该问题。因此，行动研究致力于在自然状态下进行探索，不通过人为控制改变环境。最终的研究成果也应用于实际教学，从实际中来又回到实际中去，形成闭环。

3. 小规模的研究

首先，行动研究往往聚焦于特定的范围，如教室、学校或某个教育项目。这种聚焦使得研究规模相对较小，但能够深入探讨具体问题。其次，行动研究需要持续收集大量的数据，小规模研究可以更精确地实施干预措施并观察其效果。此外，行动研究的主要目的是改进实践，小规模研究更容易实现这一目的，研究者可以直接在自己的教学实践中应用研究结果。

4. 迭代性研究

行动研究是一个持续的、反复迭代的过程，随着教育实践的不断变化，研究问题和解决方案也在不断演进。研究者需要持续观察、评估和调整策略，不断反思和优化教学实践，以适应教育环境的变化和学生需求的发展。

了解完行动研究的适用情况之后，我们来一起分析一下前文的案例为什么适合用行动研究。

首先，研究问题为教育实际问题。江老师面临"作业量不足，学生成绩不佳；作业量增加，学生抵触学习"这样的教学困境，这正是江老师行动研究的出发点。

其次，研究在真实自然的教育情境中进行。江老师的研究没有改变教学环境，而是在原有的教学情境中进行，直接针对自己班级的具体情况，探索和实施解决方案，确保了研究结果的实用性和可靠性。

再次，属于小规模的研究。江老师的研究局限在自己所教的班级内，这种小规模的研究使他能够集中资源和精力，更精确地实施和调整教学策略，针对性地解决问题，也方便将研究结果直接在班级应用。

最后，研究具有迭代性。江老师的研究不是一次性的，而是通过不断地实践、观察、反思和调整，逐步优化教学策略。这种持续性的研究过程使江老师能够适应教育实践的不断变化，不断改进教学方法，最终实现教学质量的提升，符合研究持续、反复迭代的特点。

综上所述，该案例中江老师的研究完全符合适用条件，因此非常适合采用行动研究方法。

二、行动研究的局限性

任何一种研究方法都不是完美的，都存在一定的局限性。因此，某些情况下并不适合采用行动研究方法进行研究。请大家读一读下面的案例，思考一下该案例为什么不适合做行动研究。

中小学"学生中心教学法"应用效果

某教授想要了解"学生中心教学法"在中小学的应用效果，于是与某中学合作开展一项行动研究。在一个学期内，在该中学的数学课程中实施学生中心教学，以观察其对学生学习动机和成绩的影响，具体研究过程如下：

计划：团队回顾相关的教育理论和研究，以了解学生中心教学法的理论基础和先前的研究结果。同时采访一些一线教师，了解目前的教学情况。基于此制定一个教学行动方案，确定如何在数学课程中实施学生中心教学法。

行动：在选定的班级中实施学生中心教学法。尽管研究团队准备了必要的教学资源，如教材、技术工具等，来支持新的教学模式，但某些习惯使用传统教学模式的教师还是显得有些不适应，只能按照行动方案照本宣科，教学过程略显生硬。

观察：在实施过程中，团队成员采用观察和测试的方法收集相关数据，包括学生的课堂参与度、作业完成情况、考试成绩等，并将这些数据进行了细致的分析，以评估学生中心教学法对学生学习动机和成绩的影响。

反思：团队成员讨论研究结果，解释数据背后的原因，考虑可能的偏差和限制，并根据反思的结果，对教学方案进行了改进。

经过一个学期的反复实施和观察，研究团队发现，尽管学生对"学生中心教学法"表现出了积极的态度和极大的兴趣，但在数学成绩上并没有显著提高，前后成绩差异不具有统计学意义。难道学生中心教学法并不能够提升学生的学习成绩？可是这跟现有的研究和理论不符合呀，那么，问题到底出在哪里呢？

在探讨该案例之前，先来了解一下行动研究的局限性有哪些。

1. 伦理限制

教育行动研究所涉及的伦理问题甚为复杂，限制也较为严格。教育活动本身涉及大量的学生并且是长期的影响，因此，任何可能对参与行动研究的人员造成身体或心理伤害的行动都是禁止的，比如"教师故意冷落学生""对学生过度施加学业压力"等。

2. 研究问题只能来源于教育实践

从研究问题的角度看，教育行动研究所选择的研究问题必须来源于教育教学实践，是参与研究的教育实践工作者熟悉且感兴趣的并能够改善他们的教育教学问题的，只有这样，教育工作者才能主动、积极地参与研究，进而达到解决实际教学问题的目的。理论问题的研究不是行动研究的范畴。

3. 行动研究的问题必须聚焦

行动研究的主要目的就是发现问题、解决问题，因此在开展研究之前，就必须明确你所采取的行动是要解决什么问题，针对问题来设计行动。譬如"改善数学教师的板书方式"这是行动研究，而"提高全体教师教研能力"则过于宏观，没有聚焦问题。具体如何聚焦详见本章第五节。

4. 研究过程与结果必须兼顾

传统的研究更重视结论的准确性和可靠性，而行动研究更重视问题的解决以及在此过程中教育工作者学到了什么、提升了什么能力。因此行动研究的过程和结果同等重要。行动研究一般是由教师主导全过程，教师既是研究者也是参与者，因此教师的想法和观念对研究的主观影响较大，这就要求教师有相对成熟的经验。此外，行动研究在自然教育情境中进行，无法严格控制相关因素，这就要求行动过程以及数据收集过程尽可能地客观、严谨。

5. 行动研究易简单化、随意化

由于行动研究不需要像实验研究那样有严谨的问题分析和推理过程，不需要严格控制研究中的变量，所以有些人认为，行动研究就是"自在自为"，是教师教学经验的归纳和总结，这是对行动研究的误解。目前学校开展的各种教研活动，包括公开课展示、书写教学日记等，确实都是提升教师专业水平的举措，但这些举措在理论深度和规范性方面还有欠缺，与教育行动研究的概念和研究范畴还不能等同。行动研究是"行动"与"研究"的合成，因此，仍然需要遵循研究的规范化和科学化。

6. 研究结果普适性有限

一方面由于条件限制，单个教师的研究可能缺乏深度和广度；另一方面，由于教育的复杂性，每个学校、每个教师的实践情况和问题都是独特的，所以某个学校或教师的研究结果不一定能够直接适用于其他学校或教师。如果确实需要迁移应用，需要充分考虑不同学校和地区的文化差异、教育资源、政策、环境等因素。

回到前文的案例中，该案例之所以不适合采用行动研究，主要还是受到了以下几点限制：

第一，问题没有来源于实践。研究人员选择的研究问题并非源自教师或学校的实际需求，而是基于对理论的好奇和探索。这种由上而下的研究问题可能导致教师和学生缺乏参与研究的动力。

第二，问题不够聚焦。"学生中心教学法"是一个宽泛的概念，包括很多策略，作为研究问题不够聚焦。研究团队很难将其转化为具体的教学策略和评估标准，缺乏具体、可操作的实施细节。

第三，没有注重过程。行动研究强调的是在行动中研究，在研究中行动。研究团队只关注教学实施后的成果，而忽略了实施过程中的教师专业发展、学生参与度、教学互动等重要因素，那么研究就失去了其应有的价值。而且，有教师不习惯采用"学生中心教学"，研究人员也并未对其进行培训，其不成熟的教学经验会导致研究过程的不严谨。

第四，普适性问题。由于该研究的问题来源于理论兴趣，研究团队可能会过分关注理论验证的结果，而忽视了教学实践中的复杂性和多样性。而行动研究的成果推广到其他教育环境中是有一定条件的，因此在该中学得到的研究结论可能不适用于其他学校，不能从整体上反映"学生中心教学法"的应用现状及效果。

综上所述，该案例并不适合做行动研究。研究团队更注重的是"学生中心教学法"是否普遍应用，应用效果如何，而非解决某个实际问题。事实上，该主题更适合做调查研究。研究团队应当重新聚焦研究问题，采用问卷／访谈／观察等方式进行更加严谨的调查，获取大样本的数据进行探究。

3.1 练一练

1. 请判断下列选题是否适合用行动研究方法，并尝试解释原因。
（1）改进小学语文课堂互动方式。
（2）提升初中数学教师的教学反思能力。
（3）探讨教育公平的社会影响因素。
（4）提高全体教师教研能力的培训方案设计。
（5）分析不同文化背景下教育政策的差异。
2. 尝试自拟一个适合行动研究的选题。

（答案见本章最后）

第四节 行动研究的流程是什么

行动研究是一个循环迭代、螺旋上升的过程，强调在实际情境中进行研究，研究过程非常灵活，但整体上依然遵循着一个大致的线索。本研究主要参考凯米斯的划分，结合实际应用情况，将教育行动研究的流程划分为准备、计划、行动、观察、反思五个阶段，如图 6-1 所示。为了方便理解，也可把这个过程转化为这样一组陈述[①]：

● 当我的教育价值观遭到实践否定时，我遇到了问题；

● 我设想着解决这个问题；

● 我实施这个想象中的解决方案；

● 我观察和评价我行动的结果；

● 我根据自己的评价反思自己的问题并重新想更好的办法解决。

---

① 宋虎平.行动研究［M］.北京：教育科学出版社，2006：23-24.

一般情况下，行动研究至少反复进行 2~3 轮。

本节基于《基于线上平台的小学高段人工智能教学设计与行动研究》[①]一文，系统梳理行动研究的应用流程，以期为进行教育行动研究提供尽可能详细的实践指导。

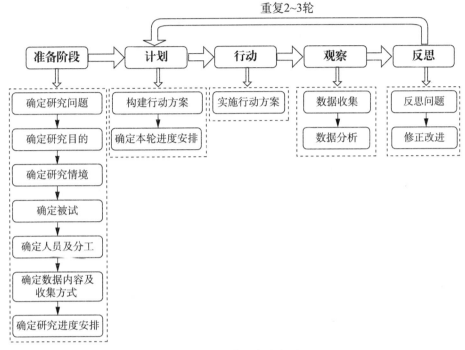

图 6-1　行动研究流程图

一、准备阶段

准备阶段主要包含 7 个步骤。

第一，确定研究问题。这是行动研究的起点，也是确定研究计划并解决问题的前提。行动研究作为一种范式，融合了多种研究方法。因此一般情况下整个研究的问题就是行动研究的问题。该案例行动研究的问题是：若想提升学生的人工智能技术与工程素养，应该如何基于线上平台进行小学高段学生人工智能教学设计？

第二，确定研究目的。研究者要牢记的是，任何行动研究的根本目的都是解决教育中的实际问题。该案例行动研究的目的是：通过实践"基于线上平台的人工智能教学设计方案"并不断改进，有效提升学生的人工智能技术与工程素养。

第三，确定研究情境。研究情境是行动研究开展的环境，包括地点、环境、研究时长等。环境因素对研究问题和目的的实现有重要影响。该案例的研究情境是：在重庆市 B 区 Z 小学进行了为期 14 周的研究（论文写作中最好说明研究情境的选择理由）。

① 谭礼园. 基于线上平台的小学高段人工智能教学设计与行动研究［D］. 重庆：西南大学，2023.

第四，确定被试。被试是行动研究的必要要素，它可以是学生、教师、学校管理层或其他教育利益相关者，一般情况下被试就是教师研究者所任教的班级。该案例的被试是：Z小学六年级四班的49名学生。

第五，确定研究人员及分工。确定研究人员及分工的前提是确定研究的模式。该案例属于独立式研究。在课堂中，教师既作为教学组织与实施者，又作为研究者、观察者，独立完成全部任务。

第六，确定数据内容及收集方式。数据内容与研究主题和目的相关。确定数据内容是确定数据收集方式的前提。行动研究作为一种范式，具体的实施过程中可以有多种研究方法的参与，常见的数据收集方式包括问卷调查、访谈、观察、内容分析法等。

该案例需要收集的是学生的人工智能技术与工程素养的相关数据，以判断行动是否有效。收集方式为课堂观察、问卷调查法、学生访谈。其中，观察的目的是观看班级学生的学习表现，并在课后及时记录，为后续改进教学和研究提供思路。问卷调查的目的是根据量化数据检验学生的人工智能技术与工程素养是否提升。访谈的目的是了解学生对人工智能课的学习感受，对教学内容、教学方法、学习效果是否满意，有什么问题或意见，以便后期改进。

第七，确定研究进度安排。研究进度就是行动研究过程的时间及任务安排，该案例中行动研究进度安排如表6-3所示。

表6-3　研究进度表

	总时长	教学活动设计	教学实施	课后分析反思	教学内容
第一轮行动研究	1~4周	1周	2周	1周	人工智能通识知识
第二轮行动研究	5~10周	1周	4周	1周	人工智能技术
第三轮行动研究	11~14周	1周	2周	1周	人工智能应用创新

二、第一轮行动研究

1. 计划阶段

研究计划是开展行动研究的蓝图，也是整个研究的全盘规划。计划阶段最重要的就是行动方案的建构，此外还需要说明该轮行动研究的具体进度安排（详见本章第五节）。

（1）建构行动方案。该案例依据李雁冰的教学模式组成要素，构建教学模式。教学模式是由各个要素所组成的有机整体，根据案例的实际情况，将教学模式设定为教学目标、理论基础、实现条件、教学活动、教学评价5个要素。研究者从这五个方面设计行动方案，具体内容见该论文。其中最核心的部分为教学活动设计方案，如图 6-2 所示。

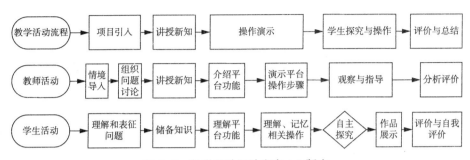

图 6-2　教学活动设计方案 1.0 版本

（2）确定本轮进度安排。在行动研究的过程中，最好为每一轮行动研究都制定一个详尽的本轮进度安排，包括该轮行动研究的时间分配、任务分解、资源规划等。该案例没有提供这些详细信息，建议读者在进行自己的研究时，为每一轮研究都制定一个具体的进度表，以确保每一轮研究高效、有序地进行。

2. 行动阶段

行动阶段就是根据先前制订的研究计划按部就班地开展相应的活动。通俗来讲就是，计划阶段写了什么，行动阶段就实施什么。行动可以是实践一个模式、一个方法、一个策略等。比如在班级中实施个性化教学、应用新的教学工具或进行某项实验项目。该案例的教学实践过程（节选）如表 6-4 所示。

表 6-4　教学实施过程（节选）

教学阶段	教师活动	学生活动	设计意图
复习旧知情境导入	1. 教师："同学们，上节课我们学习了人工智能的分类，分为强人工智能和弱人工智能，那么我们先观看一个视频，分析一下视频当中哪些是强人工智能，哪些是弱人工智能？" 2. 教师播放视频，组织学生观看并思考。	观看视频，思考视频当中哪些分别为强工智能和弱人工智能。	复习旧知，加深知识之间的联系。 观看视频是小学生较为喜欢的学习方式，能够激发学生的学习兴趣，增强讨论的积极性。

3. 观察阶段 [①]

观察阶段即对行动过程和结果进行考察评估，收集体现行动效果的数据，进而判断行动的质量。实际就是数据收集和分析的过程。观察阶段主要做两件事。

（1）数据收集。数据收集的方法多种多样，包括但不限于问卷调查、访谈、观察、

---

① 注：该案例将行动和观察两环节合并了，此处笔者将其拆开分析。

内容分析等。该案例选取了以下三种数据收集方式：

● 问卷调查。问卷在行动研究中通常用来收集学生成绩、满意度等量化数据，研究者可以基于现有问卷进行调整，或自主设计新问卷。该案例中，研究者针对研究目的，专门设计了"人工智能技术与工程素养量表"和"课堂满意度调查表"两份问卷，以此来评估学生在人工智能领域的技术素养及对课程的满意程度。

● 观察。研究者通过观察被试的行为以及周围环境等，记录下行动过程中的关键事件。为了确保观察的系统性和有效性，研究者通常会提前准备一个观察量表，明确观察的焦点和记录的指标（详见观察法第五节）。该案例中，教师作为研究者和观察者，直接在课堂中观察班级学生的学习表现，并在课后及时记录，没有设计观察量表。

● 访谈。通过与被试的直接对话来收集深入的数据。访谈通常需要一个详细的提纲来指导对话，确保能够覆盖所有研究问题。该案例中，访谈的目的是评估和改进小学高段的人工智能教学设计，因此提纲聚焦于学生对课程的总体感受，包括他们的兴趣、学习体验和对教学方法的看法。提纲中的问题比较开放，旨在鼓励学生分享个人见解，以便收集深入的反馈和建议。

（2）数据分析。收集完数据后，需参考常用数据处理方式对数据进行分析和评估。

该案例在第一轮行动研究中，着重强调了问卷调查数据的分析。将人工智能技术与工程素养维度作描述性分析，发现四个维度的均值有所提高，说明整体都有所提升。通过前后测进行配对样本 T 检验，发现学生在"人工智能与人类""人工智能应用技术"维度的素养无显著提升，在"人工智能与社会""人工智能系统设计与开发"维度的素养有显著提升。

对于观察和访谈数据分析过程没有详细说明，但通过对观察数据的分析发现：第一轮教学活动各环节都顺利完成，班级整体学习氛围良好，学生兴趣高涨，参与积极。在讨论阶段，学生能够根据教师所提问题认真思考，踊跃发言，在人工智能应用知识学习阶段，学生能够联系生活实际，举出人工智能应用的例子，但班级学生的计算机操作水平参差不齐，完成任务的速度不同。

通过对访谈数据分析发现：本轮教学成效良好。学生对教学内容、教学方法、学习效果均比较满意，同时还对课堂纪律、教学流程等方面提了一些建议。

4. 反思阶段

反思阶段就是对观察记录的现象与事实加以思考、判断、评价，并且修正计划和行动方案。通过反思，教育实践工作者又重新站在了一个新的起点，开始新的一轮研究。在不同的研究周期，研究的重点可以有所不同。反思和改进并不意味着上一轮研究的失败，而是总结经验教训与不足之处，及时调整研究方向与行动。

该案例中，研究者在第一轮行动中根据课堂观察、问卷调查和访谈，发现第一轮的教学具有可行性且效果良好，验证出基于线上平台的人工智能教学能够达到预定教学目标，适合小学高段学生认知特点，但还存在一些有待改进的问题，根据这些问题提出改进措施：

- 学生探究与操作阶段——增强操作体验。
- 讲授新知阶段——丰富案例展示。
- 做好课堂预备。
- 组建小组，完善互助机制。

三、第二轮行动研究

根据反思与改进的内容，优化教学活动流程设计，并将优化后的教学活动流程设计应用于第二轮行动研究中，如图6-3所示，形成了2.0版本的教学活动设计方案。

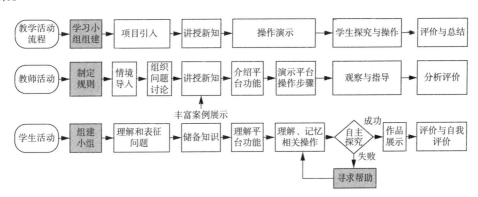

图6-3　教学活动设计方案2.0版本

根据优化后的教学流程，研究者再次重复了一轮行动研究，并根据所得数据进行反思，最终根据反思的结果又做出了以下三方面的改进：

- 细化分组规则、落实小组分工。
- 操作演示阶段——加深建模方法理解。
- 学生探究与操作阶段——增强学生系统观念、创新意识。

四、第三轮行动研究

根据反思与改进的内容，再次优化教学活动流程设计，并将优化后的教学活动流程设计应用于第三轮行动研究中，如图6-4所示，形成了3.0版本的教学活动设计方案。

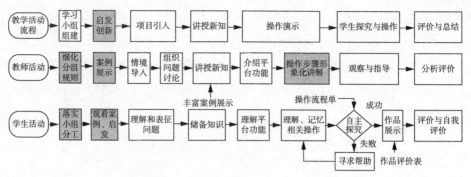

图 6-4　教学活动设计方案 3.0 版本

在本轮教学中，学生对教师的教学方式更加熟悉，与组内同伴协作解决问题，形成了默契，小组规则更加完善，因此本轮教学比前两轮进展更为顺利。总体来说，在经过三轮学习后，学生掌握情况较好。通过对学生作品进行反思和评价，最终得出还需要在"角色轮换""启发""延展思考"等方面进行加强。在对这几方面进行改进后，形成了最终的教学活动方案 4.0 版本，如图 6-5 所示。

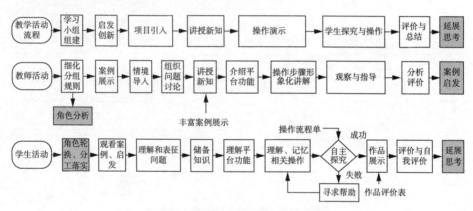

图 6-5　教学活动设计方案 4.0 版本

4.1　想一想

1. 行动研究为什么要反复进行多轮？

2. 行动研究为什么要有反思环节？

4.2　练一练

1. 请任意找两篇采用行动研究的论文，根据本节所学知识，尝试在论文中标出行动研究的每一步流程。

2. 请找一篇采用行动研究的硕士论文，分析其每一轮行动方案有什么变化，做了哪些改进。

（答案见本章最后）

第五节　如何设计和实施行动研究

一、准备阶段要做什么

1. 确定研究问题

任何研究的第一步都是明确研究问题。研究问题来源于哪里？如何将大范围的研究主题聚焦成小范围的研究问题？下面我们来探讨如何确定行动研究的问题。

（1）行动研究主题来源[①]。

行动研究主题来源于生活和工作实际，具体来讲，一般来源于以下几个方面：

● 实际教学工作中的问题。教育工作者在日常教学或管理过程中经常会遇到各种问题，如学生的学习障碍、课堂管理问题等。这些都是非常常见的行动研究主题。例如，一位教师发现班上学生的数学成绩普遍低于预期，想通过行动研究探究原因并提出改进措施。

● 学校/学科发展中的困难。学校或特定学科在发展过程中可能会遇到瓶颈，如教学资源不足、学校课程设置不合理等。例如，某学校的音体美课程量设置太少，时间安排也不合理，导致学生的素质教育不到位，音体美教师组成教师团队开展行动研究以探究音体美课程的合理设置。

● 与学生或其他教师的交流。教师在与学生或同事的互动中，可能会发现新的研究问题或获得解决问题的灵感。例如，学生普遍反映对当前英语课的教学方式感到乏味，英语老师想开展行动研究探索如何使课堂生动有趣。

● 参加专家讲座或工作坊。专家讲座和工作坊能够为教师提供新的视角和知识，激发行动研究的灵感。例如，一位教师在参加关于包容性教育的工作坊后，受到启发，想开展行动研究来改善对特殊需要学生的教学支持。

● 自我学习、自我反思。教师通过不断学习和反思自己的教学实践，能够发现并定义新的研究问题。例如，一位教师在阅读书籍后，反思自己的教学方法，想通过行动研究探索如何将书中的教学策略应用到自己的课堂中。

● 新旧教育观念、教育思想的碰撞。教育领域不断涌现新的理论和方法，这些新观念可能与传统做法发生冲突。例如，一位教师尝试将项目式学习引入课堂，与学校传统的讲授式教学方法发生碰撞，希望通过行动研究来平衡和融合两种教学方法。

[①] 郑金洲. 行动研究指导 [M]. 北京：教育科学出版社，2004：49–59.

● 自身感兴趣的教育问题。个人兴趣对于教育研究者开展行动研究也是一个很好的研究主题来源，并且可以更好地支撑教育研究者做出成果。例如，某老师非常关注数字化教学，认为在技术的辅助下，教育会变得更好，因此开展技术在教育中的应用这一主题行动研究。

（2）行动研究问题如何聚焦。

事实上，行动研究的问题来源是很广阔的，但只确定了问题的来源并不能直接开展研究。如果研究问题太宽泛或模糊不清，就会导致需要考虑的因素过多、收集的数据过大、研究的时间不足等问题，以至于研究难以开展或难以推进。要想解决这个问题，首先我们要区别什么是宽泛的问题，什么是聚焦的问题，如表6-5所示。比如，同样是围绕技术在教育中的应用进行研究，"如何在教学中整合教育技术？"这个问题就比较大，对于行动研究者来说可能会不知道从哪方面入手准备资料，也不知道整合的结果是什么，最终无法启动研究。相对而言，"如何在高中化学教学中有效利用虚拟实验室提高学生的实验技能？"这个问题就比较小，目的也很明确。行动研究者可以针对高中化学这一学科，在教学中整合虚拟实验室技术，探究如何达到提高学生的实验技能的目的。

表6-5　研究问题聚焦过程

研究主题	宽泛的研究问题	聚焦的研究问题
技术在教育中的应用	如何在教学中整合教育技术？	如何在高中化学教学中有效利用虚拟实验室提高学生的实验技能？
特殊教育需求	如何满足学生的特殊教育需求？	如何调整教学方法以满足自闭症学生在普通小学班级中的学习需求？
学习效果提升	如何提升学生的学习效果？	如何通过个性化教学策略提升学生的地理读图能力？

具体如何聚焦问题呢？默特勒（Graig A.Mertler）提出了"5 Whys"[1]的方法。"5 Whys"即提出五个为什么的问题，沿着因果链深入挖掘直至找到问题的核心原因。例如，如果学生在数学课上表现不佳，教师可以使用"5 Whys"来探究背后的原因（图6-6）：

---

[1] 默特勒在 *Action Research：Improving Schools and Empowering Educators* 一书中提出"5Whys"方法，最终只要得出聚焦的研究问题即可，并不一定必须是5个"Why"，多几个、少几个都可以。

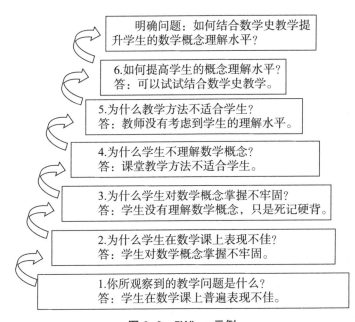

明确问题：如何结合数学史教学提升学生的数学概念理解水平？

6.如何提高学生的概念理解水平？
答：可以试试结合数学史教学。

5.为什么教学方法不适合学生？
答：教师没有考虑到学生的理解水平。

4.为什么学生不理解数学概念？
答：课堂教学方法不适合学生。

3.为什么学生对数学概念掌握不牢固？
答：学生没有理解数学概念，只是死记硬背。

2.为什么学生在数学课上表现不佳？
答：学生对数学概念掌握不牢固。

1.你所观察到的教学问题是什么？
答：学生在数学课上普遍表现不佳。

图 6-6　5Whys 示例

通过这样的连续提问，教育工作者可以更深入地了解问题的根源，并制定相应的解决方案，比如调整教学模式或教学方法。"5Whys"分析法在教育领域的应用有助于促进教师的自我反思和专业成长，同时也支持教育实践的持续改进和创新。通过这种方法，教师可以更系统地识别和解决教学过程中遇到的问题，从而提高教育质量。

（3）考虑行动研究问题的重要性和可行性。

确定研究问题还要考虑问题的重要性和可行性，即确保问题是有价值的，值得研究的。比如"课堂参与度如何提升？""数学概念深度学习如何发生？"对此类主题进行研究可以对教学进行改善，那么它就是有价值的。而"学校建筑颜色对学生创造力有何影响？"这种研究的重要性和可行性都非常低，那么它就不值得进行研究。

此外，还要考虑问题的可行性。教师要充分考虑自身作为行动研究者的时间、资源、经费等是否足以支撑完成该行动研究。

2. 确定研究目的

研究目的与意义即陈述开展这项研究的背景和原因以及选择该课题的实践价值等。在行动研究中，教师展开的研究大多是指向自身实践，以自身教育教学观念和行为方式的改进为旨趣的，因此这项陈述有时也可略去。当然如果是一项统摄性较强的合作研究或理论研究，这项陈述又是必要的。[①]

比如一位中学数学老师发现学生在几何图形的理解和应用上存在困难，决定通过

---

① 郑金洲.行动研究指导［M］.北京：教育科学出版社，2004：60-61.

行动研究来探索改进教学方法，以提高学生的理解和解题能力。如果研究仅限于教师个人和任教班级，目的主要是改进自己的教学实践，那么研究的目的与意义相对直接，无需过多阐述。但如果这项研究扩展到多个教师共同参与，目标是开发一种普遍适用的新的几何教学策略，那么研究目的的统摄性比较强，就需要更详细的说明。这样的研究不仅能够提升参与教师的教学效果，还可能对整个教育领域产生积极影响。

3. 确定研究情境

行动研究一般在教育教学实践中直接开展，需要说明这是一个怎样的教育情境，同时确定好行动研究的时间、地点等。一般情况下都是教育工作者以自己所任教的班级作为研究情境，如果是校外人员选择研究情境，需要说明选择该情境的理由。

4. 确定被试

被试既是研究的参与者，也是研究问题的指向者。对于被试的描述，不像其他研究方法那样严格，说明被试的背景、范围、数量即可。被试背景解释了为什么选择特定的被试进行研究，它有助于证明被试的选取是合理的，符合研究的某种要求。被试范围定义了研究将涵盖的领域，它有助于明确研究的边界，确保研究的焦点和深度。被试数量则有助于确定研究的代表性和统计效力。比如《融合教育背景下普特教师合作教学实施路径的行动研究》，[①] 该案例的被试确定过程如表6-6所示。

表6-6　被试的确定与描述

被试背景	被试均来自湖南省C市芙蓉小学。这是一所具有鲜明融合教育实践特色的学校，开创了省内首个普通学校附设特教班。该校普通教师与特教教师之间已有初阶的合作经验，在特殊学生新入普通班、行为问题频发、同伴关系紧张等情况下，特教教师会进入普通班级协助课堂管理或提供咨询服务。由此，在该校开展行动研究具有得天独厚的优势，不仅能获得学校领导、教师、家长及学生的全面支持，还能为研究实施提供强有力的环境、设备及人力资源，同时也满足普、特教师合作教学的研究要求。
被试范围	二年级二班和三年级六班两个普通班。
被试数量	被试包含二年级二班和三年级六班的所有学生，其中有4位特殊学生（2位轻度智力障碍、2位中度智力障碍）。
被试年龄分布	9~10岁。
特殊学生基本情况	这4位学生的数学和语文成绩处于班级中下或靠后水平，在学习上存在注意力差、学习记忆和理解有缺陷、知识组织和管理困难、学习进度缓慢等问题。

一般情况下，被试就是教师任教班级的学生，无需进行抽样。如果是校外人员选择被试进行研究，通常采取目的抽样。

---

① 佘丽，王雁，孙晗，等. 融合教育背景下普特教师合作教学实施路径的行动研究 [J]. 中国特殊教育，2023（11）：17-24.

5.确定研究人员及分工

确定行动研究中的人员及其分工首先要明确研究采用了哪种模式。行动研究模式包括三种：独立模式、支持模式、合作模式。独立模式的行动研究只需要明确教育研究者的基本信息和主要工作；支持模式需要明确谁是研究主体，谁起支持、指导作用；合作模式需要明确团队所有参与人员以及各自负责的工作。

6.确定数据内容及收集方式

行动研究需要收集的数据内容与研究主题和目的相关。行动研究作为一种范式，具体的实施过程中可以有多种方法的参与，常见的数据收集方式包括问卷调查、测试、访谈、观察、实验、内容分析法（也称作品分析法、反思日志分析）等。具体采用哪些数据收集方法需要根据数据内容而定。比如需要收集成绩、满意度等量化数据，通常采用测试、问卷等收集方式；如果需要收集被试的看法、意见、感受等质性数据，通常采用访谈、反思日志等收集方式；如果收集行为模式、互动过程等非言语信息，则通常采用观察等方式。具体数据收集方法的选择可参考前四章各类研究方法的适用情况。

7.确定研究进度安排

准备阶段的研究进度安排可以通俗地理解为制定详细的时间表，包括每一轮行动研究的开始和结束日期、关键的时间节点以及所需完成的具体任务。这样有助于保障研究能按预定计划顺利进行，进度安排需要有一定的灵活性，从而应对可能出现的任何延误。

二、如何制订行动计划

在明确行动研究的问题之后，研究者需要针对该问题制订出一个解决问题的方案和计划。行动计划应有可行性与可操作性，能够切实地指导行动研究的开展；此外，计划还应具有一定的灵活性与开放性，以便根据实际的实施情况随时调整。

首先需要通过对话、访谈、观察、文献分析等方法搜集有关资料，形成对研究问题的清晰理解，从中获得研究策略或研究方法的启示，以此作为制订研究计划的基础。

其次，需要明确研究计划的内容。一份较为完整的行动研究计划主要包括以下内容：研究问题、研究目的、研究情境、被试、行动方案、研究人员及分工、数据收集方法、进度安排等方面的内容。

1.构建行动方案

行动方案（策略）的构建是整个研究计划的核心，构建流程如下：

第一步，寻找理论支撑。

- 文献分析。查阅相关文献，了解已有研究和实践，为行动方案提供理论依据。

- 确定理论框架。选择与研究问题相关的理论，为行动研究提供指导。

第二步，设计解决方案。

- 创意生成。鼓励团队成员提出创新的想法和解决方案。

- 方案比较。可以多设计几种方案，对比不同方案的优缺点，考虑实施的可行性和预期效果。

第三步，研讨细化方案。

- 确定方案。基于调研数据和团队讨论，选择最有可能成功的方案作为行动研究的实施计划，并进一步研讨。

- 研讨方案。将选定的解决方案细化为具体的行动步骤和计划，形成操作性的行动研究方案。

下面以《具身认知视角下教师研修课程设计的行动研究》[①]一文为例来解析整个过程。

第一步，寻找理论支撑。研究者首先梳理了具身认知理论的相关研究文献，明确了该理论对教师教育领域的潜在影响，进而确立从具身认知的视角探索教师研修课程设计的新路径，为后续的行动研究提供了理论基础。

第二步，设计解决方案。该案例需要设计一个教师研修课程设计方案。研究者通过与 Z 老师领衔的课程开发团队合作，明确了研修课程设计的原则和基本思路。在确定以任务驱动学习的基本方向后，接下来讨论了课程设计的整体流程以及各流程中主要环节的设置。结合学员的日常教学流程，团队提出"课前预学、课中讲学、课后思学"的整体流程设计思路，如图 6-7 所示。

图 6-7 教师研修课程整体流程设计思路

第三步，研讨细化方案。课中讲学阶段是教师研修课程设计的核心部分，团队成员就本阶段的具体设计展开了多次讨论。首先，参照单元教学设计指导用书的编写结构、本课程的课时安排和课程开发团队的人员构成情况，将课程内容模块划分为六部分。课程开发团队六位成员作为本门课程的导师，根据个人专长选择其中一个内容模块，负责该模块的课程设计和课堂教学工作。最后重点对各内容模块的研修目标设计、课程内容设计、课程实施设计和课程评价设计进行了深入探讨，形成第一轮教师研修课程设计的基本框架，如表 6-7 所示。

---

① 田张珊.具身认知视角下教师研修课程设计的行动研究［D］.上海：华东师范大学，2021.

表 6-7　第一轮教师研修课程设计框架（节选）

维度	条目	要素及特征描述	
基本信息	课程设计背景	真实的学习需求：立足学员在教育实践中面临的真实问题，回应和解决学员在研修过程中产生的实践困惑。	
教师具身研修课程设计	研修目标	素养取向：指向学员单元教学设计能力的提升。 ……	
	课程内容	问题导向：问题源于学员的日常教育实践，具有真实性、可解决性的特征，能够激发学员产生一种身体与环境间的不平衡的状态，触发学员的身体行动。 ……	
	课程实施	课前预学	自主预学与本内容模块相关的学习资料，如书籍、论文、链接等。
		课中讲学	创设问题情境：为教师创设日常教学实践中遭遇的问题情境，诱发情境压力，增强教师的具身参与感。 ……

2. 安排研究进度

研究进度可以通俗地理解为制定详细的时间表，包括每个阶段的开始和结束日期，以及关键的时间节点。此外，还要明确每个时间段所需完成的具体任务，这样有助于保障研究能按预定计划顺利进行，进度安排需要有一定的灵活性，从而应对可能出现的任何延误。在研究过程中，除了要有整体的进度安排外，最好也制定每一轮的具体进度安排。

下面为大家提供一个完整的行动研究计划示例[①]。

表现性评价应用于数学问题解决的行动研究

一、研究问题

如何设计与实施数学问题解决理论驱动的表现性评价方案？

如何在实践中进行并改进数学问题解决表现性评价的设计与实施？

二、研究目的

在学理层面探究"理论驱动下数学问题解决表现性评价的设计与实施"。在实践层面的行动研究中发现"数学问题解决表现性评价的设计与实施过程中存在的问题"，并探究研究参与者在行动中的思想与行为变化，以及学生在数学问题解决中表现的变化。

三、研究情境

X 校 L 老师所任教的五年级数学课。

---

① 改编自：张一旦. 表现性评价应用于数学问题解决的行动研究［D］. 上海：华东师范大学，2018.

四、研究被试

L 老师所教班级的全部学生。

五、行动方案（节选）

课堂中使用的数学问题解决表现性评价方案[①]

（一）评价目标

1.数学知识

（1）探索两个或两个以上长方体、正方体叠放后表面积的变化规律。

（2）在操作、观察、分析等活动中综合运用有关知识，解决物体表面积的问题。

2.数学素养

（1）通过解决包装问题，体验策略的多样化，发展空间观念和优化思想。

（2）体验解决问题的基本过程和方法，提高解决问题的能力。

（二）表现性任务

活动名称：礼物包装。

母亲节马上就要到了。假设现在你要为自己的妈妈、外婆/奶奶挑选礼物，并进行包装，请你设计出包装纸最节省的包装方案。要求：

（1）挑选的礼物至少有2件，并估出你所需要的相关尺寸（如：长、宽、高）。

（2）接缝处的包装纸忽略不计。说说各自的设计意图。

（3）请你在以下空白处写出你的设计方案、思考过程和最终结果。（可以用画图、文字、算式等各种你喜欢的方式）

（三）评分规则

评价维度		评价标准		
过程	提出问题	理解任务要求，能将任务分解成若干要素（礼物数量与形状的确定、礼物尺寸的估测、包装方法）。	大致理解任务要求，能将任务分解成若干要素，但不全面。	不理解任务要求，不知道该如何着手解决问题。
	建立联系	……		
	个性化表达			
结果	解决问题			

---

① 详情可参考原论文。

六、研究人员及分工

该案例主要采用的是支持模式的行动研究，由 L 教师作为研究的主要实施者，笔者提供建议。

团队成员	分工
小学数学骨干教师 L	L 老师负责数学问题解决表现性评价设计与实施
研究者（笔者）	笔者会与 L 老师探讨相关的问题，并提出建议

七、数据收集内容及收集方法

作品分析法（内容分析法）、音像描述分析法（间接观察法）、半结构化访谈。

八、一轮研究进度安排

实施时间	阶段	任务安排		时间安排
		教师	研究者	
2017 年 4 月 22 日—2017 年 5 月 3 日	第一阶段	教师 L 设计关于数学问题解决的表现性评价方案，并在研究者的提醒下撰写课堂嵌入型数学问题解决表现性评价的教案	研究者与教师 L 进行微信访谈，了解方案设计思路。面对面深入讨论交流，帮助教师 L 进一步完善方案。	4 月 22 日—4 月 28 日
	第二阶段	教师 L 在课堂教学中实施表现性评价方案（第一课时）	研究者进行课堂观察记录及课堂录像	4 月 29 日
	第三阶段	教师 L 评价学生任务单并选择有代表性的学生任务单；与研究者进行交流，修改第二课时教案	研究者通过问卷收集学生在完成数学问题解决表现性评价中的感受，并通过任务单来评价学生在数学问题解决上的表现	4 月 29 日晚
	第四阶段	教师 L 在课堂教学中实施表现性评价方案（第二课时）	研究者进行课堂观察记录及课堂录像	4 月 30 日
	第五阶段	教师与研究者撰写反思，提出数学问题解决表现性评价设计与实施过程中存在的问题以及疑惑		5 月 1 日—5 月 3 日

三、如何实施行动

实施行动就是把计划好的模式、方案、策略等付诸实践。这一过程通常包括组织协调、资源配置、现场调研和培训执行人员等活动。为了确保实施的顺利进行，研究者需要与所有相关人员保持密切沟通和协作以便能够及时解决实施过程中遇到的问题，并根据实际情况对方案进行必要的调整。

行动的实施具有以下几个特性：

（1）计划的行动。实施行动并非漫无目的的，而是以行动计划为指导，在实际情境中按部就班地开展。

（2）真实的行动。行动研究强调在真实的教育环境中进行，这意味着研究者需要在实际的教室、学校或社区中实施行动计划。行动研究通常涉及教师和大量学生，确保所有相关者保持自然、真实的状态，不需要严格控制无关变量。

（3）调整的行动。行动是一个动态调整、持续改进的过程。在行动过程中，研究者可能会遇到预期之外的挑战或发现计划中的不足，这时需要根据实际情况对行动计划进行灵活调整。因此，在执行计划时，研究者应密切关注实际情况的变化，重视其他研究者和参与者的监督、观察和反馈，以便不断优化和调整实施策略。比如在行动实施过程中，如果发现学生对某个活动的兴趣不高，不怎么参与该活动，教师就要调整活动内容或方式，以调动学生的积极性。

（4）开放的行动。相对于其他研究方法而言，行动研究是开放的。研究者应该具备合作精神，愿意与他人分享想法和资源，主动接纳来自同事、学生和其他人的反馈和建议。此外，研究者应该保持行动的透明度，确保所有参与者都了解行动的进展和任何变更的原因。

四、如何开展观察和评估

所谓的观察和评估其实就是数据资料的搜集与整理。在行动研究的实践中，由于行动的即时性和紧迫性，研究者往往需要在实施行动的同时进行反思。因此，资料的搜集工作通常与行动的开展是同步进行的。在行动研究中进行资料收集的方法有观察、录像、访谈和文件收集（反思日记）、问卷、测试等，可以同时采用一种或几种数据收集的方式。

下面我们通过几个典型的例子来分析一下行动研究在观察阶段是如何收集数据的。

案例:《基于移动平台的大学英语视听续说行动研究》[①]

该行动研究拟通过16周的教学实践，探讨以下两个研究问题：在基于移动平台的视听续说行动研究中，学生的任务动机和学习态度有何变化？学生的口语水平有何变化？案例需要收集学习者的任务动机、学习态度、学习效果等数据，综合采用了问卷、文件收集（师生反思日志）、测试三种方法收集数据。

- 问卷调查用于采集学生任务动机和学习态度变化的状况。

---

① 董秀清，袁媛，许琪.基于移动平台的大学英语视听续说行动研究［J］.外语与外语教学，2023（01）：84–95+147.

- 师生反思日志用于收集学生对每个续说任务优缺点的反馈以及教师对课堂教学过程和学生线上表现的观察与反思。
- 语言水平测试和语料 CAF 用于收集评估学生口语水平变化的数据。

案例:《探索学生英语写作和思辨能力协调发展的行动研究:"苏格拉底圈"的应用》[①]

　　该行动研究通过三轮教学实践,探讨了"苏格拉底圈"在英语专业写作教学中的应用,以实现英语写作和思辨能力的融合培养。案例需要收集体现学生英语写作能力、思辨能力的指标数据,综合采用了教学录像、观察、文件收集(反思日志、学生习作)、访谈、问卷调查等多种方法收集数据。

- 问卷调查用于采集学生对"苏格拉底圈"教学法的接受度,以及学生思辨能力、写作能力的变化情况。
- 教学录像、课堂观察和学生习作用于收集学生在"苏格拉底圈"活动中的表现和写作产出的质量数据。
- 访谈和反思日志用于深入了解学生对活动的看法、体验和自我评价,以及教师对教学过程的观察与反思。

案例:《英语写作课程思政引导性合作探究实施效果行动研究》[②]

　　该案例通过两轮行动研究,旨在解决学生如何掌握中国特色语汇英文表达和课程思政元素如何融入英语思辨写作课中的问题。案例需要收集学习者在思政意识、英语写作能力、合作探究学习效果等方面的数据,综合采用了测试、观察、文件收集(反思日志)等多种方法收集数据。

- 随堂测试用于收集学生在论辩写作技巧、逻辑谬误识别与修正、中国特色词语汉译英等方面的成绩数据。
- 课堂观察用于教师在课堂上观察学生的表现,记录学生在论辩写作知识和技能学习、思想政治倾向变化等方面的言语和行为。
- 反思日志用于记录学生对课程学习过程的个人感受、收获、问题以及对课程思政内容的内化程度。

　　收集数据后,研究者需要对数据进行分析和解释,这一步的目的是根据数据统计分析的结果对行动的计划和实施过程进行评估。研究者根据数据收集的方法选择对应的数据处理方式即可。

[①] 邱瑾.探索学生英语写作和思辨能力协调发展的行动研究:"苏格拉底圈"的应用[J].外语教育研究前沿,2023,6(01):45–52+94.
[②] 刘岩冬,许宏晨,刘雯婷.英语写作课程思政引导性合作探究实施效果行动研究[J].外语学刊,2023(04):75–81.

比如上文提到的《基于移动平台的大学英语视听续说行动研究》主要采用问卷、测试等收集数据（师生反思日志辅助），这些属于量化数据，因此需要采用描述性统计分析（均值、标准差）、T检验、皮尔逊相关分析等量化数据的处理方式来分析数据。

其中描述性统计分析的目的是描绘出学生在实验前后的整体表现和变化趋势，帮助研究者理解学生在视听续说任务中的基线表现，以及他们对移动平台使用和课程的总体态度。T检验的目的是确定实验班和对照班在口语水平测试中的成绩差异是否显著，帮助研究者确定教学干预的效果是否具有统计学意义。皮尔逊相关分析的目的是评估两个变量之间的相关性，帮助研究者了解学生的动机水平是否与他们的口语表现有关联，以及这种关联的强度。

五、如何进行反思

当行动研究开展一段时间后，研究者需要对行动的过程、结果、背景和行动者的特点进行考察，理清研究的脉络，为反思、评估、改进奠定基础。反思既是行动研究第一轮循环的结束，也是第二轮循环的开始。反思的目的在于寻求教师行动或实践的合理性。反思要从以下几个角度入手：一是以研究问题为基点；二是以计划为参照；三是以教师行动为对象；四是以改进实践为归宿。[①]

行动研究的目的是解决教育实践中的问题，因此问题的解决程度是检验和评价的重要指标。除此之外，还有一些因素可以作为行动研究成果的反思指标。例如：

- 研究是否达到了研究人员预想的目的。
- 研究是否提升了实践者的专业知识和能力，是否加深了他们对自己工作的了解，是否改进了他们对自己职业的认识。
- 研究是否使教师的教学生活与学生的学习生活有所改变，在具体情境中，是否出现了值得回顾的典型事件。
- 现阶段研究效果是否理想，后续的行动研究中还需要做哪些方面的努力。

布莱克韦尔也曾列出七项标准来评价行动研究[②]。

- 问题界定是否明确？
- 概念的操作定义是否清楚？
- 研究计划是否周详？
- 研究者是否按计划执行？
- 资料汇集与记录是否详尽无误？
- 研究的信度和效度如何？
- 资料的分析与解释是否慎重恰当？

---

① 郑金洲.行动研究指导［M］.北京：教育科学出版社，2004：117–125.
② 宋虎平.行动研究［M］.北京：教育科学出版社，2006：137.

根据现有研究以及对曾参与过行动研究的一线教师的访谈，本书归纳了一个操作性的反思单，如表6-8所示。大家可以利用反思单重新审视自己的行动研究过程，并记录相应的证据。所谓的"证据"就是你在研究过程中记录下来的，用来证明行动研究是否成功，或者是否需要调整的"事实"。比如你认为一轮行动研究是有效的，那么证据就是你观察到的、表明行动研究起作用的具体数据，如学生因为新的教学方法而在学习成绩上取得了多大的进步。或者你发现行动研究存在问题，那么证据就是产生不良影响的事件，比如采用新的教学方法导致班内成绩两极分化严重的数据。

表 6-8　行动研究反思单

反思角度	具体内容	证据
行动计划的周密性		
行动方案的可操作性		
实施过程的严谨性		
行动有效之处		
行动存在的问题		
改进策略		

下面我们通过几个案例看一看如何利用反思单对行动研究进行反思。

案例:《英语写作课程思政引导性合作探究实施效果行动研究》①

该案例从教学行动的有效之处和存在的问题两方面进行反思，如表6-9所示。

表 6-9　案例反思单 1

反思角度	具体内容	证据
行动有效之处	第一轮行动研究基本上达到预期成效：学生掌握了论辩写作知识，中国特色词语有所增长，对中国特色术语有兴趣。	1. 随堂测试结果显示，全班平均分为 M=89.2 分，标准差 SD=6.73 分，总体良好。 2. 从分项来看，学生对论辩写作基本知识掌握比较扎实（M=45.8，SD=3.19），可以运用这些知识分析和评价他人作品。 3. 教师课堂观察结果显示，学生在这一轮行动研究中对中国特色词语表现出较强的好奇心和求知欲。他们最常说的是："噢，原来这个用英语是这样讲的！" 4. 反思日志中出现频率较高的是"论辩写作知识逐渐丰富""对逻辑谬误的掌握还需加强""中国特色政治语汇不断增加""写作还得多练"。

① 刘岩冬，许宏晨，刘雯婷.英语写作课程思政引导性合作探究实施效果行动研究［J］.外语学刊，2023（04）：75-81.

反思角度	具体内容	证据
行动存在的问题	综合各种证据发现学生的论辩写作实践能力依然欠缺，中国特色政治语汇数量不足、表达方式死板。最关键的是课程思政的效果不够明显，学生的课堂表现不足以体现他们在思想政治倾向上的变化。	1. 学生对常见逻辑谬误掌握不够充分（M=24.9，SD=2.81），对中国特色词语的掌握一般（M=18.6，SD=1.48）。 2. 在反思日志中，学生尚未提及课程对他们思想政治方面的引导作用。但是，他们肯定了小组合作这种学习方式是有效的。

案例：《自然情境下促进普通幼儿与发展迟缓幼儿社会互动的行动研究》[①]

该案例第一轮行动研究后从方案的可操作性、行动有效之处和存在的问题等方面进行反思，并提出了相应的改进策略，如表6-10所示。

表6-10　案例反思单2

反思角度	具体内容	证据
行动方案的可操作性	第一轮行动由研究者对每组普通幼儿进行三次绘本教学，每次教学活动按照故事导入、师幼共读绘本、主旨探讨三个环节依次进行，教学时长为15分钟左右。但在方案实施过程中存在规定时间内完成不了全部教学活动、幼儿游戏需求未满足等现象。	三位研究者根据幼儿反馈及时研讨，后决定在教学中加入游戏、适当删减绘本内容、提出开放式问题。整体上来说行动方案在研究者的可操控范围之内。
行动有效之处	在第一轮行动研究之后，普通幼儿与发展迟缓幼儿进行社会互动的意识有所增强。	1. 通过观察，研究者发现在绘本阅读的过程中，普通幼儿能自发表达出帮助发展迟缓幼儿的意愿。 T：我们也可以学学故事里女孩的做法。 P1：这样他就和我们一起玩了。 T：对，这样他就很开心，乐乐再过来的时候你们要怎么做呢？ P2：要加油！ T：那怎么加油呢？ P2：反正就是带他一起玩。 …… 2. 此外，通过观察还发现普通幼儿开始更多地关注到发展迟缓幼儿，在自己游戏的同时，尝试兼顾发展迟缓儿童，并主动对其发起互动，表明普通幼儿与发展迟缓幼儿互动的意识得到了增强。 P2见状主动上前打招呼："乐乐，这个是我们的柜子，但里面没什么东西。" P1主动起身为幼儿甲递上"爆米花"。

---

① 陈路桦. 自然情境下促进普通幼儿与发展迟缓幼儿社会互动的行动研究［D］. 上海：华东师范大学，2021.

反思角度	具体内容	证据
行动存在的问题	根据第一轮行动研究的效果分析，通过进行绘本教学，普通幼儿与发展迟缓幼儿的社会互动次数并未明显增加，互动方式虽有改善但仍较为单一，互动持续时间也并未有明显增长。	（见下方）
改进策略	在第二轮行动研究中，研究者将重点从社交发起、社交回应以及应对发展迟缓幼儿的问题行为策略三个方面入手，对普、特同伴社会互动方案进行调整。	

表 6-10-1 第一轮行动前后普通幼儿发起、发展迟缓幼儿回应次数比较

	无回应		单回合回应		多回合回应		总次数	
	行动前	第一轮后	行动前	第一轮后	行动前	第一轮后	行动前	第一轮后
幼儿甲组	2	2	1.7	2	0.3	1	4	5
幼儿乙组	0.3	0	2.3	3	0.7	1	3.3	4
幼儿丙组	2	2	1.7	3	0	0	3.7	5

表 6-10-2 第一轮行动前后发展迟缓幼儿发起、普通幼儿回应次数比较

	无回应		单回合回应		多回合回应		总次数	
	行动前	第一轮后	行动前	第一轮后	行动前	第一轮后	行动前	第一轮后
幼儿甲组	2.7	1	1.3	2	0.7	0	4	3
幼儿乙组	1	1	1.3	1	0	0	2.3	2
幼儿丙组	0	0	0	0	0	0	0	0

1. 根据统计数据可以看出，三组幼儿的社会互动次数较行动前增加不明显，并无明显变化。

图 6-8 第一轮行动后三组幼儿每段社会互动持续时长记录

表 6-10-3 第一轮行动后三组幼儿互动持续时长统计表

	互动总时长	每次互动平均持续时长
幼儿甲组	120s	15s
幼儿乙组	90s	15s
幼儿丙组	40s	8s

2. 研究者以时间轴的形式分别对 3 组普通幼儿与发展返缓幼儿的每段互动时长进行记录，结合图 6-8 和表 6-10-3 可知，第一轮行动后三组幼儿的每段互动持续时间为 10 秒左右，持续时间短，在时间轴上呈现零星的碎片状。

六、如何保证行动研究的信效度

相较于其他研究方法而言，行动研究比较自由灵活，但也导致行动研究严谨性不足的弊端。因此，保证行动研究的信效度是确保研究质量的关键环节，以下是一些比较常见的策略。

（1）周密的研究计划。制订详尽的研究计划，尤其是行动研究方案的确定，需要阅读大量的文献资料，使得研究方案具备一定的理论基础，最好经过团队讨论共同确定，以提高研究的有效性和可靠性。

（2）提前培训。如有需要，可以对研究者和被试进行培训，确保研究者具备必要的研究技能和知识，能够正确执行研究计划。同时，确保被试了解研究的目的、过程和预期的行为，能够配合行动研究的进行。

（3）参与者的合作。尽可能多地询问他人意见，同时确保所有参与者对研究有清晰的认识，鼓励他们积极参与和反馈。

（4）全面的数据收集。使用多种数据收集方法，如观察、访谈、问卷等，确保数据的全面性和多样性。建立证据链，采用"三角互证"等方法进行数据的相互印证。

（5）合理的数据分析。采用合适的统计方法，对收集到的数据进行严谨的分析，确保研究结果的准确性和解释的合理性。

（6）信效度检验。对收集到的数据进行信效度检验，根据检验结果进行改进和再次实践。

下面我们通过几个案例分析一下如何保障行动研究的信效度。

案例：《中级汉语阅读课词汇教学行动研究》[①]

该案例从以下两个方面保障研究的信效度：

（1）在第一个学期的测试中，研究者要求学习者从四个选项中选择一个与句中画线词语词义相符的选项。由于备选项可能会对学习者的回答产生提示或干扰，影响测试的信效度，因此，在第二个学期重复实施该教学模式时，研究者改进了测试方法，将备选项删去，要求学习者直接写出句中画线词语的词义。（周密的研究计划）

（2）测试中每题释义是否正确需要人为主观判断，正确得1分，部分正确得0.5分，完全错误得0分。为了降低评分的主观性，研究安排两名汉语教师对每道题进行独立评分，并取两名教师的平均分作为最后得分。事后进行评分者信度检验，结果表明两名教师评分具有高度一致性。（信效度检验）

---

① 洪炜，徐霄鹰.中级汉语阅读课词汇教学行动研究［J］.汉语学习，2016（01）：74-83.

案例：《指向深度学习的项目化学习设计改进研究》[①]

该案例在行动研究时从质性和量化两方面分别采取了以下措施提高研究的可信性和可靠性。

1. 在质性研究方面

（1）采用"三角互证法"保证数据的真实准确性。课堂观察数据、访谈数据、问卷调查数据，以及项目结束后收集的学生自评、互评量表、学生学习笔记等多种途径的数据相互印证。（全面的数据收集）

（2）专家参与保证了设计的科学性。邀请了两位专家型教师对前测题目、评价量表进行审阅修改；咨询了课程与教学论（数学方向）的博士对评价量表设计的看法和建议。（参与者的合作）

（3）项目化学习方案设计是研究者与合作教师 W 共同设计，并与多名参与教师讨论协商之后完成。（参与者的合作）

（4）对数据进行多次分析保证了分析结果的可靠性。本研究对收集到的数据进行多次阅读分析，在编码过程中充分考虑评分者一致性，对前后不一致的数据进行深入分析，以保证结果的客观可靠。（合理的数据分析）

2. 在量化研究方面

问卷发放前进行预测验，选择 Y 小学五年级其他班级学生进行访谈，了解小学生对题目的理解程度。根据预测验结果对前后测问卷题目进行微调。利用 SPSS 对问卷深度学习参与部分进行信度检验。

案例：《学生参与研制和使用英语写作评分规则的行动研究》[②]

由于被试学生的评分经验对该研究有很大的影响，因此该案例在研究的前期准备中，主要强调了通过提前培训来保障研究的信效度。

参与本研究的学生之前从未接触过评分规则，因此，为了提高本研究的信效度和评价的精准性，作者计划在研究前对被试进行相关培训，一方面是为了让被试理解什么是评分规则；另一方面，是为了帮助被试提高评价素养并掌握使用评分规则的策略。

5.1 想一想

1. 请判断下列问题是否是恰当的行动研究问题？请给出你的理由。

（1）如何提高学生的数学成绩？

---

① 于家宁. 指向深度学习的项目化学习设计改进研究［D］. 上海：华东师范大学，2021.

② 强雯婷. 学生参与研制和使用英语写作评分规则的行动研究［D］. 上海：华东师范大学，2019.

（2）在小学高年级实施合作学习对提高数学问题解决能力的效果如何？

（3）应用多媒体教学工具能否提高高中物理课堂教学质量？

2. 讨论在行动研究中，如何平衡"行动"与"研究"的关系，并举例说明。

5.2 练一练

1. 请根据本节所学，在工作、学习或生活中找一个适合行动研究的主题，并尝试使用"5 Whys"方法将其聚焦为一个具体的行动研究问题。

2. 制订一个完整的行动研究计划，目标是提高初中学生的科学实验技能。

3. 假设你要进行一个教育行动研究项目，目的是提高小学生的阅读理解能力。请尝试设计一个完整的行动研究过程，包括准备阶段、计划阶段、行动阶段、观察阶段、反思阶段的具体任务。注意保证行动研究的信效度和伦理性等。

（答案见本章最后）

第六节　如何分析涉及行动研究的论文

通过前面几节的学习，我们已经掌握了行动研究的基础理论知识，本节的目的就是学习如何利用所学知识系统地解析一篇涉及行动研究的论文。

遵循支架式教学的理论，我们先提供一个解析论文的框架，如表 6-11 所示。该框架包括四个组成部分：要素（论文需要解析的结构）、标准（评估研究质量的指标）、评估（是否达到相应的标准）、建议（有哪些需要改进的地方）。我们可以基于此对论文进行拆解分析。

表 6-11　论文解析框架

要素	标准	评估	建议
研究问题	1. 是否明确行动研究问题 2. 是否说明行动问题的来源 3. 行动研究问题是否聚焦 4. 研究问题是否有价值 5. 核心概念是否有操作性定义		
研究目的	是否明确行动研究目的		
研究方法	1. 是否明确研究方法 2. 研究方法是否适切		

要素	标准	评估	建议
准备阶段	1. 是否作了相应的前期准备 2. 是否明确研究情境 3. 是否说明被试选取的原因 4. 被试的选择是否恰当		
计划阶段	1. 研究计划是否周详 2. 是否写明行动方案／策略 3. 行动方案／策略是否具备可操作性 4. 是否明确研究模式 5. 是否明确人员及分工 6. 是否明确研究进度 7. 行动研究计划是否具有可行性		
行动阶段	1. 是否明确行动过程 2. 行动是否按计划执行		
观察阶段	1. 数据收集方式是否合理 2. 采集的数据资料是否全面，还有没有其他类型的数据应当被纳入 3. 数据是否有效 4. 采用了哪些数据处理方式（感兴趣的话可以详细分析一下数据处理步骤） 5. 数据的分析与解释是否慎重、恰当		
反思阶段	1. 是否多角度进行了反思 2. 是否有对应的改进措施 3. 是否采取措施保证行动研究的信效度		
一致性问题	1. 研究目的和研究问题的一致性 2. 研究目的与研究方法的一致性 3. 研究目的与被试选择的一致性 4. 研究目的和研究内容的一致性 5. 行动研究目的与数据处理方法的一致性 6. 行动研究设计和研究结果的一致性		

可以扫描图 6-8，这是两个解析论文的示例。示例 1 是按照这个表格框架来解析论文[①]的示例，示例 2 是按照框架的"要素"和"标准"，直接在论文中标注，如有不符合标准的地方直接在原文[②]旁边补充。

图 6-8

①　陈路桦. 自然情境下促进普通幼儿与发展迟缓幼儿社会互动的行动研究［D］. 上海：华东师范大学，2021.

②　董秀清，袁媛，许琪. 基于移动平台的大学英语视听续说行动研究［J］. 外语与外语教学，2023（01）：84–95+147.

1. 请模仿书中提供的解析案例，任选一篇自己感兴趣的涉及行动研究的论文，尝试进行解析。

2. 请结合当下热点，自拟一个适合行动研究的选题，尝试用行动研究法做一个完整的研究，拟定行动方案并撰写行动研究报告。

（答案略）

2.1 想一想

1.（1）独立模式。理由：王老师独立发现问题、设计解决方案，并独立实施和评估，没有寻求外部帮助。

（2）支持模式。理由：赵老师是研究的主体，而李教授作为外部专家提供了资源支持和建议，但没有直接参与教学活动。

（3）合作模式。理由：陈老师与教研组的其他成员共同参与了课程设计、实施和评估的全过程，体现了团队合作和共享智慧的特点。

（4）支持模式。理由：吴老师是研究的主体，研究生提供了额外的观察和反馈，但并未直接参与教学活动，类似于外部专家提供的支持和建议。

2. 三种模式均可选择，理由合理即可。

3. 在行动研究中，外部专家的支持并不总是必要的。

行动研究的一个关键优势是教师在实际教学中进行研究，目的是解决当下的问题，因此通常不要求外部效度，而是关注特定情境下的教学改进。这意味着教师可以在没有外部专家支持的情况下进行行动研究。教师可以自己搜集相关的文献资料辅助研究，不过这种研究结果可能缺乏可推广性，仅适用于特定的教学环境和情境。

外部专家的参与会给行动研究带来多方面的影响，既有好的影响也有潜在的问题。首先，外部专家的支持可以为行动研究提供理论指导和研究方法论上的支持。他们可能带来新的视角和专业知识，帮助行动研究者更好地定义问题、设计研究方案，并提供数据分析和解释方面的帮助，但同时外部专家的参与也可能带来潜在的问题。例如，专家可能会带来与学校文化和日常实践不相符的理念，这可能导致实施上的困难。此外，如果专家的支持过于强势，可能会削弱教师的自主性和创新性，使得行动研究成为专家主导的过程，而非教师自我反思和改进的过程。这要求教师作为行动研究者要坚持主体地位，把握好"研究"和"行动"的度。

3.1 练一练

1.（1）适合。该选题来源于教育实践，关注具体的教学问题，即课堂互动方式。行动研究可以针对这一问题设计具体的改进方案，并在实践中进行验证和调整。同时，该选题聚焦于一个具体方面，有利于研究的深入和效果的体现。

（2）适合。此选题关注教师的专业发展，特别是教学反思能力的提升。行动研究可以结合教师的日常教学工作，通过实践中的反思和总结来促进教师的专业成长。此外，该选题也符合行动研究中"行动"与"研究"相结合的理念。

（3）不适合。该选题涉及广泛的社会因素，超出了教育实践工作者的熟悉范围。同时，它更偏向于理论研究，而非直接针对教育实践中的具体问题。因此，这一选题不适合用行动研究方法。

（4）不适合。虽然该选题关注教师的发展，但其目标是提高全体教师的教研能力，范围过于宽泛，不够聚焦。此外，它是一种培训方案的设计，而非针对具体教育实践问题的行动研究。

（5）不适合。此选题涉及多个文化和政策背景，需要广泛的比较和分析。它更适合采用比较研究方法，而不是行动研究。此外，该选题的研究结果普适性有限，难以通过行动研究得出普遍适用的结论。

2. 略。

4.1 想一想

1. 行动研究通常需要反复进行多轮，主要原因包括：

（1）问题的复杂性和多维度。教育或管理中的问题往往复杂且多维度，单轮研究可能无法全面理解和解决这些问题。

（2）不断改进的实践。通过多轮研究，实践者可以不断检验和改进自己的行动方案，从而逐步接近更优的解决方案。

（3）理论与实践的磨合。行动研究强调理论与实践相结合，多轮研究有助于理论更好地指导实践，实践也能为理论提供丰富的素材。

2. 反思环节在行动研究中至关重要，原因如下：

（1）促进问题解决。反思帮助实践者审视自己的行动和决策，识别问题所在，从而调整策略以更有效地解决问题。

（2）提升实践质量。通过反思，实践者可以深入理解自己的实践过程，发现并改进不足，从而提升实践的质量。

（3）促进专业发展。反思是教师专业发展的重要途径，它帮助教师构建自己的实践理论，增强专业自主性和研究能力。

（4）推动研究进行。反思环节在行动研究中扮演着核心角色，它通过识别行动方案或策略的长处与短板，为后续研究的深入提供了必要的洞察和改进方向，驱动着整个研究过程的进行。

4.2 练一练

1. 略。

2. 略。

5.1 想一想

1.（1）不恰当。这个问题较为宽泛，不够具体，因此不是一个好的行动研究问题。一个好的行动研究问题应该聚焦于特定的教育实践情境，并且是可操作的。例如，可以将其聚焦为："在初中一年级实施分组合作学习对提高学生数学成绩的效果如何？"这样的问题更具体，也更容易设计行动研究方案。

（2）恰当。它具体指向了研究的实践情境（小学高年级）、行动（实施合作学习）和预期目标（提高数学问题解决能力），这样的问题有助于研究者设计具体的行动研究方案，并评估行动的效果。

（3）恰当。因为它涉及特定的学科（高中物理）和教学方法（应用多媒体教学工具），同时关注的是教学效果（课堂教学质量）。这个问题可以通过行动研究来探索多媒体工具在高中物理教学中的应用效果。

2. 行动研究要求将"行动"和"研究"进行有机结合，偏废任何一方，都有悖于行动研究的理念。在行动研究中，"行动"与"研究"的结合常常面临两种尴尬：一是由于人们固守传统的研究观念，过分强调研究的规范、研究结果的可推广性，或者由于专家、学者的强势介入，使得研究虽然进入了实践场域，但无法与实践结合，"研究"依然凌驾于"行动"之上；二是实践工作者在行动研究的过程中，往往会出现关注行动而淡化研究的倾向，出现课题研究的工作化倾向，从而降低研究质量。因此行动研究要求既要从研究的视角去设计行动，又要在研究的框架下去实施行动；既不能离开行动去做研究，又不能用行动去替代研究。

5.2 练一练

1. 略。

2. 略。

3. 略。